学/者/文/库/系/列

哈尔滨师范大学哲学社会科学繁荣计划基金资助项目

约翰·巴斯神话重述创作研究

肖成笑◎著

哈爾濱工程大學出版社
Harbin Engineering University Press

图书在版编目(CIP)数据

约翰·巴斯神话重述创作研究 / 肖成笑著. -- 哈尔滨 : 哈尔滨工程大学出版社, 2025. 5. -- ISBN 978-7-5661-4812-4

Ⅰ. B932

中国国家版本馆 CIP 数据核字第 2025PU0447 号

约翰·巴斯神话重述创作研究

YUEHAN · BASI SHENHUA CHONGSHU CHUANGZUO YANJIU

选题策划 邹德萍

责任编辑 邹德萍

封面设计 李海波

出版发行 哈尔滨工程大学出版社
社　　址 哈尔滨市南岗区南通大街 145 号
邮政编码 150001
电　　话 0451-82519989
经　　销 新华书店
印　　刷 哈尔滨市海德利商务印刷有限公司
开　　本 787 mm×1 092 mm　1/16
印　　张 11.5
字　　数 207 千字
版　　次 2025 年 5 月第 1 版
印　　次 2025 年 5 月第 1 次印刷
书　　号 ISBN 978-7-5661-4812-4
定　　价 58.00 元
http://www.hrbeupress.com
E-mail: heupress@hrbeu.edu.cn

序

回溯20世纪以来的文学流变，神话复兴在世界文坛引起了一股持久的浪潮，并成为21世纪新神话主义创作在文化产业界蓬勃发展的重要动力，诱发了全球范围的重述神话运动。约翰·巴斯作为后现代小说的领袖，借重述神话革新文学创作理念，在继承与创新中展开对历史真实性的探寻，在现实世界与神话世界中展开对当代社会存在空虚与荒诞的探讨，体现了对当下人类存在本质的现代性反思。

重述神话项目的启动提供给我们反观中国文学创作和理论研究更为广阔的学术视野，为探索中国当代文学创作走出中国、走向世界注入动力。作为新世纪文化产业的符号，一方面，神话重述的文化观念体现了对文学传统的恪守；另一方面，神话观念的巨大变革也突破了传统文学式神话研究方式和历史式神话研究方式，开辟了神话研究的新纪元，即重新审视源远流长的神话作为传统文化在民族文化现代化建设中的重要意义和价值，在不断的审视和反思中丰盈民族的自豪感与使命感。

中华民族的历代先辈在充满活力的大地上创造了无数奇迹，延续了五千年的华夏文明，而在这璀璨文化中便有极具魅力的、令世人惊叹的神话。神话，作为民族传统文化的载体，体现着人们从经验世界到理念世界的孜孜追求，体现着人们在生产生活中从不断改造自身、丰富神话形象到积淀民族精神、再现神话人文情怀的有益探索。纵观中国神话研究，从古代神话的生成与演变到现代神话的改写与重塑，我们发现这一过程充满无数变量，中华民族精神与文化价值就在变与不变的演绎中得以诠释，实现了从中国神话到神话中国的转变，实现了从文化现象研究到文化范式研究的转变。

从中国神话到神话中国的转变，不仅是一种对于价值的思考、对于意义的探索，更是对于中华文化价值的科学阐释，勾画了中华文化的基本立场和轮廓，表达了对中华文化与世界文化的态度，为推动中华文化“走出去”、让世界深入了解中华文化提供了基本立足点和视角。通过重述神话，我们可以穿越时间隧道，触摸先民的诗性智慧，在古今相通的境遇中，展开对当下生存境况的知性探讨。

这部专著由笔者的博士论文整理而成，共计20余万字。希望本书能够为学界研究约翰·巴斯提供有益的借鉴。而限于笔者能力，本书难免有不足之处，还望读者指正。

肖成笑

2025年1月

导　言

第二次世界大战后，世界满目疮痍、危机重重。在西方世界，科技的发展并未使人类从繁重的劳动中真正解放出来，反而使人类丧失了个性、自由选择的权利和生存领地。战后的西方文明不仅压制了人的社会存在，同时也压制了人的生物存在。正是在这样的历史背景下，后现代主义作为反西方现代哲学体系的思潮应运而生。后现代主义思潮自脱离现代主义的母体开始，便表现出对西方哲学体系的解构与批判。随着文学的探索性与试验性不断增强，后现代小说在现代小说的基础上不断发展，逐渐形成了具有反传统、颠覆性、破坏性等特征的新时代文学，从本质上解构了传统的写作模式，使大众在指涉性、开放性、虚构性和碎片化的文本世界中追寻文化记忆，书写人性并重建自信。

约翰·巴斯作为后现代小说的领袖，凭借元小说、迷宫意识、狂欢的形式展开解构主义的语言游戏，借重述神话颠覆传统、革新文学创作理念，在继承与创新中展开对历史真实性的探寻，以揭示现代人深刻的精神危机。巴斯在现实世界与神话世界中展开对当代社会存在空虚与荒诞的探讨，体现了对当下人类存在本质的现代性反思。历史为巴斯的创作提供了鲜活的影像，传统为神话重述提供了典型的素材，神话则从空间与精神两个层面拓展了文学创作的疆域。历史语境的变化与文学传统的革新促使神话重述的方式在多维语境中不断更迭。神话蕴含了一个民族几千年的文化传统与思想意识的结晶，其以丰富的历史积淀与庞大的象征体系被当代人重新书写，其价值在于当代的品性。

巴斯借重述神话来更新文学形式，以走出创作枯竭的困境。然而，巴斯对前文本的颠覆与批判并非传统意义上的简单重述，而是挖掘神话潜藏的并能深化原型的现实载体，创造性地重建神话的内在机制，并建构意义合理的虚构。在他再造的神话图景中，古代与现代、历史与现实、真实与虚构，在时间交错的网中纵横并置，给予古老神话新的生机，同时也为文学和艺术创新性实践开拓了精神疆域与审美空间。本书针对神话在当下历史文化语境中的重大意义以及巴斯在创作中对这一话题主动而敏感的反应，选择以重述视角探讨巴斯的文学创作。深入解读包括巴斯在内的后现代理论家们在作品中集中反映与探讨的以下几个问题：世界是什么？被设计的世界又是如何建构的？并从文本阐释、艺术阐释和文化阐释三个维度深入研究巴斯神话文本中所展现的后现代主义精神和人文主义思想，揭示巴斯神话重述的意图与观念，即为何要重述古代神话？如何重述？神话重述的价值和意义是什么？

第一章梳理了巴斯的生平、作品以及当前巴斯研究的现状，以进一步揭示巴斯神话重述作品的研究意义与研究新视角。

第二章作为研究基础，首先梳理了神话重述的源与流，明确了神话与历史的界限、神话与传说的界限、神话的历史与文学功能。神话对于一个民族而言，往往是其历代先民智慧的重要体现，是后世文学最原始的文学样态，它的壮大与发展对促进各民族史诗的形成具有重要而深远的影响。神话不仅是对各民族历史的追溯与记录，而且凝聚了千百年来个体与集体的文化记忆，这种记忆也随着历代文化的更迭与沉淀，深深融入各民族人民的血肉之中，成为永恒的文化基因且被世代传颂。特别是神话热情奔放的想象直接影响了后世的艺术虚构和浪漫主义创作方法。巴斯的神话重述丰富了后现代文学创作体系，为21世纪神话复兴竖起了一个风向标。神话的产生与发展有其独特的历史文化语境，后现代文化语境下的神话重述开启了人们对文化哲学的无限思考。重述古代神话的过程不仅是对原始神话的宇宙人生之思，同时也是对现代神话的历史想象之旅。本章将着重阐释神话作为典故在传统的文学文本中的互文性功能。神话中的艺术形象作为原型(包括原始意象、意蕴、情感等)不仅凝聚了上古先民的智慧，也寄托了创作者的情感。

第三章从文本阐释角度出发，以巴斯的三部经典作品为主要研究对象，以历史思维解构历史，剖析了现实与想象张力，对英雄模式进行了探讨与反思，透视了反英雄神话的现实，进一步揭示了文本中蕴含的古代神话与当下现实、历史意识与现代观念之间的张力，对巴斯的神话重述观念与意图进行了多维考察。巴斯重述古代神话，为我们提供了一个文学在无限的时间中回溯的范例，体现了现代人愈加关注自我和拯救本性的创作激情。

第四章阐述巴斯神话重述的艺术手法。以元小说与拼贴的视角，解构了历史，厘清了历史与文本的联姻与分野，阐释了历史的文本化问题；以虚构性与事件的视角，探析了文本独特的时间模式与空间结构，阐释了文本的历史化问题；以神话原型与戏仿的视角，分析了巴斯的多部作品对古典神话框架模式的现代演绎，形成了统一的主题，即对现实世界的建构；以互文性与反讽的视角，分析了作品人物、语言文字的迷宫，探讨了读者与作者之间的界限，揭示了巴斯神话文本中所蕴含的话语的游戏与狂欢，以期实现对古老神话世界的复归。巴斯重述神话的艺术技巧和神话思维实现了对历史与现实的双向超越，体现了巴斯深刻的后现代意识。同时，这种意识也熔铸出了巴斯的神话重述。

第五章立足巴斯的神话重述作品、访谈及文学评论，以文化批评的视角系统地阐释了巴斯神话重述的文化观念，即通过解构历史、观照当下，实现对文学、文化、历史与现实语境的多维建构。同时，揭示了巴斯后现代创作的观念，即通过神话重述实现现代人灵魂之重塑与现代价值体系之重构。并进一步剖析了巴斯神话重述、重塑与重构的内在机制，使之形成对于当下人生存、创作、阅读体验的参照。重述神话，重塑现代人的灵魂，亦是重塑了现代人的精神纬度。建构一个新神话，亦是建构了一个新世界。而重述神话之旅，亦是建构了一种文学的存在之旅。人类的文艺创作是在书写历史，同时也是在创造着自己独特的生命历程。从这个意义上看，人类书写历史并非为了回到过去，而是为了更好地开创未来，这既是巴斯重述神话的目的所在，同时也是20世纪神话重述的本质。

第六章以世界文学的视角论证了神话重述对中国当代文学创作与中国形象重塑的影响，阐释了神话重述的中国接受与当代价值。通过神话重述，我们力图跨越千年的岁月隔阂，去体悟原始先民的智慧与想象力，以古鉴今，从而打通现代文学创作和人的自由全面发展的渠道，并以神话为基点推动世界不同文明之间的交流与互动。

目　　录

第一章　约翰·巴斯概论

第一节　约翰·巴斯及其作品简介

一、巴斯其人

约翰·巴斯(John Barth，1930—2024)，美国著名的小说家、批评家、文学理论家。巴斯的创作生涯始于20世纪50年代，共著书19部，是一位勤奋多产的作家。

巴斯于1930年出生于美国马里兰州的切西比克湖畔，他有一位双胞胎姐姐，名叫安娜。由于母亲去世较早，姐弟二人自幼形影不离，与父亲相依为命。巴斯与姐姐安娜之间的特殊情感在他的长篇小说《烟草经纪人》中通过库克与琼的姐弟恋得以真实还原。其父亲安德鲁头脑聪慧，善于经商，因此其家境优越，姐弟二人从小便接受良好的教育。1951年，巴斯获得了约翰斯·霍普金斯大学文学学士学位，并先后任职于宾夕法尼亚州立大学和纽约州立大学布法罗分校。工作期间，他又攻读了硕士和博士学位，并担任波士顿大学客座教授。1973年，巴斯回归母校约翰斯·霍普金斯大学任教，直至1995年退休。

巴斯爱好广泛，不仅擅长写作，而且酷爱音乐。高中时，他就担任校报*Ashcan Pete*的编辑，这似乎为他未来走上文学创作之路埋好了伏笔。他的一位老师曾这样评价他："巴斯对人性有深刻的理解。这在同龄人中是不多见的，也许他的幽默有点讽刺。读他的书，我时常想起*Ashcan Pete*的微妙精巧风格。现在想来，他当学生时，是多么一本正经。"①高中毕业后，巴斯曾在纽约茱莉亚音乐学院学习过一段时间，而后为生活环境与学习环境所迫，巴斯毅然决然

---

① MORRELL D. John Barth: An Introduction [M]. London: The Pennsylvania State University Press, 1976: 123.

地离开了这座充满竞争压力的校园。出于对音乐的热爱，巴斯在业余时间参加了一个乐队。进入大学后，对文字的敏感以及对文学的酷爱，促使巴斯在校学习期间就展现了独特的文学造诣，为此约翰斯·霍普金斯大学授予了他一项长达一年的奖学金，自此巴斯便自己支付学费。毕业后，巴斯潜心于文学创作与教学工作，在文学讲坛上颇具影响力，尤其是他对当代文艺理论思潮的敏锐洞察引导了后现代文学理论与创作实践的走向。

巴斯经历了两段婚姻，在与第一任妻子和平分手之后，他与第二任妻子雪莉·罗森博格结为夫妻。雪莉是他在宾夕法尼亚州立大学任写作班教师时教授过的一名学生，文字在他们之间架起了一座爱的桥梁。雪莉也酷爱写作，这使得他们之间产生了很大的默契，加之夫妻二人都是教师，彼此也有许多共同语言。巴斯的婚姻经历也促使其作品形成了多声部写作特征，即夫妻共同写作、爱人参与创作，这一点在《客迈拉》中最为典型：山鲁佐德给国王山鲁亚尔讲故事、敦亚佐德给国王的弟弟沙宰曼复述山鲁佐德所讲的故事以及珀尔修斯与美杜莎之间的爱恨纠葛。其作品中的人物都是通过讲故事来摆脱危机，实现人生跨越的。纳博科夫曾调侃道，巴斯善于将自己及周围的人写进小说，就好比给小说中的人物授勋。也因此，巴斯的小说被称为“艺术家的成长小说”。

巴斯孜孜不倦、雨润栋梁、桃李满园，他执教 40 多年，于 1995 年光荣退休。退休后，巴斯仍在文学领域辛勤耕耘，笔耕不辍。1974 年，他当选美国国家社会科学院院士；1977 年，荣获“菲茨杰拉德美国小说创作优秀奖”；1998 年，获得“莱纳基金会终身创作成就奖”和“马拉默德优秀短篇小说奖”；1999 年，获得“伊诺·布拉特学会终身创作成就奖”。

二、巴斯的作品

巴斯作品的体裁千变万化，有自传体、歌剧体、回忆录，且人物设置纷繁复杂。作品中的人物大多是其身边的亲人与朋友，姐姐安娜是《烟草经纪人》中琼的原型，《曾经沧海：一出漂浮的歌剧》中有酷似自己的小说叙述者施耐德，《书信集》中处处可见他的同学故旧。有人说，巴斯的作品读起来晦涩难懂，也有人认为他的作品真实、亲切。当然，多数人喜欢他作品的理由是读他的作品就像是在同一时间里破解多个谜题，不仅给人巨大挑战，也让人尤为兴奋。读者阅读巴斯的每一部作品，都会认识一个与众不同的巴斯，似乎与他深邃复杂的内心世界更近了一步。巴斯早年和中年的生活跌宕起伏，就像《烟草经纪人》

中的库克一般举步维艰。直到晚年，他的生活才归于平静，像切西比克湖的湖水般波澜不惊。纵观巴斯的创作，我们发现他善于将自己及周围的人写进小说，人物贴近生活，情节贴近大地。诚然，这也是巴斯作品的一大特征，切西比克湖周围的一切，构成了他创作的灵感源泉。

巴斯一生创作长篇小说 11 部，包括《漂浮的歌剧》(1956)、《路的尽头》(1958)、《烟草经纪人》(又译《烟草代理商》，1960)、《羊孩贾尔斯》(1966)、《书信集》(1979)、《安息日传奇》(又译《休假》，1982)、《海上故事》(1987)、《新辛巴达航海记》(又译《水手大人末航记》，1991)、《曾经沧海：一出漂浮的歌剧》(1994)、《即将发行：一个故事》(2001)、《退养新区》(又译《发展》，2008)。

创作中篇小说 3 部，包括《客迈拉》(1972)、《三岔路口》(2005)、《思考再三：五个季度的小说》(2011)。

创作短篇小说集 3 部，包括《迷宫》(又译《迷失在游乐场》，1968)、《故事继续》(1996)、《一十零一夜》(2004)。

创作非小说类 2 部，分别是《星期五书》(1984)、《后来的星期五》(1995)。

此外，巴斯先后在《大西洋月刊》上发表题为《文学的枯竭》(1967)和《文学的更新》(1979)的论文，分析文学形式耗尽、文学源泉枯竭的文坛发展现状，继而指出回归传统、重新回归经典的文学更新途径。这两篇文章是巴斯艺术思想的实践与印证，引起了文学界的广泛轰动，被学术界认为是“后现代主义的宣言”，其文学洞见与观点为作家和批评家们提供了重要的指导。

巴斯的写作生涯横跨半个多世纪之久，在过去的 60 多年里，巴斯的作品以其独特的风格和内容斩获了诸多奖项，巴斯本人也荣获多项荣誉。1956 年，他前期创作的作品《漂浮的歌剧》荣获了“美国国家图书奖”。时隔 10 年，1966 年，他荣获了“美国国家文学艺术学院文学创作奖”和“洛克菲勒基金会小说创作基金奖”。1968 年到 1973 年，他的短篇小说集《迷宫》和中篇小说《客迈拉》都荣获了“美国国家图书奖”。众所周知，巴斯的神话重述作品当时在美国乃至西方文坛引起了轰动，并得到了广泛的关注。巴斯重述神话的目的所在，即穷尽一切形式，打破“文学枯竭说”，深入发掘小说潜在的与原始的叙事魅力。巴斯的神话重述创作为文学更新开辟了一条创新之路，巴斯也因此被誉为“文学更新的先导”。

第二节　约翰·巴斯研究缘起及意义

一、研究缘起

20世纪以来，历经两次世界大战的人们，不仅肉体与精神备受折磨，理性与信仰也逐步被摧毁。启蒙神话面对当下现实也失去了其拯救人性的作用与功能，人的完整而统一的主体性被解构，甚至被剥夺。面对人性与个体身份的缺失、人格分裂与人性异化的危机、历史与记忆的种种裂痕，构建个体统一性、探索与定位自我价值、重塑现代人的灵魂，是20世纪众多文学家和思想家的共识。因此，神话的出现再次观照了现实，使人们从神话及神话重述作品中挖掘出超越现实的种种可能。对于巴斯而言，现实的枯竭促使他转向了古代神话。

巴斯认为现实的枯竭包括两个层面的含义：一是人类理性的枯竭；二是文学的枯竭。启蒙神话与理性思维面对当下的问题同样束手无策，因此神话的出现再次观照了当下的现实世界并给予了现实生活中的人以终极关怀。人们在传统和神话中，重新发掘人生的价值与存在的意义。“文学的枯竭”则指文学的某种形式或者某种可能性被穷尽了。受博尔赫斯启发，巴斯戏仿《一千零一夜》，重述了古代神话，为走出文学枯竭、实现文学更新提供了典范与借鉴，同时这也印证了巴斯重述神话的观念与意图。

人性的分裂和异化作为20世纪西方文学的两大核心主题，全面客观地诠释了主体性丧失后现代人普遍的生存境遇和危机的实质。巴斯同样不能摆脱普通人的危机意识，这一切促使巴斯转向重述古代神话英雄的故事。古代神话英雄故事借现代人叙述而再次流传，现代人从古代神话英雄的伟绩中汲取精神能量，走出生存困境，摆脱危机。古代与现代、历史与现实就在“默比乌斯带”上演绎铺陈开来，过去、现在、未来三者交替呈现，往复循环，形成了一座座时空交错的迷宫，体现了巴斯深刻的后现代意识。同时，这种意识也熔铸出了巴斯的神话重述。

当代历史学家克罗齐曾说过："任何历史都是当代史。"①巴斯神话重述作品立足当下，并以当下人的历史和生活状态为参照。当下人的物质生活极大丰富，精神领域却极度贫瘠。人们战胜了恐惧与死亡，却丧失了对另一个世界的想象。重述神话意味着人类在书写历史，创造一段独特的生命历程。重述神话、重塑现代人的灵魂，亦是重塑了现代人的精神纬度。建构一个新神话，亦是建构了一个新世界。重述神话之旅，亦是建构了一种文学的存在之旅。因此，以神话重述创作为代表的人类文艺创作重拾传统并不意味着回到过去，而是为了更好地开创未来，这既是巴斯重述神话的目的所在，同时也是20世纪神话重述的本质。

纵观巴斯的研究，我们可以发现，一方面，巴斯关注文学创作与文学传统的关系，这种关系体现在巴斯对文学创作模式与技巧的探索上，诸如语境的转换、主题演变、模式扩展与美学转向等几个方面，这不仅为巴斯创作提供了新视角，同时也为巴斯重述神话提供了更为深厚的历史意识和更为宽广的文化视野。巴斯强调，回归文学传统不是因为创作题材匮乏或者作家才思枯竭，而是因为作家的文学生产的自觉意识和批评意识对文本形式的关切。另一方面，巴斯的神话文本也凸显了对文学传统的解构以及对历史的审视。利奥塔特别强调后现代文化中叙事的历史性功能，即作为对传统的消费，把传统从遗忘中拯救出来并以系统化的形式加以封存固化。巴斯的神话重述作品在理论与实践上对文学传统和历史敏锐的文化策略与后现代主义理论家对当代社会知识状况描述相契合。他对文学传统的解读以及对文学经典的重写也代表了当代文艺思潮的解构主义倾向。其神话重述作品从理论与实践两个维度来讲，涉及对现代社会知识状况的洞察和阐释，与后现代主义理论家有很大程度的相通之处。

神话有着极强的包容性，为人类思维、社会行为及艺术实践开拓了一个无限的意义空间。在人类文艺发展史上，神话一直是艺术家们取之不尽、用之不竭的创作源泉，为推动文艺创新发展注入不竭动力。在当下历史文化语境中，重述神话不仅是更新文学传统的一种方式，更是神话传承与可持续发展的一个途径。本书正是基于当下历史语境中神话重述的重要历史与现实意义以及巴斯在创作中对这一话题主动而敏感的反应，选择从重述、重塑、重构三个视角深入巴斯的神话世界，厘清神话重述的源与流，从文本阐释、艺术阐释和文化阐

---

① 克罗齐．历史学的理论和实际[M]．傅任敢，译．北京：商务印书馆，1982：1.

释三个维度研究巴斯神话文本中所展现的后现代主义精神和人文主义思想，揭示巴斯神话重述的意图与观念，即为何要重述古代神话？如何重述？重述神话过程中解构了什么？同时又建构了什么？重塑与重构的对象又是什么？

二、研究意义

阅读巴斯的作品犹如在古代与现代之间、历史与现实之间往返穿越，读者时而在神话世界里与英雄们对话，时而又回到现实世界中安静地阅读并参与创作，身处其中颇费猜详，思索无穷。这也是诸多学者对巴斯研究望而却步的一个主要原因。但是当走进巴斯文本深处时，我们却发现，他重述的是古代神话故事，而表现的却是当下人的生活与际遇。巴斯立足当下，以古代神话故事框架与当下人的生活状态为参照，寻求人类摆脱生存危机与精神危机的脱困之道。巴斯通过重述神话来重塑现代人的灵魂，而重述的神话也为人类重构了一个感知与想象的世界，这便是巴斯神话重述的意义。

（一）现实意义

在现实社会中，人类对理性、和谐、永恒的渴望与向往和自然社会生存有限性之间的断裂，造就了荒诞。荒诞不仅隔断了人对这个世界与存在的认知，也阻断了人的自我参与、自由选择及自我实现。克尔恺郭尔在《恐惧的概念》一书中指出，荒诞给人带来的不仅是对焦虑的体验，这种荒诞已经上升为一种荒诞哲学，是人对自身荒诞生存境况的一种认知与体悟。读者在现代派的作品中可以很清楚地看到理论家们和作家们为克服荒诞世界所做的努力，如乔伊斯的《尤利西斯》中的主人公斯蒂芬势必要找到人类诗意栖居之地，这也是以乔伊斯为代表的现代人为摆脱西方社会精神危机所做的尝试。很显然，现代主义文学已经跳出传统文学的藩篱，打破以往纯粹的理性认识框架，通过非理性这一媒介把握和认识生活的本质。然而后现代所面对的，依然是现代性的危机，当任何一个人根据自己的观念去建构一个世界时，这个世界是否存在就根本没有意义了。荒诞就是人和世界的共同存在方式。因此，根据对后现代这种荒诞哲学的理解，任何关于世界体系的思想观念都无涉这个世界的真相，都只是一种话语的建构与文本的游戏。简言之，后现代荒诞哲学乃是话语的建构与文本的游戏。

以重述的视角解构巴斯神话文本首先具有一定的现实意义。任何一个民族的历史在发展进程中都伴随着个人与集体的记忆不断强化为民族意识和民族文化。民族文化的发展与强大依托于千百年来凝结的民族意识，而这种民族意识在伴随各民族成长壮大的过程中形成了具有鲜明民族特色的文化结晶，即史诗，其结构与性质不仅凸显了该民族对历史的追溯，而且富有独特的审美意蕴与情感价值。因而，在当下语境中探讨神话重述对于民族文化构建及传承具有重要的现实意义。神话重述在更大程度上成了一种对该国家、民族传奇历史的追溯，蕴含着该民族独特的风俗信仰、情感价值、审美观念等历史文化内涵。

（二）理论意义

后现代主义作为一股席卷世界的文化思潮，以其大众化、消费化、即时化给予传统文化致命的打击，并且也在一定程度上给予现代文化毁灭性的打击。后现代主义作为晚期资本主义的文化逻辑和文艺准则，不仅是一种有关语言的游戏与文本的争论，在某种程度上也被视为一种后哲学，这归因于它鲜明地彰显了人在当代新发展的心理模式和心理结构，更由于其触动了晚期资本主义文化的发展脉络，凸显了人类在文艺领域取得的新成就，也昭示了人性的又一次变革。后现代理论作为一种后哲学，是一种关于语言的游戏、关于语言的表述、关于文本的争论。盛宁在《人文困惑与反思》一书中谈道，西方理论界与知识界被迫再一次陷入深重的人文精神困惑与危机之中，这种危机源自对后现代问题的认识与反思以及为走出困惑而进行的各种尝试。利奥塔在《后现代状态：关于知识的报告》这本书中阐释了知识的合法性危机，并同所有的元叙事进行了对抗。断裂与非中心化的主体同现实之间的唯一纽带被割断，历史意识的丧失产生了记忆的裂痕，在充满大量仿真与幻象的世界里，现实已被谋杀，后现代小说叙述同样产生了巨大危机。罗兰·巴特说“作者死了”，桑塔格提出“拒绝阐释”，马克斯·韦伯则倡导为文学世界“除魅”。若要改变文化现实，就要改变对理性的定义，打破理性的神话。

巴斯的神话创作实践，为读者一一解开谜团。巴斯的创作突破了文学创作与文学传统的界限，颠覆了传统语言观与大众文化失语的现象。其创作理念深刻地反映了后现代小说叙述危机的根源，同时也为打破作家才思枯竭与叙述形式的局限提供了解决路径，为缓解艺术家对于社会文化再生产与传达媒介的焦虑提供了有益的借鉴。巴斯的神话创作与实践告诉我们一个道理，后现代文学文本中不存在独立于人之外的世界，人与世界密不可分，不论是凭借理性还是超理性去认识和把握世界都已没有意义。重述神话之旅亦是建构一个新的“世界”，而建构这个世界的过程，既是一部作品的生成过程，也是建构一种文学存在的过程，以实现古老的神话世界的复归。

（三）创新意义

神话不但是文学创作的根源之一，更是造就和滋养了后代文学延续发展。神话重述创作和一般类别的文学创作活动有很大差别，一方面，它对神话原型进行改编重述，重塑故事情节与英雄形象；另一方面，它赋予原典神话新时代的内涵，使其成为文化寻根的历史载体，永远存留在各民族的文化记忆之中。神话重述能够再现历史记忆，促进人类再现集体记忆中的文化传承与个体记忆中的历史投射。神话重述能够构塑国家、民族认同，促进人类历史理性中的国家意识与历史真实中的民族身份的确立。对作为伟大文化遗产的古老神话的发掘与再创造能够有效推动全球文化产业发展，这对促进世界文化的发展有着十分重要的意义。

第三节　约翰·巴斯研究的新视角

一、国外研究现状

巴斯在美国文学史上具有重要的地位，其后现代主义创作理论与观念不仅对美国文学发展具有重要的推动作用，也在很大程度上成为世界文学发展的风向标，受到了国内外学界的广泛关注。20 世纪七八十年代以来，国外学者关于巴斯的研究专著和文学批评文章大量出现，这在很大程度上拓展了巴斯研究的领域。国外的巴斯研究总体包括以下几个方面：巴斯作品的总体概述、巴斯作品的主题研究、巴斯创作技巧研究、巴斯单部作品的研究等。

（一）巴斯作品的总体概述

巴斯作品的发展轮廓呈现两种倾向：一是“代数与火”，充满激情、妙趣横生；二是叙事迷宫，悠远深邃、神秘诡谲。巴斯的后现代意识与创作实践反映了第二次世界大战后美国文学的发展动态与深刻变化。20 世纪 50 年代到 80 年代后期，随着美国后现代主义思潮的迅猛发展，巴斯的小说创作呈现出多变的主题，从最初聚焦存在主义哲学命题，到以戏仿的形式来处理现代主义文学观念，其作品中处处彰显后现代主义的文学特征并富含独特的文学性。

杰克·沙普关注巴斯小说中的哲学观念与哲学命题。他出版的著作《约翰·巴斯：悖论的喜剧崇高》(1974）是世界上首部研究巴斯的专门性著作，着重研究了巴斯小说中所涉及的认识论问题与美学思想。

大卫·莫莱尔在其著作《约翰·巴斯导读》(1976)一书中概述了20世纪70年代巴斯的全部创作文献资料、创作过程及相关情节。

《约翰·巴斯评论集》(1980）是第一部较为全面的关于巴斯及其创作的文学评论集，由约瑟·瓦尔德梅主编。该评论集涵盖内容丰富，从新历史主义的角度出发分析了巴斯的作品主题及其创作，奠定了后世对巴斯进一步研究和挖掘的深厚基础。

20世纪80年代，关于巴斯小说最全面的研究专著《激情的艺术：约翰·巴斯小说研究》(1983)问世，该书由查尔斯·哈里斯编写，着重分析了巴斯七部具有代表性的小说，而最后一部小说《书信集》预示了巴斯一个时期创作生涯的终结。

海蒂·齐格勒在《约翰·巴斯》(1987）一书里指出，巴斯最具典型性地代表了所谓的后现代主义并不是因为他的作品比其他当代作家具有更多的后现代主义特征，而是因为对巴斯来说，“生活”和“艺术”是同一枚硬币的两面。海蒂·齐格勒在考察了巴斯的小说后认为，通过人物与作者的分工，巴斯成功地发展了一种新的文学模式，这种模式甚至超越了自我模仿，进入了未来小说的领域。

戈登·史雷索格、维克多·沃格尔的《约翰·巴斯》(1990)是一部研究巴斯的佳作，在这部著作中，两位作家深入细致地审视和品鉴了巴斯的全部小说，极尽详细地剖析了巴斯关于终极历史观的深刻思想。

(二)巴斯作品的主题研究

1. 存在主义主题研究

20世纪六七十年代，巴斯早期作品聚焦存在主义主题，一方面，源于第二次世界大战后期存在主义思潮对社会文化及大众思想产生了广泛影响，学界对其产生的历史背景与思想根源进行反思；另一方面，存在主义思想的影响与当时美国社会现状相契合，并在文学作品中得以彰显，包括巴斯在内的具有影响力的美国作家将幻灭的民主与暴乱动荡的社会现实直接反映在作品中，引起知识界、学术界及民众的关注。理查德·雷汉的《危险的跨越：法国存在主义文学与当代美国小说》(1973)以存在主义的视角对巴斯的三部长篇小说《漂浮的歌剧》《路的尽头》《烟草经济人》和三部短篇小说集《一十零一夜》《迷宫》和《故事继续》进行了主题分析，深入研究了巴斯作品中对自我与价值的探索，指出巴斯在作品中所展示的不是关于美国的本质生活，而是一种关于生活的真实感觉，作品中的人物与社会和人群相隔离，内心充满了沮丧和迷茫。

2. 虚无主义、荒诞与黑色幽默主题研究

R. B. 霍克在《乐观的虚无主义：美国幽默小说中的自信与“荒诞”》(1971)中着重分析了巴斯的两部代表作：《漂浮的歌剧》和《羊孩贾尔斯》。他以人物分析为切入点，通过研究指出巴斯作品中人物的共性特征，即两部作品中的人物大多是乐观的虚无主义者。

麦克斯·舒尔兹在《60年代的黑色幽默小说：人与世界的多元化定义》(1973)中详细介绍和评价了巴斯的《迷宫》，给予了十分肯定的正面评价，说明了巴斯运用黑色幽默的方式来处理现代社会中的有关问题无疑具有非常重要的意义。

查尔斯·哈里斯在《当代美国荒诞派小说家》(1972)一书中重点分析了巴斯创作中的荒诞主义与虚无主义倾向，该作品也是第一部研究战后美国小说的专著。

约翰·迪尔顿在《当代小说中的喜剧讽刺》(1977)中，N. 勒博维兹在《现代小说中的人文主义与荒诞》(1971)中，均分析了巴斯小说创作过程中运用的黑色幽默及滑稽讽刺手法，并将巴斯早期作品《路的尽头》《羊孩贾尔斯》《烟草经纪人》视为运用荒诞与戏仿手法的代表作。

英国著名批评家托尼·坦纳在其论著《语言的城堡：1950—1970年的美国小说》(1970)中仔细比较了巴斯与约翰·霍克斯，深入剖析了巴斯包括《漂浮的歌剧》和《迷宫》在内的六部作品，并指出巴斯小说中对人类存在和本体论问题所做的拓展性思考。

3. 女性主义思想研究

巴斯倡导用女性主义的视角来重新解读西方传统叙事话语，其多部作品中都展现了立体、独特的女性叙事风格，诸如《书信集》中的安海丝、《丹尼萨德》中的谢赫拉萨德、《安息日传奇》中的苏珊·特纳、《海上故事》中的凯瑟琳·塞格摩尔、《新辛巴达航海记》中的谢赫拉萨德等。值得一提的是，两性创作或联合创作在巴斯的《书信集》《海上故事》《新辛巴达航海记》《安息日传奇》以及《迷宫》中多次体现，尤其是夫妻联袂创作，堪称两性创作主题的变体。

玛丽·艾伦的《60年代美国小说中的女性》(1976)着重剖析了巴斯作品中的女性形象，包括回音、卡桑德拉、妃洛米拉、希贝、谢赫拉萨德、丹尼萨德、苏珊、凯瑟琳等，这些女性形象拥有共性的特征，她们激情饱满、热爱生活，她们身上体现了一种永恒之美，并成为美国后现代作品中女性艺术家的经典形象。

4. 航行主题研究

巴斯的多部作品都涉猎了航行主题，这与他的生活密不可分。巴斯自幼生活在马里兰州切西比克湖畔，宁静的湖水是巴斯取之不尽的创作灵感源泉。他的三部作品《安息日传奇》《海上故事》《书信集》并称为“切西比克湖三部曲”。其作品中的航海经历与传奇故事直接指涉西方文学史中的多部作品主题，如《海上故事》中的男女主人公重述《奥德赛》的情节，《书信集》模仿《埃涅阿斯纪》的叙述框架等。在《曾经沧海：一出漂浮的歌剧》中，巴斯终于回到心灵的故乡切西比克湖，回顾一生的创作并谈及了他的文学创作灵感来源与宁静的切西比克湖之间的密切关系，因此巴斯是名副其实的切西比克湖畔诗人。

(三)巴斯创作技巧研究

纵观学界对巴斯作品的研究我们可看出，其神话文本中运用了原型、文本互文、戏仿等多种表现手法，并对民间传说、传奇故事、寓言等进行改编重述，使其神话世界富有独特的文学性特征，进一步形成了自己的“神话诗学”(mythopoesis)。诚然，巴斯的神话重述创作吸收并借鉴了弗洛伊德、荣格、坎贝尔、弗莱、格雷夫斯等学者的神话理论，并使之内化成自己神话诗学的叙事结构，积极探索原典神话英雄人物应遵循的模式与路径。巴斯在一次访谈中提及他在创作《客迈拉》《烟草经纪人》和《羊孩贾尔斯》时对神话原型的不自觉运用，同时将传统神话模式的戏仿延展到后续的经典文学作品和样式中去，对传统神话英雄的成长模式做了改编重述，以此区别于现代主义作家对神话题材与神话原型的处理方法。美国批评家吉罗米·克林科维兹在《文学的断裂：后现代美国小说的形成》一书中指出，巴斯的多部作品中饱有滑稽戏仿的痕迹，在一定意义上看，戏仿构成了解读巴斯作品最主要的批评模式。诸如《羊孩贾尔斯》《迷宫》和《客迈拉》戏仿古希腊英雄神话；《客迈拉》《海上故事》和《新辛巴达航海记》戏仿《一千零一夜》。总而言之，文学样式与文学观念的更新是巴斯借以打破"文学枯竭说"的尝试与挑战。

巴斯的创作还体现了其深刻的自我意识。自我意识指在小说创作或叙述过程中指涉作者本人或写作过程的话语行为。巴斯多次提及文学的样式已经穷尽，写作面临诸多困境，如他在《漂浮的歌剧》中塑造的安德鲁斯、《路的尽头》中塑造的赫纳，无一不在尝试解决灵感稀缺、文学样式千篇一律等创作问题，尤其在长篇小说《安息日传奇》《海上故事》和《新辛巴达航海记》中，写作困境直接关系到作者能否将故事情节叙述完整。然而，巴斯的书写困境远远不止写作方面的困难，还表现在回忆与心理问题等方面，这种困境促使巴斯一直致力于寻找新的途径，就如何重述古老神话进行艰难的探索。

（四）巴斯单部作品的研究

除了对巴斯作品的总体概述之外，国外学者还就巴斯的单部作品进行了深入细致的研究，其中对《烟草经纪人》《羊孩贾尔斯》《书信集》等几部作品进行了详尽的阐释。约翰·B. 维克瑞从神话视角出发对《客迈拉》中的神话功能进行了阐释，并在其《约翰·巴斯的〈客迈拉〉中的神话功用》（1992）一文中指出，巴斯通过重述神话打破了"文学枯竭说"，突破了故事叙述的局限性，通过对原典神话的改编重述激活了神话的叙事功能，在去除神话神秘化的过程中赋予了神话无限的叙事性。此外，查尔思·B. 哈里思从边疆主题视角出发分析并追溯了边疆经历对主人公思想和意识产生的深远影响，并在《充满激情的艺术精品：巴斯的小说》（1983）一文中展现了巴斯作品中多个鲜活、立体的人物形象。

巴斯是一位勤奋多产的小说家，他以丰富的想象力和创造力打破了传统小说的创作模式，被称为"后现代小说的领袖"。因此，巴斯与后现代主义文学以及后现代作家有着密切的联系，如卡尔维诺、马尔克斯、博尔赫斯、库特·冯内古特、约瑟夫·海勒、米兰·昆德拉等。巴斯在文章与访谈中多次提及他从卡尔维诺、马尔克斯、博尔赫斯等几位优秀的作家那里获取了创作灵感，并且这些作家的作品也成为巴斯创作的参照，他们之间有诸多的相似性，但我们也洞察到巴斯与后现代主义作家对神话的处理方式有着根本的区别。

二、国内研究现状

（一）整体评述

20世纪80年代到90年代中期，伴随学术界对后现代主义思潮的关注，巴斯及其作品被译介到中国并引起了学术界震动。作为美国后现代主义文学的领军人物，巴斯的作品评论、访谈录及批评文集如雨后春笋般涌现。但是在相对较长的一段时间里，国内的巴斯研究还未形成较为完善的体系，只是流于一般性评述，缺乏专题性与个性化的研究。随着中国不断加快对外开放的步伐，当代西方文艺理论及作品再次得到关注，尤其是巴斯发表的《文学的枯竭》一文，不仅将后现代文学创作的问题推到了美国与欧洲文学界的中心位置，也引发了中国学者对“文学枯竭说”内在的文化逻辑进行深入的探讨。直至今日，这一话题仍然备受关注，也因此，巴斯的《文学的枯竭》一文被誉为“后现代主义宣言”。

（二）巴斯作品译介

如果说《文学的枯竭》一文的诞生将巴斯推到学术界的中心位置，那么《文学的更新》一文的发表再次使巴斯成为后现代主义文学的焦点人物，引发了文学界的新一轮震荡。从两篇文章的内容上看，巴斯对于文学创作一直遵循自己独特的逻辑。纵观国内巴斯作品的译介现状，我们发现自20世纪90年代中期至21世纪初期，虽然巴斯的部分短篇小说和长篇小说被译介到国内，但总体数量不大，对巴斯的创作也未形成较为系统、全面的分析。而后，译林出版社和上海译文出版社先后推出了巴斯长篇小说的中文版，包括王艾和修芸翻译的《路的尽头》（译林出版社，1998）、吴其尧翻译的《曾经沧海：一出漂浮的歌剧》（译林出版社，2002）、邹亚翻译的《客迈拉》（上海译文出版社，2005），徐朝友和李自修翻译的《烟草经纪人》（译林出版社，2015）。上述译著的相继问世，进一步丰富和拓展了巴斯作品的研究内容和研究视野，但同时也给研究者带来了诸多困难，诸如巴斯小说中大量的神话原型、俚语、双关语的使用问题，都是遗留下来的课题，有待进一步研究。

(三)研究成果

综合中国知网数据库和万方数据库检索结果可知，2010年是国内巴斯研究的分水岭。2010年以前国内关于巴斯的研究文章有115篇，其中硕士论文22篇，博士论文2篇。2010年以后国内对巴斯及其作品的研究达到新的高潮，有硕士论文15篇，博士论文2篇。

1. 硕博论文

2005年，内蒙古大学张晓华的硕士论文《约翰·巴思与〈烟草代理商〉》是国内研究巴斯的第一篇硕士论文，该论文对《烟草经纪人》所使用的典型文学手法——戏仿进行了系统分析，揭示了《烟草经纪人》的后现代主义特征。2007年，广东外语外贸大学梅晓静的硕士论文运用巴赫金的狂欢理论对巴斯的作品《路的尽头》进行了分析，阐释了其作品建构的狂欢化世界与后现代主义特征的契合之处。同年，兰州大学胡万梅、西北师范大学褚丽娟分别从艺术家的成长小说与传达媒介的角度阐释了《迷宫》的主题和《曾经沧海：一出漂浮的歌剧》的艺术架构。2008年，兰州大学高向净的硕士论文《解读约翰·巴斯的历史编纂元小说〈烟草经纪人〉》以历史编纂元小说的视角，阐述了巴斯《烟草经纪人》的元小说特征，并进一步揭示了历史编纂中隐含的意识形态问题。此外，山东大学刘森的硕士论文《巴思的迷宫：〈客迈拉〉小说艺术研究》分析了巴斯作品的结构特征，揭示了作者与读者之间独特的身份关系。

2010年到2018年，关于巴斯研究的硕士论文增加了15篇，研究视角更加多样化，研究视野也更为开阔，其中包括对巴斯“文学枯竭说”的分析、巴斯小说创作的文化记忆的美学研究、《客迈拉》的戏剧性与文学创作观、巴斯“文学的更新”理念在《安息日传奇》中的体现、《漂浮的歌剧》的虚无主义主题、《迷宫》的写作策略、《路的尽头》的伦理悲剧及巴斯与神话重述等。其中，王程辉的博士论文《美国作家约翰·巴思小说研究》创新性地阐释了巴斯对拼贴、戏仿、互文性等手法的运用，并全面而客观地评价了巴斯的多部代表作。华东师范大学宋明完成的博士论文题目为《论约翰·巴思的创作美学》，从新现实主义视角出发阐述了巴斯文学创作的轨迹，并将巴斯作品划分为早期、中期和后期三个阶段进行概括总结，阐释了巴斯的美学思想。

2. 期刊论文

纵观巴斯研究，我们发现评论最多的是其在20世纪50年代到70年代创作的几部作品，包括《漂浮的歌剧》《路的尽头》《迷宫》《客迈拉》。有关巴斯研究的成果最集中的时期当属20世纪90年代，较有影响力的论文有刘象愚的《虚构与生活的统一：读巴斯的〈客迈拉〉》(《文艺报》1997年5月6日)；仵从巨的《约翰·巴思与〈迷失在开心馆中〉》(《名作欣赏》1999年第5期)；侯毅凌的《一部"狰狞的小说"——评约翰·巴思的〈吐火女怪客迈拉〉》(《外国文学》1997年第2期)；王卫东的《约翰·巴斯小说写作方法初探》(《南通师范学院学报》(哲学社会科学版)2000年第3期)。

总体来说，国内对巴斯创作的研究涉及角度较广泛，但高质量论文不是很多，且对某一主题研究呈现扎堆现象，创新度不高，与当下语境联系不够紧密，研究结果也未成体系，这里不再一一赘述。

2012年以后，宋明对巴斯的新现实主义作品做了较为深入的阐释，在其论文中就文学艺术创新与当代都市生活相融合展开了论证，揭示了讲述故事与都市问题之间的内在关联性。宋明的《约翰·巴思作品中的城市与生态社会环境》(《外语学刊》2016年第1期)系统梳理了巴斯关于生态社会环境的观点和思想，并详尽描述了人与生态社会环境的内在逻辑关系。此外，他又从简约主义角度出发阐释了巴斯的创作美学。宋明的文章创新性地丰富了国内巴斯晚期创作研究的主题、视角与内容。

3. 著作

21世纪伊始，国内学者对巴斯小说的研究迈出了新的步伐，不仅研究成果颇丰，而且形成了专题研究。较有影响力的文学评论著作相继与读者见面，包括王守仁的《新编美国文学史(第四卷)》(上海外语教育出版社，2002)、杨仁敬等的《美国后现代派小说论》(青岛出版社，2003)、胡全生的《英美后现代主义小说叙述结构研究》(复旦大学出版社，2004)、汪小玲的《美国黑色幽默小说研究》(上海外语教育出版社，2006)。其中，汪小玲在其著作中概括了巴斯20世纪六七十年代作品的文学特征，并对巴斯黑色幽默的创作主题、创作手法进行了分析，从语言的本质出发探讨了历史、政治、文化以及人存在的本质。在此阶段，巴斯小说研究也呈现出多样化趋势，但总体而言，缺乏系统的专门研究，流于一般性评述。

王建平出版的关于巴斯小说研究的一系列著作，引领了巴斯研究领域的新动向，为巴斯研究提供了新视角，大大弥补了国内巴斯研究领域的不足。其关于巴斯小说的研究主要集中在以下几个方面：美学与政治、后现代小说讨论的部分问题、后现代小说叙述危机的根源、现代性与后现代性、巴斯的美学思想与神话史观、地缘政治与大众文化、文学生产与文化政治等。其《约翰·巴斯研究》(上海外语教育出版社，2007)一书系统介绍了巴斯的生平及创作，在巴斯的阅读与写作之间寻找平行线，揭示了巴斯与现实主义、现代主义、后现代主义的关联性，进一步阐释了巴斯后现代小说的美学特征。王程辉的《美国作家约翰·巴思小说研究》(武汉大学出版社，2013)一书由其博士论文整理而成。王程辉的视野开阔、视角多变，全方位地审视和解读了巴斯的主要作品。该著作是继王建平后国内研究巴斯的又一部力作，对促进学术界开展关于巴斯和美国后现代派小说研究具有极其重要的意义。

三、本书的研究内容与研究视野

巴斯的创作生涯长达半个世纪之久，透视其作品，我们不难发现，巴斯的创作激情似火、神秘诡谲。他对小说叙事形式的实验、对经典的改编重述以及对文字的把控，使他成为美国文坛的领军人物，扛起后现代主义作家的宏伟大旗。

国内研究相较国外研究起步稍晚，但可喜的是，20世纪90年代到21世纪初期，国内学者掀起了巴斯研究的热潮。从2000年至今，关于巴斯研究的成果数量不断增多，研究视角比较独特，研究范围与研究视野也有所拓展，尤其是涉猎了巴斯中后期的新作，总体成果对后继学者研究美国后现代主义文学有重大影响。但仍然存在不足之处：

(1)关于巴斯小说美学创作的探讨。第一，对元小说的解读应超出美学范畴的讨论。第二，对美学与政治关系问题的揭示还需做出细致的解读。第三，避免大量重复的循环论证，如大量论文集中于对元叙事话语的研究，论文内容重复率过高。

(2)关于巴斯与前辈作家、同时代作家的比较。巴斯在其访谈录中常常提到前辈作家与同时期作家，我们把巴斯与其他同时代作家相比较有助于我们理解他本人的文学创作理念与作品的参照系；我们把巴斯同前辈作家相比较，有益于我们了解巴斯引证的出处与灵感源泉，同时也能从前辈作家的作品中更深入地了解巴斯深邃的后现代主义创作手法。目前，学者的研究内容中少见对巴斯与前辈作家、同时代作家深入细致的比较阐释。

(3)关于巴斯文本对历史的解构与建构问题。目前一些学者对巴斯作品中的历史真实相对论的主题进行了解构，引入了对历史与小说关系的思考，但其遗漏了解构的目的是要重新建构，而建构的对象又是什么呢？尚需要后继学者完善与补充。

总而言之，针对巴斯及其创作的研究，依然有可挖掘之处和深度研究的必要。对前辈学者研究的延续与补充将大大丰富巴斯研究，使巴斯研究更加具有针对性、更加系统化。

第二章　神话与神话重述

神话是人类蒙昧时代的童话，蕴含着人类与生俱来的品性，同时也是人类文明最早的一缕曙光。神话构塑了不同民族文化共同的本源。世界上万千民族具有异彩纷呈的民族文化，姹紫嫣红、不尽相同，但是都具有一个共性的特点，即将特定神话作为自身的起源，并且这些神话的主题极为相似，如世界与人类起源、祖先崇拜、图腾崇拜，等等。可以说，不同地域的文化样态与文化特质构成了世界文化的多样性，也促成了人类精神活动的多样化。神话，孕育了人类思维的进化史，也开创了人类文明的新纪元。

现代性语境中的神话，是从原始神话和古典神话中衍生和转变而来的，是对二者在故事题材、表达方式和思维方式等方面的继承与发展，因而又被称为“现代神话”。现代神话是按照现代的生活方式、思维习惯、生存状态等维度对原始神话以及古典神话进行全新阐释，其历经多次演变和发展，始终与人类的文化史相关联。叶舒宪称神话内在的人类文化基因，不仅为人类提供了诗性智慧，也为人类指明并提供了返归自然的航向与能力，这就是神话不断为人类世代重述的根源。那么如何重述神话，如何聆听与重解神话的谕旨呢？这正是当下最值得深思的问题。

20 世纪以来，两次世界大战摧毁了人们的理性与信仰。随着理性王国宏伟蓝图的破灭，启蒙神话再也不能为人们提供任何切实可信的保障，人的完整而统一的主体性被解构，甚至被剥夺。面对人性与个体身份的缺失、人格分裂与人性异化的危机、历史与记忆的种种裂痕，构建个体统一性、探索与定位自我价值、重塑现代人的灵魂，是 20 世纪许多思想家和作家的共识。当下的人们虽然物质丰富，但却精神贫瘠。人们战胜了恐惧与死亡，却丧失了对另一个世界的想象。因此，人们需要从传统、神话、宗教以及其他异域文明中汲取营养，以挖掘出超越现实的种种可能。纵观人类的艺术史，各种文艺题材始终从神话中汲取营养，且神话重述再次观照了当下的现实世界并给予现实生活中的人以终极关怀。人们在传统中、在神话中，重新发掘人生的价值与存在的意义。

第一节 神话重述的源与流

当代神话重述项目系全球首个以神话为题材的创作、翻译、出版项目。该项目在世界范围内遴选优秀作家的神话作品，以充分展现精彩纷呈的多样态文化，拥有极大的新闻价值和文学价值，受到世界文艺界的高度重视。已加盟的作者有大江健三郎、玛格丽特·阿特伍德、齐诺瓦·阿切比、若泽·萨拉马戈、托妮·莫里森、翁贝托·艾科等作家，构成了一个重述神话的强大阵容。该项目最新的一部作品是英国的拜雅特于2005年出版的《诸神的黄昏》。随即中国推出了“重述神话·中国卷”，中国作家苏童、叶兆言、李锐与蒋韵、阿来分别创作了神话重述作品《碧奴》《后羿》《人间》和《格萨尔王》。苏童在《碧奴》的自序中曾写道：“我写这部书，很大程度上是在重温一种来自民间的情感生活，这种情感生活的结晶，在我看来恰好形成一种民间哲学，我的写作过程也是探讨这种民间哲学的过程。”[①]随后，各国的加盟作家陆续出版了以其本民族和地区神话故事为创作题材的著作。通过对神话重述项目的观察，我们不难发现，神话重述作为一种独特的文学创作手法，充分展现了人类独特的思考能力与创作经验。它不仅是当代人在其价值理念影响之下对原有神话原型的再塑造，彰显了当代人对美好未来的憧憬与期待，而且其重述的目的并非让人们回归和穿越到过去，而是使跨越千年历史的传统在新时代文化语境下焕发生机，展现当代人超出理性的独特创造力。从这个意义上看，人类的文艺创作不仅是在书写一段历史，而且是在创造与体验一段独特的生命历程。

一、神话的界限与功能

（一）神话的来源与演变

神话的起源和发展始终与人类语言的发展、叙事能力的增强息息相关。当远古先民处于生产力发展水平较低阶段时，难以掌控、理解雷电、风雨、地震、火山爆发、生老病死等自然和生命现象，人类对所生存和探索的世界的控

① 苏童.碧奴[M].重庆：重庆出版社，2006：自序.

制力与认知的有限性之间的矛盾促使他们对自然产生神秘的敬畏之情。他们幻想这个世界有超自然的存在。出于生存的本能，先民们带着好奇、崇敬、恐惧与困惑，不懈地探求玄奥的神秘世界，这便奠定了远古神话起源的心理基础。先民们将无法理解的自然与生命现象赋予神性的演绎，以己感物，以己观物，以人化的神的故事阐述世界的起源与人类的发展。因此，神话又被称为“原始神话”或“原典神话”。于是，原始神话成为先民们对各种自然与社会现象的想象性建构，是他们在其知识范围内对整个宇宙进行的“合理”阐释，并逐步固化为其口头传承的原始文化的结晶，具有深刻的社会性。

漫长的历史见证了人类完成进化的全过程，这个过程也是人类最重要的性格形成的标志性阶段。在旧石器时代，生产力极其落后，人们的生产生活停留于体力分工阶段，普遍采取“男狩猎、女采集”的生产生活方式，这构成了当时社会的经济基础。作为上层建筑的神话，就必然与狩猎等活动息息相关，或从社会实践中直接产生，或由其演绎而来，为后世留下了大量的经典故事。这些故事虽然有的不尽完整，无法与世俗完全分离，有的甚至充满幻想色彩，但不失为人类认识自身、人类社会以及自然界的有益感悟，并通过各种方式流传下来，为后人所熟知。例如，当他们目睹月亮的盈亏，便又再度发现了一种“复活”的神圣力量。最早期的神话告诉人们如何洞悉眼前的有形世界，去发现另一种似乎包含着某种“彼岸性”的真实世界。凭借种种神话和仪式，旧石器时代的人们开启了生命循环发展的阶段。在这种理念的影响下，死亡被看作一个生命走向另外一种形态的重要仪式。正是这一对生命的观照方式，不断引导着人们迈向人类历史一个又一个伟大的进程。

新石器时代的人们产生了“万物有灵”的观念，而这一观念恰恰是原始神话的真正内核。这一观念的产生和发展，有其深刻的社会动因。其一，生产力的发展使得人们从事更高水平的生产活动。人类的活动范围不仅大大扩展，而且可以接触越来越多的事物，从而为其提高认知提供了更为丰富的素材来源。人们将这些素材不断收集汇总，形成了一个相对于以往更加缜密的体系，使原来零散的、碎片化的神话故事呈现出一定的逻辑体系和关联性，越发成为一个相对完整的故事。而在这个故事中决定事物联系的并非我们现在所认知的生产力和生产方式，而是人们所认为的那样——“万物有灵”。从这个意义上说，“万物有灵”的观念是新石器时代人们对于人类生存与发展的唯一“合理性”解释。其二，人类的语言能力和思维方式得到空前发展。语言贯穿于人类生产与生活的始终，生产力的提高催生出更为复杂的交往方式，迫切需要人们以语言的方式记录、交流与传承。在这一阶段，人们的叙事能力也在不断提高，而叙事能力反过来又推动着叙事内容不断地发展和完善。在此基础上，经过人脑加工的神话故事逻辑更加严谨，逐渐形成了一个可以自圆其说的体系，而且素材愈加丰富。也是在这个阶段，人类正经历一个前所未有的语言发展高潮。其三，神话故事作为原始文化的精神蓓蕾，在漫长的人类历史发展过程中催生出灿烂的文化艺术。伴随着人类叙事能力的提高，人类在文艺创作的道路上也逐渐成熟。宗教、文学、美学等形式不断产生并蓬勃发展，从而构成了人文学科异常壮丽的景观。人文学科的进一步发展，促进了人类自我意识的发展，这是因为文学艺术始终是人类认识自然与理解自我的重要媒介。人类在文艺创作过程中，逐渐加深了对自我的认知和认同，也愈加认识到自身的力量。自此，人类对自己的能力和独创性已经具备了更加强大的信心，具体体现为人类日益成为神话的叙事主体，而诸神的地位逐渐下降，人类开始对神话故事进行新的解读和阐释。

人类历史显示，神话的演变过程中饱含着人类丰富的启蒙意识，并伴随着人类早期的“启蒙运动”。此处的启蒙运动并非法国 18 世纪的启蒙运动，因为其仍然未能将神话与宗教相隔离，它是与以往蒙昧状态相对的，是人类在对神话的认识上不断克服相对蒙昧状态、开发新的精神天地的新阶段。

第一，“神人同形”的观念。人类在石器时代的蒙昧状态中认为万物皆有灵，其他的动物和植物都有自己的灵性，所以神的来源和构成是多种多样的。但是随着人的认知能力的提升，尤其是对其他动植物的作用力和改造自然能力的提升，在神的来源和表现形态上，“人”这一物种就彰显出主导地位。“人”的要素在西方神话形塑中表现为人化，意味着文明起始时代的生活内容不断注入神话，“神人同形”的观念达到了连贯、完整乃至曲折动人的程度。“神人同形”的神代替动物形态或人兽同体的神，是人类改造自然能力提升以至自信力增加的标记，是人类启蒙意识觉醒的重要表现形式。随着神话形象的“人形化”一同来到的，是神话的“社会化”。特别明显的是，在中国神话故事中，神祇的历史人物化、神界故事的历史传说化等形式，更加彰显了神话的人文色彩。

第二，充斥着“人”的因素的神话故事反过来进一步增强了“神人同形”观念，进而促成神人具有近似性格即“神人同性”。由此，一种螺旋式的上升过程开始产生，一个互相促进的良性循环开始运转。诚然，宗教和神话意识受到社会发展程度的制约，但这并不意味着其与社会发展阶段是完全同步的。相反，它们自身都具有一定的相对独立性，都有其存在和发展的规律。自此人类迎来了所谓的神话的“轴心时代”。德国哲学家卡尔·雅思贝尔斯将“神人同性”的发展阶段称为“轴心时代”，认为这是人类精神发展史上最为核心的一个阶段，人类在轴心时代所获得的精神遗产一直传承至今。在此期间，古希腊文学取得了最高成就，古希腊神话和《荷马史诗》是世界神话中内容最丰富、保存最完整的巨著，其内容包括神的故事和英雄传说。在古希腊神话中，人的力量居于主导地位，光明是其追求的主题。与其他民族相似，古希腊神话中人同样相信神的力量，相信冥冥之中的命运主宰。高度人格化的神与人一样，有着同样的思想感情和十分鲜明的性格，且拥有无与伦比的智慧和超凡的力量。从某种意义上讲，古希腊的神话被称为“人话”。马克思指出：“希腊神话不只是希腊艺术的武库，而且是他的土壤。”①古希腊的神话对欧洲文化繁荣发展产生了巨大作用，罗马人几乎全部继承了古希腊的神话和传说。因此，古希腊神话成为西方文学的源头。

第三，从轴心时代到16世纪，神话地位基本保持原状，无论是在宗教层面还是在精神层面，人类依然没有走出轴心时代圣人和哲学家们为后世确立的价值体系。然而，神话轴心时代之后的1 000年，新的宗教和宗教体系竞相崛起，在人神之间，一条难以逾越的鸿沟出现了，人类再也不相信神人同形、神人同性。在早期城邦居民的意识形态里，诸神已退场，人们开始以前所未有的自明性去思考人类自身的本性、处境及局限性。强烈的苦难意识被视为人类社会不可缺少的组成部分，文学艺术也被用来为宗教服务。中世纪的神话和英雄史诗也不免充满了封建神学色彩，教会将一切学术纳入神学的范畴，把哲学当成神学的婢女，把科学看作宗教的仆人。恩格斯说过：“中世纪是从野蛮的原始状态发展而来的。”②人们相信，人是有限的，而神是完美的。因此，宗教信仰成为这个时代人们的精神依托，同时也成为这个时代的开端。随着封建社会逐步瓦解，资本主义萌芽从封建社会的母体中分离而出，一种新的文明在欧洲大地蔓延开来，德国人称之为“宗教改革”，而法国人称之为“文艺复兴”。人文主义者们建构和歌颂了一个关于“人”的神话，提出人是宇宙的中心，高扬人

① 郗戈，朱天涛.《〈政治经济学批判〉导言》与《〈政治经济学批判〉序言》导读[M].南京：江苏人民出版社，2020：81.

② 恩格斯.德国农民战争[M].北京：人民出版社，2016：35.

的价值，肯定人生的意义，宣称理性是人的天性、知识就是力量，并同教会展开了人与神之间的文化领导权之争。哈姆雷特作为人文主义者的典型代表，充分肯定了人的力量和智慧，将人视为万物的灵长和宇宙的中心。相反的是，启蒙时期的资本家则要求直接废除宗教世界观，将宗教所代表的神权完全摧毁，从而彻底解放人性，最终建立一个自由平等的“理性王国”。在这个理性王国中，一切事物最高的裁判标准为理性，是用来衡量一切事物的标准尺子，具有至高无上的权威，一切传统观念都要被放在理性的平台上来进行评判，其中被理性认定为不合理的东西就将被抛弃毁灭，自此“理性的神”打倒了“神圣的神”。此外，启蒙时期的文学具有鲜明的倾向性和教诲性，特别强调文学的社会功能。在启蒙运动的影响下，欧洲文坛取得了前所未有的新的文学成就，其中以歌德为代表的启蒙思想家们关于“理性王国”蓝图的描绘显示了永久的魅力。作为历史经验的艺术结晶，这种“浮士德精神”完成了人的主体性的建构，闪烁着人类智慧的光芒。从此，开启了文学、历史与社会研究的现代性征程。

然而乔瓦尼·巴蒂斯塔·维科在培根的《新工具》的影响和启发之下开创了对整体的社会历史进行研究的先河，提出了“人是历史的创造者”的著名论断，对启蒙神话展开批判。维科的《新科学》被认为是西方历史哲学的奠基之作，其内容是探讨人类各民族的共同性原则，初步论述了社会的结构、历史发展的共同性和发展规律。具言之，维科在社会科学研究中将人的实践以及随之展开的阶级斗争纳入其中，一方面拓宽了社会科学研究的范围，另一方面创新了研究的视角，即以人自身的内部因素为出发点，着重探究了人的思想和语言这两部分内容。对于前者，维科总结并归纳了哲学中新的历史原则，首要的原则是所有民族的形而上学思想，即每个民族都凭借自然神学创造并拥有自己的神。在思想和语言原则的基础上，维科认为世界存在一种理想的、永恒的历史，任何一个民族从诞生之日起直至衰亡，势必要经历神的时期、英雄时期和人的时期这段永恒历史。那么这段历史又是如何诞生的呢？答案是“诗性智慧”。所谓“诗性智慧”并不是进行自我反思后的一种逻辑推理产物，而是一种比较冲动的激情行为。在希腊文里，poessis(诗)的最初意思就是创造，也是我们通常所说的实践。人类世界就是在激情和冲动支配下的一种创造性实践，也是人类活动与智慧结合的产物。为此，维科得出了一个结论：人类世界由人类自己创造出来。由此看来，维科的《新科学》以人文主义为出发点，试图将潜藏在原始时代的人类文化生产的动力挖掘出来，并努力在信仰与理性之间探索和实践人的创造力。基于科学发展对启蒙进行的批判，这种“诗性智慧”势必使21世纪的人类重新审视神话的价值维度。

随着时代的发展，现代西方文明在改变人类生活方式的同时，对神话进行了毁灭性的打击，最终导致“神话之死”。作为逻各斯的产儿，西方现代文明摧毁了神话最后的一席空间。培根在《知识的进步》一书中发表了科学的“独立宣言”，并宣告科学已经从神话的枷锁中解放出来，其发展成为不可逆转的趋势。神话原本对于人类的最大意义在于帮助人们获得一种面对内心无意识的方式，但科学的逻各斯主义和神话主义越来越水火不容，此刻无意识成为一场无法消解的灾难，直觉神话和理性科学已经无法共存，只有逻各斯才能将人类引向真理，只有理性才能代表真理。但真理并非完美的，也有自身的局限性，即它只涉及所有已被证明或者可以被证明的事物。而宗教、音乐等艺术的真伪性却难以辨别，被拒之门外，成为理性无法验证的盲点。现代科学家、哲学家和评论家试图以理性诠释神话，而得出的却是相反的结论。弗里德里希·威廉·尼采在《悲剧的诞生》中就已开始了对现代文明的批判。尼采宣称“上帝死了”，将生命意志置于理性之上，对理性提出了挑战。自启蒙运动开始，上帝存在的基础已开始瓦解，神话思维和仪式支撑着人类面对死亡和虚无；当上帝之死把人类从大地上连根拔起时，人类内心面对的是逃避与绝望。人类缺失了神话和仪式之后，理性的神就死了。现代性和启蒙运动对理性的过度奢望促使理性神话最终成为泡影，加速了理性向非理性的转向。现代性的一个重要的特征就是主体自由。在个人范畴的层级上，主体可以追求道德自我及进行自我实现；在社会范畴的层级上，这种自由是受到社会司法保护的，主体可以合理合法地去追求自己的权益；在国家范畴的层级上，主体可以平等地参与建构政治意志。随着法国巴黎爆发了全球瞩目的“五月风暴”，一场毫无征兆的、波澜壮阔的社会运动将政治启蒙推向高潮。以法国为代表的欧洲国家工业逐渐发达，但人们的自由和创造力不断被抑制。在这样的背景下，人的主体性备受质疑，知识界开始广泛盛行各种意识形态的批判作品，其中以马尔库塞的《单向度的人》、德波的《景观社会》最为典型，这些作品向我们展示了20世纪60年代末法国年轻人反抗政治的启蒙画面。

战后西方必须重新审视传统理性，在这个过程中，萨特对传统理性有限性的揭示之中就蕴含着对新理性的呼唤，彰显出了对人类命运的终极关怀和对人的个性的追求。萨特继承并发展了叔本华、柏格森、尼采和克尔恺郭尔等人的非理性哲学思想，他的哲学思想建立在主观唯心主义的非理性的“存在”的基础上，认为没有非理性就不会升华出理性与知识。非理性，作为一种抽象的、决定人类进程的永恒现象，是人类社会的本质。萨特将个人与他人、个人与社会以及整个外部客观世界分割，把人作为主体存在本身来考察和研究罪恶现实的根源，强调个人的具体存在，即非理性的个人的主体性。萨特在《存在与虚无》一书中曾说道，我们出生是荒诞，死亡也是荒诞，一切都是没有理由的，荒诞是不能推断出来的东西。萨特认为，人类世界和社会的本质是非理性，人们在面对它们的时候总是感到不适甚至“恶心”，出现沮丧、低迷的精神状态，无法彰显自身的主体性。因此，萨特着重批判现实世界的非理性状态，着重突出人的主体性，因此“表现人”就自然而然成为他文学创作的根本任务。

当人类进入20世纪，我们发现神话缺席的现代文明阴霾挥之不去，尤其是两次世界大战摧毁了人们的理性与信仰，人的完整而统一的主体性被解构甚至被剥夺。因此，人们需要从传统、神话、宗教以及其他异域文明中汲取营养，以挖掘出超越现实的种种可能。神话所蕴含的包容性能让人类接纳所有的同类，创造新的精神纬度，让人类再度敬畏自然与大地。T. S. 艾略特在《荒原》里预言了西方文明的精神解体。《荒原》中大量的神话碎片将成为拯救现代人类的一种力量，这些碎片的共同核心带领人类走进了荒原的精神真空，以消除现代性的贫乏与残忍。魔幻现实主义作家，如乔伊斯、博尔赫斯、卡尔维诺、马尔克斯等，将日常的理性和神话的逻辑并置起来，把超自然与现实融合为一体。英国的评论家乔治·斯坦纳认为，神话等同于人类经验中最具穿透性和转化性的宗教或形而上的经验，具有很强的感召力，它不由分说地闯入生活，鲁莽地质问人类生存的最后隐私；它也是一个不请自来的报喜天使，对我们小心翼翼生存的小屋破门而入。因而，我们不能再墨守成规，一如既往地居住下去。它还是一种超验之物，与它相遇意味着一个结果：改变你的生活。

随着尼采进入现代性的话语，理性重新登上历史舞台并取代了以宗教为核心的一体化力量，以弥补现代性断裂造成的人的主体分裂与精神缺失。“现代意识之中充满了历史知识，但丧失了人类借以展望未来和依靠现实的至上力量来阐释过去的生命穿透力。”①因为古代文明中的宗教形而上学世界观本身就已经是启蒙的产物，所以尼采放弃了对理性概念的修正，转而将启蒙辩证法的思

① NIETZSCHE F. Complete Works[M]. Berlin: Berlin Press, 1967: 293.

维理念和思维框架嵌入历史启蒙之中，击碎现代性的理性外壳，即立足于理性的他者——神话。“永不餍足的现代文化的巨大历史需求、对无数他者文化的强取豪夺、饕餮无度的认知欲望，倘若不是表现了神话及神话家园的丧失，还能表明些什么呢。”①在这个意义上，尼采实现了彻底的理性批判，重新树立起了权力理论的现代性概念。针对“理性”这一概念，黑格尔系统地提出“理性纲领”这一主导思想。他认为，诗是人类的导师，以诗为代表的艺术最终将取代哲学成为新的神话，这是因为艺术的审美直观是理性的最高行为。因此，失去了神话的现代人要想获得拯救，就必然要从艺术这一新的取代方式中获得。F.施莱格尔在其著作《神话论稿》中指出，神话是古代诗歌的核心，我们的诗歌恰恰缺少这样一个核心。现代诗艺之所以逊色于古代诗艺，一言以蔽之，关键就在于：我们没有神话，但是我们着手创造神话。霍克海默和阿多诺从文化工业批判入手，开启了法兰克福学派对西方发达资本主义社会的现代性批判，认为启蒙是一个总体性过程，以消除神话为己任，而实证化的启蒙理性走向了反向，唤起对神话的复归，启蒙退化为神话。神话就已是启蒙，而启蒙又变成了神话。简言之，人们在启蒙的世界历史过程中虽然在不断试图远离神话的源头，但却始终无法摆脱神话的梦魇，这是因为现代世界的技术理性本应该使人获得打破异己力量的洞察力。然而技术理性越发成为扼杀个性与自由的异化性力量。在这个过程中，启蒙不自觉地走向它的反面，这就是霍克海默和阿多诺所说的启蒙辩证法。霍克海默跳出中世纪、文艺复兴时期的宗教禁锢和18世纪以来的启蒙运动来谈启蒙，把启蒙概念的泛化指向人类文化中的一切精神。“由启蒙带来的神话恐惧与神话本身同出一辙。”②理性和知识发展到一定阶段，却走向了其对立面，成为一种新的“神话”，对人施以新一轮的精神束缚与禁锢。

启蒙是现代哲学的思想内核。从笛卡儿开始，所有关于启蒙与现代性的理论话语都推崇理性，这是因为启蒙的核心理念就在于相信人的主体力量。在启蒙与现代性等核心理念的指导下，社会的一整套体系得以构建。然而，后现代的出现正是针对启蒙和现代性的问题。后现代文艺的核心是反本质主义，反形而上学，颠覆主体性，解构一切神话，即消解现代性。米歇尔·福柯作为后现

① NIETZSCHE F. Complete Works[M]. Berlin: Berlin Press, 1967: 146.

② 霍克海默，阿道尔诺. 启蒙辩证法：哲学断片[M]. 渠敬东，曹卫东，译. 上海：上海人民出版社，2003：5.

代理论的重要代表人物，跳出了理性与非理性的张力场来重新反思启蒙的主张，并在《何为启蒙》一文中明确提出，要把启蒙和现代性看作一种关于批判方式的态度。在此意义上，福柯将话语和权力联系在一起，运用话语理论展开了对传统的思想史或者观念史的批判，着重指出了某种权力结构对话语的重要作用。福柯认为，启蒙与现代性对人的改造，以及对种种关系的确定，都是在一个极其复杂的话语体系中进行的，这种体系并不是单一关系的产物，而总是与一定的政治、经济、文化等体制息息相关、紧密相连，这个改造过程恰恰也是权力或者权威实现的过程。因此，福柯的话语理论是解构传统启蒙观和建立新的启蒙现代性观念的创造力之所在。

"现代"的概念是在其自我构想的漫长历史进程中所包容吸纳的众多价值观中的一种。现代，作为西方文明发展的一个历史阶段，是在资本主义生产方式不断形成和发展的过程中逐渐形成的，与资本主义社会的工业革命、科学技术迅猛发展所引发的社会革命息息相关。现代，作为与资本主义生产关系相互补充的意识形态，始终服从并服务于资本主义的经济基础，和资本主义性质的文化、艺术等形式不断交融在一起。在此意义上，后现代是对资本主义发展到一定阶段的重新构想和重新审视，是现代发展到一定阶段的特有产物。如果说从自然到文化这样一个建构过程是现代，那么从已有文化到文化的重构就铸就了后现代。后现代不再探讨真理、价值、标准等话题，而是在一种语境中探索关于语言的游戏，开展关于文本的论争。在后现代文化语境中，历史意识丧失产生了断裂，主体性丧失意味着零散化，人没有了完整的主体存在，成为一个非中心化了的主体，即一个没有任何身份的自我、一个没有中心的自我。利奥塔在对后现代知识状况的分析中表明，一切都是文本，世界最高的主宰不是上帝和法官，而是语言游戏的掌握者，关键在于话语权。这就为人的思维开创了走向全面解放的可能性，人可以去审核和怀疑一切。所以后现代呈现出对传统、理性原则、逻各斯中心主义进行彻底颠覆的倾向，同时，在艺术形式上也进行了开拓性的实验。然而，后现代孕育于现代性的土壤之中，它并没有完全摆脱现代性的问题，即启蒙理性的合法性危机问题。"不管是把后现代主义看作一种文化思潮，看作一种世界观，或只是看作一种艺术风格，它都是理解当代的一把钥匙。"①后现代所要着眼改变的是一种人们应对当下世界的方式，诸如学

① 王潮. 后现代主义的突破：外国后现代主义理论[M]. 兰州：敦煌文艺出版社，1996：6.

术范式与写作模式等。

自尼采说"上帝死了"之后，西方人便一直都在寻找他们精神上的信仰。西方后现代的兴起，不仅仅是对现代性进行学理上的批判，更是对现实世界的深刻反思。随着资本主义社会的发展，其产生的合法性危机遭到人们的普遍质疑，在这个过程中，从现代性脱胎出来的知识界虽然继承了西方人文传统，却不得不开始探寻一种全新的解决之路。神话在后现代语境中呈现出前所未有的文化价值意蕴。在后现代语境中重述神话不仅是一种文艺思潮，还是一种文化氛围、一种文化品格，它综合表现在文学艺术上、表现在人们的生活中、表现在人们的思想观念上，更重要的是，表现在现代社会的价值观和世界观上。后现代神话蕴含的思想观念的最大意义在于帮助人们以一种全新的思维方式、视角和观念去审视人与他人、人与社会以及人与自然界之间的关系，因此在当下语境中重述古老的神话的意义不仅是对文学艺术的探索，更是对西方传承数千年的人文传统的反思和创新性演绎。重述神话不是对远古神话进行故事再现与改编，被重述的神话从本质上讲不仅是记录人类民族文化基因的宝贵史料，而且成为历代文学创作中通过远古神话观照现实的经典作品，同时还将成为各民族人民对世界、自然与社会的集体想象与创造，进而建构出一个具有深厚历史意蕴与时代意义的全新的神话。在人类全面发展的时代，被建构的神话赋予了人应有的生命力量与生命意志，使人们在古今对照中重新考量人类生存的价值与伦理道德，且在更为广阔的领域呼唤传统文化的审美力量，发掘扎根于民族文化的神话资源与创作源泉。

(二)神话的概念与范畴界定

1. 神话的概念

神话是一个极其复杂而庞大的系统，东西方神话的概念、特点、分类各不相同。就其概念而言，德国慕尼黑大学教授鲍曼认为，神话记录了一个民族真实历史的发生，同时历史的积淀也塑造了该民族的世界观。英国民族学家马林诺夫斯基认为，神话是对荒古实体的陈述，有其合理性，为社会秩序、道德价值以及宗教信仰提供了可回溯的典型。阿伦·布洛克在《西方人文主义传统》一书中指出，古人世界的重新发现释放了新的能力，激发了想象力，最后发现了新的真理，创造了新的形式，而不仅仅是恢复了过去已被淹没或歪曲的许多价值。从这个意义上看，文学本身就是一个神话。基于此，神话对于文学、文化而言是不断新生的，在文学与文化产生和发展过程中起着至关重要的作用。

第一，关于神话概念与分类的阐释。在《神话辞典》中，苏联的 M. H. 鲍特文尼克等学者以古希腊神话为研究范本，强调古希腊神话反映了诸多社会制度和重要社会事件，前者如群婚制、母权制、血亲复仇、父权同母权斗争等许多遗迹；后者有许多真实发生过的历史事件，诸如特洛伊战争、赫勒克勒斯战争等重大史实，具有极高的历史价值。对于神话概念的理解有两个维度之分。一是关于神话的范围问题。狭义的神话指在原始社会中与民族宗教密切相关的，体现特定群体的价值理念和行为准则，具有集体性、原始性、神圣性特征的艺术创作。据《中国大百科全书·外国文学》记载，这种艺术创作是人们通过原始思维无意识地将自然界和社会生活加以具象化，并且赋予其人格化。广义的神话概念认为神话的产生不局限于任何时代，无论是在原始社会还是在当代社会，神话始终伴随人类的生产和生活存在着。基于此，神话概念的外延被扩大，泛指一切具有神奇色彩的作品。二是关于神话的分类问题。神话通常被划分为原生态神话、再生态神话、新生态神话、衍生态神话。其中，原生态神话是原始氏族公社时期及先民创作和讲述的神话。再生态神话是产生于原始氏族公社及以前时期，由后人整理并记录于文献典籍之中的神话。新生态神话是产生于原始社会以后各个时代且伴随特定的信仰的神话。衍生态神话是上述三种神话在其他领域中运用和改编的衍生物。中国神话一般指关于上古传说、历史、宗教和仪式的集合体，表达出原始时代的人们对自然奥秘、社会人文状况、人类自身以及生产生活中的原始知识的一种积累和解答。其主要思想是在原始仿生观念、宗教观念和哲学观念的基础上衍生并发展的。从文学的角度来说，神话以故事的形式表现了远古时期的祖先对人与自然、人与社会以及人与人之间关系的一种解读和阐释，是一种不自觉的艺术创作形式。在历史的进程中，早期神话中所创作出来的人神形象和故事模式等，经过淘洗，最后积淀成某种基本范式并延续至今。

第二，“神话”一词的含义在古代和现代的差异。古希腊时期，随着哲学与科学的兴起，神话成了与理性、逻辑、思维相对立的概念。在亚里士多德的《诗学》中，“神话”（mythos）一词的含义是故事、叙述或情节。中世纪时期，神话被看作谎言、虚假的代名词。无论是从历史角度看，还是从科学角度看，启蒙时代的神话都是虚构的、不真实的。维科对这一观念持有不同看法，并在《新科学》中进行了较为全面的阐释，维科提出的“诗性智慧”详尽地描述了人类思维发生、发展的过程，并且进一步阐释了理性思维生发于人类的“诗性智慧”。维科的神话理论不仅催生了现代神话学，同时对20世纪的德国哲学家恩斯特·卡西尔的神话哲学产生了巨大影响。自德国的浪漫主义者柯勒律治开始，到爱默生和尼采，这一术语所包含的新的观念日渐取得了正统的地位，即“神话像诗一样，是一种真理，或者相当于真理的东西，当然，这种真理并不与历史的真理或科学的真理相抗衡，而是对它们的补充”①。而以尼采和海德格尔为代表的诸多学者则认为，神话更接近于真理。神话学者海恩纳也认同神话内容并非虚构，而是业已变形了的真实历史。德国狂飙突进运动的理论家赫尔德将神话视为“创造性的原初智慧”，这也是他对充满浪漫主义色彩的神话的明确定义。泰勒从人类学的视角出发，将神话划归为人类学研究范畴，提出“万物有灵论”，认为神话是人把自己生活中的事件带进神圣王国的结果，并将其记载在著作《原始文化》中。

《牛津文学术语词典》中对神话的定义包括两个层面：一是指古代的故事，尤指用来解释自然事件或描述一个民族早期历史的故事；二是许多人相信但不存在或是假的东西。据《不列颠百科全书》记载，“神话”一词来源于希腊神话，它有一系列的含义，从“词”到“说”和“故事”，再到“小说”。神话是一种象征性的叙述，表面上与实际事件、宗教信仰有关，但它区别于象征性行为（祭仪、仪式）和象征性场所或物体（寺庙、图标）。“神话”一词既指对神话的研究，也指属于特定宗教传统的神话主体。神话毋庸置疑的有效性可以与逻各斯形成对比，“逻各斯”这个词的有效性或真理可以被论证和证明。虽然人们通常可以清楚地看到过去某个时期或某个社会的神话大纲，但要认识到在自己的时代和社会中占主导地位的神话总是很困难的。因为神话的权威性不是通过证明自己，而是通过展现自己得以体现的。从这个意义上讲，神话的权威确实“不言而喻”，只有当它的权威不再是毋庸置疑的，而是被另一个更全面的神话以某种方式拒绝或克服时，才能详细地勾勒出神话的轮廓，因此我们很难概括神话的本质。神话存在于每个社会中，事实上，它似乎是人类文化的一个基本组成部分。因此，对神话的研究在个体社会和整个人类文化的研究中都具有重要意义。

---

① 韦勒克，沃伦. 文学理论［M］. 刘象愚，邢培明，陈圣生，等译. 北京：生活·读书·新知三联书店，1984：206.

王先霈、王又平主编的《文学批评术语词典》记载："'神话'是一种叙述、故事，与辩证的对话及揭示性文学相对照；它是非理性的、直觉的，与系统的、哲学相对照；它是埃斯库罗斯的悲剧与苏格拉底的辩证法相对照。"①美国批评家布洛克曾说过，由于神话的内在结构极其复杂，因此最容易被滥用，其批评术语也是最含糊不清的。学界普遍认为神话是一种假想、一种错觉，或是一门原始科学、一种史实的记载、一种哲理的象征、一种无意识动机的反应。法国结构主义学者列维-施特劳斯摒弃了上述传统观念，在其著作《结构人类学》中提及，每种文化中的神话都是符号指向系统，其真正含义不为神话的支持者所知晓。然而，德国的文化历史学家汉斯·布鲁门贝格在其著作《神话》中补充和修订了上述学者对神话的定义，他指出，神话的形式和变体保留下来最能有效适应变化的社会环境，这与"达尔文主义言论"不谋而合。神话并不是一成不变地以固态的形式存在，而是存在于不断向前、不断变化的过程之中，神话所讲述的故事就在这变化的动态过程中以某种方式得到完善和接受。

与上述学者乃至工具书中对"神话"概念的界定不同，M. H. 艾布拉姆斯在现代意义上重新梳理并定义了神话，他认为，"一篇神话是神话学里的一则故事。神话学是曾被特定的文化群落认为是真实的并流传下来的故事体系"②。神话给人们提供和建立了必须遵循的社会习俗与生活规则，并揭示了世界的原初与事物的原貌。

第三，动态历史演进中的神话内涵。早在公元前4世纪，柏拉图的《理想国》第十卷中就有"原始的神话"一词的记载，并揭示了其虚构的本质。在历史的演进中，神话的内涵已经发生了很大的转变。由于神话赖以产生的时代和社会条件消失了，因此神话演化为文本化的文学创作也成为一种必然。在20世纪初期，神话被视为原始巫术与意识内容的话语表述。弗雷泽从神话与仪式的合体中归纳出人类共同的基本生存需要，即神话以象征性的叙事故事的形式表达着一个民族或者一种文化的基本价值观，是文化的有机组成部分。基于上述背景，文学批评家和神话学家们提出了一个新的问题：为什么时空上彼此隔绝、各自相对独立发展的文化中会产生诸多类似的神话故事、文学形象与主题类型呢？荣格从无意识心理学的角度展开对神话新一轮的研究，认为神话是对

---

① 王先霈，王又平. 文学批评术语词典[M]. 上海：上海文艺出版社，1999：189.

② 艾布拉姆斯，哈珀姆. 文学术语词典：第10版：中英对照[M]. 吴松江，路雁，朱金鹏，等编译. 北京：北京大学出版社，2014：231.

无意识的心理事件的不自觉的表达与陈述。对于同一问题，蔡斯在《探求神话》中主张，神话乃人类想象的一种审美创造，基于此，他将神话等同于文学。在《文学的原型》中，弗莱评价道："神话是一种核心性的传播力量，它使仪式具有原型意义，使神谕成为原型叙述，因此，神话就是原型。"①按照弗莱对神话的定义，亚当、夏娃的故事属于神话，死而复生、寻找圣杯、哈姆雷特的故事皆属于神话范畴。诚然，弗莱对这一概念进行了扩充和延伸，但这种扩充与延伸不是毫无限制的，而是一种循环的文学现象。弗莱在其著作《批评的剖析》中对此进行了详细的阐释。在文学文本中，该神话原型代表了某种象征和意象，构成了文学的一个有机组成部分，构塑了一个民族的基本价值观，并展示了某一地域的文化样态。因此，这些神话原型与意象建构了不朽的精神价值，随着文化历史的推演，成为一个国家和民族文艺复兴最为活跃的迸发点，并成为人类共同的基本生存需要。从历史维度来看，谢林认为神话中的情节由人发展而来，是以人的原型对象化出来的形象，是一种人对自我与世界的客体化的认知。因此，谢林眼中的神话世界，不仅是一种文化意识，更是一种文化存在。神话是人类对过往生活的感知与体悟，是对现在生活的守护与超越。因此，神话构成了人类真实的历史。从本质上讲，神话中诸神的交替呈现是人类生活的推演以及人类自我意识的不断发展。基于此，神话的每一个形象在理念上都是无限的，神话既非个人创作，又非类属的创作，而是全民族的创造。基于人的精神和生活两个层面，谢林对神话的本质进行了深入探究，其内容关涉人的生存本质。诚然，这也是谢林对神话内涵的贡献之处。

以上有关神话的认识与论断，体现了神话的文化本质及文学性特征，以及神话作为一切文化不可缺少的要素对各民族世界观、价值观形成的重要作用。透视神话发展的轨迹我们可以窥测，在早期人类的实践活动中，神话体现了人对自然的依附，即神、原始宗教的诞生。随着人类在不断的实践中逐渐适应、把握自然，并在认识中不断再实践、再创造，神话俨然成为人与自然关系的客观再现，充分体现其存在的真实性、合理性。自此，古老的神话作为传统文化不可分割的部分世代相传、生生不息。然而，人的有限性与自然的无限性又决定了人类对客观自然认识永无止境，神话作为潜藏于传统民族文化内核中的精神核心，其内容与形式必然也随着民族属性、文化制度的变化呈现出独特的存

① FRYE N. The Archetypes of Literature [M]. London: Longman, 1972: 429.

在价值与多元文化属性。因此，神话作为文化的存在，又逐渐发展为民族文化建设的基础力量和核心要素。基于各学科领域对神话持不同的认识和研究方法，神话作为学科研究的术语至今仍未有一个统一的概念。神话复兴带来了全球对神话的高度关注，必然也在一定程度上产生了神话阐释的多样性。时至今日，马克思对神话的论断依然是最科学的。他曾经在《〈政治经济学批判〉导言》中说道："任何神话都是用想象和借助想象以征服自然力，支配自然力，把自然力加以形象化。"[①]神话是通过人民的幻想用一种不自觉的艺术方式加工过的自然和社会形式本身，即人类在认识与改造自然的过程中创造了神话，神话的产生源于其创作主体的想象。

基于以上有关神话概念的梳理，本书中的神话是笔者基于西方神话创作理念，以一种文学整体观观照历史与现实，关注文学中重现的神话经典，以探究文学的表现形式与演变规律，阐释当下语境中原始神话的现代演绎与审美意蕴。正如列维–施特劳斯对神话的概述，神话共时性地存在于全人类之中，而不是历时性地存在于某个个人或者某个集体的叙事之中，基于这个意义来使用"神话"这个概念，即"神话"不是神话的"言语"，不是任何一个民族的神话叙事，而是神话的"语言"，是普遍存在于人类一切神话之中的神话结构。新时代的神话与神话观念关注文学、文化、历史与现实语境的共同建构，进一步促进了创作者与读者对文化现象参照系与自身的他者的再思考，以多元思维方式审视叙事表征危机，以实现对当下阅读体验与审美需求的历史性反思。

2. 神话与历史的界限

神话是一个民族和国家的宝贵精神财富。就其内容而言，它不仅富含热情奔放、瑰奇多彩的想象，而且还将自然与事物形象化、具象化，是对部分历史的艺术化加工。一直以来，神话在世界文学史上都占据重要的位置。一方面，神话创作对各民族史诗的形成和发展具有深远的意义与影响；另一方面，它对后现代文艺创作与文艺批评具有重要的参考作用。纵观西方文学发展历程，现代西方文明的源头便是古希腊的神话传说和原始基督教文化。而作为东方文化的一颗璀璨明珠，中国最古老的历史记载是关于神话传说的，例如，在古老的甲骨卜辞中，我们随处可见祭祀祖先与虔诚祷告的详细描述。《诗经》中有关

① 中共中央马克思恩格斯列宁斯大林著作编译局. 马克思恩格斯选集：第 2 卷[M]. 北京：人民出版社，2012：711.

殷、周民族的起源内容充溢着浓郁的神话色彩，无疑是这一诗集中极富历史价值的部分。那些神话色彩极浓的传闻，虽然不能作为严谨的历史证据，但确实是构筑远古历史必不可少的依据。这是因为在没有文字记载的历史中，神话总是占据着统治地位。

著名的历史学家汤因比认为，历史如同小说一般，是从神话中产生和发展起来的。在文字尚未形成的人类历史发展早期阶段，原始人对自然地理现象知识了解匮乏，不能对自然界乃至人类社会的各种状况进行合理判断和理性认识，便促成了历史与神话的杂糅，继而形成一个个鲜活的故事，而这些故事恰恰是孕育神话的温床。有人以《伊利亚特》为例论证了历史与虚构之间的关系，由此得出结论，神话中包含历史的真实，也满载文学的虚构，然而这恰恰是原始的认知表现形式。泰勒曾说过，野蛮人的世界论给一切现象凭空加上到处散播着人格化的神灵的任性作用。这不是一种自发的现象，而是一种源于对理性归纳的结果，这种归纳导致了远古人们让幻想充斥自己生活的自然界和人类社会。

神话一直与历史相关。在民族史的书写中，神话被提炼出来，成为民族的一种“修辞”，整个重述过程不仅将神话学术化，还将历史开端神圣化、地方知识公共化。其中在简史阶段，神话的主要任务是追溯族源，并描绘“中华民族大家庭”以及由原始社会向现代社会进化的双重景象；而在通史阶段，神话突破了“人类童年时期”的藩篱，与历史融为一体，甚至成为民族史的主干。在学界，关于神话的“隐喻”与历史的“真实”的标签正在被颠倒。神话具有历史记忆，体现了一个民族的“历史心性”，体现了民族历史的推演，而人们对历史的认识也正朝着神话的方向发展。表面上，神话看起来荒诞不经，然而实际上，在它们迷蒙诡秘的面纱之下往往蕴藏着十分丰富的真实信息。神话是我们了解历史和认识历史的重要途径，古老的神话确实可以成为人们研究人类历史、宗教、文学和艺术活动的活化石。正如卡西尔在谈到神话与历史的关系时所说的：“在神话中，我们看到了想要弄清事物和事件的年代顺序，并提出关于诸神和凡人们的宇宙学和系谱学的最初尝试。”①《伊利亚特》无疑是古希腊神话的杰作，讲述了关于希腊人与特洛伊人的战争，具有浓郁的神话色彩。然而在19世纪，德国人谢尔曼在其妻希腊人苏菲亚的帮助下探寻特洛伊城，于1870年

① 卡西尔.人论：人类文化哲学导引[M].甘阳，译.上海：上海译文出版社，2013：296.

发现《伊利亚特》中的特洛伊城遗址。谢尔曼的考古发现也证实了《荷马史诗》中神话所包含的真实的历史成分。美国学者苏拉米·莫莱就此评论道，特洛伊城的挖掘生动证明了历史是如何在神化的过程中成为神话的。因此，神话在研究历史和文化中，具有不可替代的作用和意义，它蕴含着人类发展的思维水平和真实步伐。列维-施特劳斯在其《神话与意义》一书中指出："我们所习于塑造的所谓'神话'与'历史'之间的简单对立，绝非一种泾渭分明的状态，两者之间其实还存在着一个中介的层次。神话是静态的，我们可以发现同样的神话元素一而再、再而三地混合，但它们都还是在一个闭锁的系统里面。这么说吧：它与历史构成了互异的对比，因为历史理所当然地是一个开放的系统。"① 存在于我们头脑之中的神话与历史之间的裂沟应当是可以被跨越的，如果我们在研究历史时，不把它从神话中分隔开，而是把它看作神话的接续。神话与历史之间的区分是由我们所处的特殊社会文化形态决定的，我们不相信口头语言所传承的神话，但是我们却相信只是口头语言记录的、书面语言所保存的历史。列维-施特劳斯证明神话内容并不都是虚构的，当然也不都是事实，而现代历史学证明我们的历史也并不都是客观事实。所以，神话与历史不是两个相对立的事物，而是由复杂的链条串联的一个连续体。神话与历史在结构上有很大差异，在神话连续跨越阻拦、神话内部结构遭到破坏后，神话便会退化为某种历史的东西。自此，历史成为神话的接续。

对于一些部族而言，神话与历史在各部族的社会文化环境中的作用是相同的。神话就是他们的历史，历史就是他们的神话。随着社会与文化的演进，中国古代神话出现了历史化现象。古老的神话在与历史融合的过程中被篡改、肢解，其中一部分被历史化的神话作为史料载入文化典籍之中，最为典型的便是神话人物的历史化。诚然，在神话被历史化的过程中，历史也被披上了神话的外衣。如果说神话历史化是一种社会需要，通过回溯古代神话重塑理想人格，那么从一定意义上看，对理想人格的塑造便是神话历史化的动因。"神话的历史化和历史的神话化其主要的后果是削减了神话或变异了历史，拉长了历史或缩短了神话，它也带来了文化观念的变化。"②文艺复兴时期的历史学家马基雅维利曾说过，人之所以有历史，就是因为他有一种本性。然而我们所说的"历

① 列维-施特劳斯. 神话与意义[M]. 杨德睿，译. 郑州：河南大学出版社，2015：61-62.

② 闫德亮. 中国古代神话的文化观照[M]. 北京：人民出版社，2008：170.

史意识”是人类文明中一个很晚的产物，历史的概念是在维科和赫尔德的著作中臻于成熟的。在神话中，我们因为想要区别出年代和事件的顺序，所以对其进行了时间和空间的人为划分，但是一方面，这种划分具有极强的主观性；另一方面，现实的世界在过去、现在和未来形成了有机统一体，难以割裂。因此神话的时间是永恒的，体现了没有时间限域的此在和共在。随着认知的发展，当一个个鲜活的神话被解构的时候，人们似乎打开了一扇新世界的窗户，领略到了新的真理的概念。纵观希腊思想发展史，从希罗多德到修昔底德，无不涉及演变和发展过程的各个阶段。修昔底德深信对真实与神话以及对神话思想和历史的区分，这成为他著作的典型特点。毫无疑问，历史学必须从事实开始，这些事实是我们历史知识的起点和终点。这里的事实并非只是我们直接感触的资料，而是一种复杂的判断过程。一切历史事实不管多么简单，都只有借助对各种符号的事先分析才能被规定和理解，没有任何事物和事件能成为第一手直接对象，它们不过是一种符号与媒介，凭借它们，我们才能把握最为真实的历史资料，即过去的事件与人物。

神话的历史化过程具有民族性。不同民族的神话具有不同的特点，体现着不同的民族精神。神话的“历史化”是基于历史意识对产生于原始思维的神话做出智性的、历史化的解释。对原始神话的理解往往形成历史化的倾向。像古代的神话、史诗或后代的小说、戏剧与历史的论述中，都包含着彼此的成分，二者水乳交融、不可分割。神话所描写的神的生活，本是人间生活的幻想或折射。因此，神话里人的因素和智性因素持续增加，其结果就是神话渐渐演变为“历史”。真实的历史与虚构的神话紧密联系在一起，要将其分开并不是一件容易的事情。杰出的历史学家往往借助考古学、人类文化学等研究方法，研究神话产生和发展的历史渊源。

西方学者通常把对神话的历史化解释叫作“爱凡麦化”(Euhemerize)，该词源于公元前4世纪的古希腊哲学家爱凡麦所倡导的思想。他认为，神话和宗教的产生有其深刻的社会历史根源，即当时的英雄和统治者们为了维护自己的统治，让民众从心里认同、崇拜自己，所以这也能解释为什么古代神话中的人物原型都是帝王或者英雄了。在《历史》中，希罗多德把许多神话当作信史记载下来。这种希腊式历史的形成究其原因在于求知倾向。今天，当现代文明中的人们运用理性思维去审视远古时代人们的行为时，会不禁产生疑问，并试图研究他们行为背后的动因。在这个过程中，古代知识阶层的启蒙意识起了极大的推动作用。在希腊、北欧，史诗(包括创世史诗和英雄史诗)作者、弦歌诗人、戏剧作家的智性思维中首先会注入神话传说，赋予深刻的人生哲理韵味。随着生产力的进一步发展，人们的智力逐渐提升，对于人们行为的解答不再仅局限于个人意志方面，而是从社会的运行方式、生产方式以及意识形态的角度去思考人类的思想力、注意力、想象力，以及逐渐趋于人事的、历史的、社会行为因果联系的方面。“‘神话’与‘历史’经历了对立、交集、融合的百年发展，最终走向同一。”①在人类历史的漫长演变进程中，神话俨然已经成为勾勒原始先民记忆的文化符号，反映着特定历史时期的宇宙观与价值观。加拿大学者弗莱认为，整个文学系统充斥着对古老神话生命力的延续或置换。列维-施特劳斯进一步指出：“历史修撰的阐释方面特别具有神话性质……‘尽管激活和占有历史上的另一个时刻是值得的和不可或缺的，但是，一部清晰历史应该承认，它永远不能完全避开神话性质。’”②在列维-施特劳斯有关神话研究的基础上，罗兰·巴特突出论证了历史和神话在叙事上同样具有虚构性。巴特在其《神话修辞术》一书中分析了各种文化符号的话语修辞形式，将掏空内涵的神话形式用于指代弥漫于政治、经济以及社会文化各个方面的生活方式。巴特认为，作为言语的社会神话不同于人们通常理解的传说，社会神话具有一定的虚构性。神话表面上是一种虚构符号，但其实质上是一种修辞，实现了对世界秩序在言语上的重建，其以修辞形式虚构了一种伪自然性。我们可以解构神话，但是不能消灭神话，它以各种方式占据我们的观念世界。从这个意义上讲，弥漫着神话色彩的人类历史与文化不免具有虚构的特质。

3. 神话与其他精神现象

神话是一个民族文化的源头，它不仅为丰富人类精神文化空间提供了现实土壤，同时也在更为广阔的领域中以更加纯熟的创作技巧和审美功能诠释了人类社会发展进程中产生的现代性问题。神话不同于巫术、图腾、原始宗教和民间传说，但神话又充分发掘并运用了巫术、图腾、原始宗教和民间传说中的“想象”，在古今观照中整合民族神话与传统文化资源，在想象与虚构中跳出历史，以解决现实问题。

---

① 于玉蓉. 从“神话与历史”到“神话历史”：以20世纪“神话”与“历史”的关系演变为考察中心[J]. 民俗研究，2014(2)：90.

② 怀特. 后现代历史叙事学[M]. 陈永国，张万娟，译. 北京：中国社会科学出版社，2003：71-72.

神话不同于巫术。二者的根本区别在于是否涉及神灵的力量，巫术运用的是自身的意念和力量，而神话借助的是外力。巫术与咒语皆为原始语言的产物。原始人相信，咒语的力量是极其强大的，人可以按自己的意愿并凭借咒语的力量去影响周边的环境，如果只是单纯地影响周边环境，称之为白巫术；如果用来伤害对抗的敌人，则是黑巫术。而神话则是人之外的生物在发挥作用。在流传下来的神话故事中，不少神话、传说、故事中都有巫术活动的记录。同样，对巫术活动的加工也可以演绎为神话，二者互相关联，但有所区别。

神话不同于图腾。“图腾”一词，源于北美奥季布瓦人的方言，意为“他的亲属”。图腾标记，是原始宗教的萌芽形态与种族起源的标志。图腾物大多是人们按照神话思维将动物和植物融合，将变形的形象刻制成图腾柱，作为图腾标志并对之膜拜。围绕着图腾物，世界各地产生了大量的图腾神话和氏族起源神话。图腾与自然崇拜和祖先崇拜结合起来，为神话的融合赋予了广泛的可能性。神话中的图腾信仰是民族文化心理的表现，最终成为文化的积淀并印刻在人们的记忆里，影响着整个民族的心理与行为。

神话不同于原始宗教。神话的流传对宗教仪式、宗教观念的变化有很大影响。原始社会中的神话，不仅具有宗教的内容与审美价值，还承担着解释自然现象和巫术活动的社会性功能，并以超现实的形式发挥现实作用。

那么神话与上述三者是何种关系呢？实际上，神话是上述三者的统一体，神话的形成和发展是三者相互作用的结果。三者相辅相成，共同构成神话。因此，神话所体现的不仅仅是语言这个载体，更重要的是它所呈现的故事。把神话从原始精神生活中人为剥离出来，就犹如将其内核舍弃。因此，若仅仅从语言或文字等形式上来理解神话，用现代人的观念去阐释神话，恐怕神话会失去原始的意义与深层价值。无论是巫术、图腾还是原始宗教都暗含着传统文化的独特意蕴，充满着神秘主义色彩和历史的幽深，散发着独特的文化魅力。

民间传说是人们通过想象对民间文化、历史与民情进行改编而来的，不同地域的人们将他们的社会生活、自然耕作、故事、民谣、俗语和信仰赋予了不同的意义，使得民间传说具有了民俗的特征。这种特征也体现了民俗基因的特性，即自然性、民族性与文化性。而且在神话创作与诞生过程中，神话通过不断地观照这些传统文化的因子，在传统文化的土壤中描绘根植于其中的民俗文化特色，赋予民族传统个人化实践与强烈的民族精神，以揭示典型环境中的典型形象与主题，并赋予了民俗浪漫主义风格和人文基因。因此，神话重述兼具民俗美学特征与浪漫想象双重基因。

神话重述作品在解构民族历史文化形态与空间的同时，也从另一面赋予了创作者更大的自由，使人们在错综复杂的文化背景与文学传统中生发出坚韧的民族情感与力量，在历史的真实与文学的想象中发掘新时代文学的美感与价值，在民族思维深处的镜像中反观并呈现现代性的种种形态。神话、巫术、图腾、原始宗教和民间传说都是人类集体有意识的创作活动，它们记录了不同时代人的生存轨迹，也在重拾搁浅的传统文化之旅中对原有文化进行追思与想象。这些包含了民族传统文化基因的人类记忆的产物，在纪实、想象中建构了一个经验世界与虚构世界相融合的文学形态。

二、神话与文化精神传承

神话通过具有简约、模糊、象征意味的媒介实现了对技术理性的祛魅与超越。在工具理性占据主宰地位的今天，人们并没有通过技术的发展实现人的自由全面发展，而是陷入异化的泥淖，成为工具理性用来组建社会秩序的工具。而对抗这种工具理性的关键之处在于对文化精神的传承。对于一个民族而言，当它在形成一个文化共同体的早期阶段时，所经历的命运的沉浮与挑战对文化精神的形成、演变与发展具有决定性作用。神话的根本魅力不在于其内容的原始，不在于其代表了人类的幻想，而在于这些原始的世界观借以传播的形式，通过语言、文字、仪式、绘画、舞蹈等具有简约、模糊、象征意味的媒介实现了对技术理性的祛魅与超越。而在祛魅与超越的过程中，其实现了对古老文化精神的传承与创新，并逐渐生发出不需矫饰、不需演绎、不需变形的特质与精神表象。一方面，神话要在接受与抵抗外来文化同化的斗争中谋求发展，又要在世界文化的历史性角逐中完成变革；另一方面，神话不仅要在模仿前人文化的过程中保持创造力，而且要富有个性地解决本民族的问题。然而，神话生发于巨大的文化实体当中，各民族的神话不免具有文化惰性，这就要求我们在神话塑造与精神传承的过程中具有批判性精神，既能瓦解传统力量，又能在“恢复古昔的传统”这一伟大旗帜下进行新的创造。

神话内核中所包含的文化基因承载着人类对历史、国家与民族的记忆，是人类文化意义上的又一次反省与自觉。文明驱逐了野蛮，但理性却代替不了神话。理性包容了神话并以神话的世界观作为自己的出发点。神话是富有生命力的文化，其内在力量来自它是各种文化表象之“元”。神话形式简约，但内容却富含象征意义，最能激发人的灵感，也能充分发育出派生各种文化形式的潜力。它生于人类的原始心理，而这原始心理较之文明时代的社会心理更加接近于人的本性，包含了“朴素”的特质，为现代人所欣赏。19 世纪以来，神话重新得到欧洲学界的重视，日益渗透并深入哲学、宗教、艺术等精神文化领域。同样，受 20 世纪兴起的神话复兴运动的影响，中国也逐渐开启了自身的神话研究，在这样的背景下与世界思潮中的文化精神、民族主义精神同步崛起，以发掘本民族传统文化的灵魂与精粹。随着世界各国逐步加强文化互联互通与文明互鉴，不同神话形态的比较也异彩纷呈，从而大大推动了神话的发展。凯伦·阿姆斯特朗的《神话简史》、玛格丽特·阿特伍德的《珀涅罗珀记》、简妮特·温特森的《重量》、阿来的《格萨尔王》、李锐与蒋韵的《人间》、叶兆言的《后羿》、苏童的《碧奴》等作品都以不同视角重拾被遗忘、被忽略、被搁浅的传统文化，这些神话重述作品的文化基因承载着人类对历史、国家与民族的记忆。可以说，重述神话之旅代表着作家们重拾传统文化的创作之旅，在合理建构充满想象的文本世界的同时又开启了一段独特的文化寻根之旅。《人间》的作者李锐评论道：“这样一种文化自觉，不仅是回到中国，同时也是走向世界。”[①]由此看来，传统文化在今天并不是束缚作家们创作的枷锁，而是为民族文化的传承与创新提供了广阔的空间与宏大的背景。神话重述创作从传统中来，到传统中去，在传承中创新，在创新中坚守，也意味着在“认同”与“离异”中对民族传统文化的保护。无论是认同还是离异，都将给读者带来自由的阅读享受与审美空间，改变人们对民族文化内核的误解。作家们借用传统文化资源再现了人们集体创造的智慧结晶，折射了集体愿望和精神。“回忆其实是反省历史与塑造自己的过程。”[②]从这个意义上说，神话重述又是文化意义上的又一次反省与自觉。

神话是文化精神传承的最初记录，与民族精神互为表里。神话重述作品取材于古老的文化，不仅从传统文化中汲取精华与营养，而且在继承中挖掘了重述神话的手法，实现了对民族文化的自救与创新性弘扬。在当下的数字媒体、新媒体、微媒体时代，神话积极与现代消费市场对话，并开拓与现代媒体并肩发展的艺术空间。神话在广阔的语境下与历史一脉相连，在继承传统文化精髓

① 李锐，王尧. 李锐王尧对话录[M]. 苏州：苏州大学出版社，2003：93.

② 李锐，王尧. 李锐王尧对话录[M]. 苏州：苏州大学出版社，2003：33.

的同时观照当下人的精神生态，并在审美视域下展开对人性、自然与生态关系的现代性反思。任何一个民族的神话总是体现着本民族的内在气质和精神追求，二者始终是交融在一起的。从这个意义上说，只要民族尚存，神话便永不消殒，即使会出现暂时的消沉，但终有一日会复苏强盛。复苏的神话将会被授予唤醒民族灵魂、滋养民族精神的神圣使命，帮助该民族摆脱所谓文明轨道上的荆棘束缚，进而转化为形形色色的精神表象。与希腊神话相比，中国神话虽然缺乏相对完整的体系，但其中蕴含着独特的东方魅力与民族精神，如为了天下苍生的献身精神、不畏权势的斗争精神、不屈不挠的坚强意志，等等。这些精神始终滋养着我们民族的灵魂，凝聚成我们中华民族的精神魂魄，也正是在此基础上形成了中华民族共同体意识。

神话，复兴的是民族文化精神，传承的是民族的历史记忆与智慧，塑造着集体的身份认同与文化自信，具备了教育、启示、审美以及社会凝聚等多重价值。神话通过唤醒民族心理深层的某种情结、神话式的回忆而获得巨大的文化动力。神话的回归体现了作家们对人文空间的坚守，也表达了他们坚定的艺术信念。神话中巧妙地交织着新与旧、传统与革新、精神运动与文化模式，从而焕发民族精神的勃勃生机，最终演变成人类共同的集体记忆与精神归宿。今天，作家们重述神话是站在了人类历史的高度去审视神话内在的诗性智慧和文化基因，书写我们对这个伟大新时代的关切与独特思考的。这种思考既是民族的，也是世界的；既是历史的，也是当下的；既是自然的，也是社会的。神话重述为全球文化发展搭建了一座从远古到现代的桥梁，这座桥梁从时间与空间、真实与虚构的对照中获得话语空间，人类的文学精神在此得到保护和延续。从更为深远的意义上看，重述神话不仅是对民族精神文化的传承，更是对人类共同命运的关注。

三、神话在文学文本中

神话是各民族最早的文学样式与成果，因其产生之初就处在各民族生产力相对落后的社会文化条件下而显得格外封闭，所以其最大限度地体现了各民族最古朴的精神气质。神话产生以后，各文学形式都以其为原型，承袭其多彩的故事与精神内核。神话是文学中独立的交际单位，作为原型，它具有固有的语义联想，通常反复出现在多部不同的作品中。神话的产生和发展既根植于深厚的历史文化背景，又体现出一定的社会心理，它是二者相互连接的纽带，促进了二者的相互作用。神话通过不断置换、变形推动了文学的发展，但文学内容的置换、更新又恰恰与每一个历史时期的道德标准紧密相连，如真、善、美的审美标准。因此，万千作品就在原型的基础上不断演绎和发展，成为一部部具体的作品，充分体现了文学发展中变与不变的辩证统一关系。

古代神话饱含远古先祖无限的遐想，这些丰富的想象富有文学韵味，是古代文学与文化优秀遗产的重要组成部分。对各民族的文学追根溯源，都毫无例外地要追溯到上古神话。我国《诗经》中有关始祖起源的诗篇，是中国抒情诗的起源。《楚辞》，作为优秀的中国诗歌作品，因充满瑰丽的神话色彩而被视为中国诗歌的又一重要起源。在西方文学中，《旧约》中有关伊甸园的神话故事，为后世不断传颂，据此衍生出诸多优秀的作品。古希腊的雕塑、绘画、诗歌大多以神话为题材，其中《荷马史诗》就是典型代表。特别是在文学著作中，俄狄浦斯作为西方文学中典型的悲剧人物，几千年来一直活跃于西方戏剧的舞台上，在索福克勒斯之后许多文学家还以此为题材不断进行创作，俄狄浦斯成为西方文学史上不朽的形象，并经由弗洛伊德阐释而生发出精神分析学的术语"俄狄浦斯情结"，这一术语如今被世人熟知。据研究，神话中的俄狄浦斯可能是前希腊时期的神灵，早在公元前2000年左右他就已经享受祭礼。古希腊神话的产生可追溯到久远的年代，普罗米修斯、赫拉克勒斯、阿喀琉斯等悲剧英雄构成了西方文化的重要组成部分。显而易见，神话形象业已成为一种富有含义的符号。每一个象征符号都包含来自文学创作和文化发展的萌芽力量，成为文化寻根的基因。

神话是文学的主要源头之一，也是后世文学的主要滋养土壤。神话重述作为一种文学表现形式，总是由处于一定时代背景下的创作主体创作出来并不可避免地带有时代的烙印。神话重述就是对神话传说原型进行重新改造，赋予其新的时代意义和文化内涵，从而彰显现代人的精神与价值理念。对于现代神话的解读较为全面的是芬兰的民俗学家劳里·航柯，他系统地提出了现代神话理论阐释的十二个维度。叶舒宪则在劳里·航柯的神话理论基础上进一步简化了神话阐释的方法和模式，从历史、解构主义、心理学、语言学、自然学派、哲学、仪式学派和女性主义等八个维度对神话理论与研究方法做了较为详尽的阐释。杨利慧基于叶舒宪的研究又总结出历史学派、人类学派、心理学派、功能学派、寓意说、欧赫美尔主义、帕莱法斯特主义等十一种神话研究方法与理论流派。这些流派持有的神话观念差异性显著：历史学派认为神话中饱含了历史的印记，因此从真实的历史中可以追溯到神话的根源。人类学派认为神话是人类历史发展进程中的文化遗留物，文学研究者将神话视为文学的最初形式。以荣格为代表的心理学派则认为，神话是集体无意识的一种代表。集体无意识，即原型。荣格认为，原型是普遍一致和反复发生的领悟模式，现实生活中，我们一直在与原型打交道。原型使得进行创作的每个人都获得一套模式和框架，个体在原型的基础上通过想象和发挥，形成完整的创作模式和内容，这样神话就从中诞生并不断延续下来，成为文明和民族的长久传承。原型理论被扩展到文艺领域，得益于荣格揭示了原型与神话、艺术的关系。他认为，原型是一种原始意象，最初表现为神话形象，是人类长期的心理积淀的集体无意识的显现。原型，作为潜在的无意识进入创作过程并得以外化，在不同的时代通过艺术在无意识中激活而转变为艺术形象。据此，荣格将文学作品的类型分为"心理的"和"幻觉的"两种。心理的文学模式的加工素材来自人的意识所经验的外部现实；幻觉的文学模式表现为一种真正的原始经验，是真正的象征。原型是艺术创作的源泉，艺术创作就在于从无意识中激活原始意象或原始幻觉。

神话中反复出现的原始意象体现为一种集体无意识。通过对这些象征意象不断进行解读与阐释，重构这种原始意象，进而总结人类精神的共相，揭示艺术的本质。首先，弗莱在弗雷泽和荣格观点的基础上，提出了一个著名的论断——文学是移位的神话，即后世的文学无不是以神话为最基本的原型和模具，并在其基础上不断地演绎和发展。尽管随着生产力的发展和科学技术的兴起，神话逐渐走向没落，但是在文学的原型这个意义上却始终没有改变它的本质和功能，神话成为人类欲望的隐喻性表达。弗莱将包括神话作品在内的整个文学系统分为五种模式，即神话、浪漫传奇、高模仿、低模仿、反讽或讽刺。在这五种模式中，神话是最基本的模式，且是其他模式的原型。因此，文学成为移位的神话。这五种模式循环往复，体现了欧洲文学发展史的运动轨迹。其次，弗莱注重从整体上把握文学类型及其在文学史上的普遍性，他认为文学最基本的共存在于对"原型"的摹写，以解释神话原型中潜藏在人类深层的愿望。原型意象被划分为三大意象群，即神谕意象、魔怪意象、类比意象。每个意象世界都对应一种文学类型。神谕意象表达了人类的愿望和幻想的世界；魔怪意象隐喻性地表达了一个完全违背人类意愿的世界；类比意象则提供了一个理想化的世界，显现为神谕世界在人间的对应物。三种意象相互交融，演变成文学的各种类型。此外，弗莱将四种叙事模式与文学的四大类型统一起来，即：喜剧是春天的神话，讲述神或英雄的诞生和复活；浪漫传奇是夏天的神话，讲述神或英雄的胜利；悲剧是秋天的神话，讲述神或英雄的末路与死亡；反讽或讽刺是冬天的神话，讲述神或英雄的逝去。上述四种文学叙事模式伴随着整个文学进行循环运动，构成了人类整体文学经验并体现了人类集体的文学想象，完美阐释了神话与文学的关系，并为后世文学反复呈现、反复验证。

从古至今，人们关注的始终是神话的文学性这一方面，然而这种文学性并不单纯指故事的历史性、深层结构、集体无意识，而是叙述神话故事本身，即神话的真实性、虚构性、形象性与思想性。“神话是各个人类共同体(氏族、部落、民族或国家)从远古时代起，就在原始思维的基础上，将自然现象和人类生活不自觉地形象化、人格化。”①“神话是生活在原始公社时期的人们，通过他们的原始思维不自觉地把自然界和社会生活加以形象化、人格化而成的幻想神奇的语言艺术创作。”②神话的内容不仅为文学的发展提供宝贵的题材，同时神话中的艺术传达方式，如夸张、隐喻、象征等修辞手法的运用，也为文学创作提供了艺术借鉴。神话原型还被广泛应用到文艺领域中，成为文艺批评的一种方式，即“神话原型批评”。从狭义的视角来看，神话强调的是原始思维，从广袤的思想意识中逐渐分离出来，其原始性在分离的过程中逐渐减退，但这丝毫未减弱神话走向审美的要求。或者说：减退了原始色彩的神话仍然是神话，是更高级、更优美的神话。相比于原始神话，分离出来的新神话虽剥离了原始色彩，但始终保留了原始神话的内核，并在新的历史语境和社会形态中传达着人们的信仰与情感。原始神话不断地经历演变，始终如一地流传于人间，新的神话如雨后春笋般不断产生，述说着神与人的故事、自然与大地的传说。因此，从广义角度看，被语言文字和口头相传记载下来的神话，形成了今天的文学形式。这种文学形式，充分体现了集体性创作的力量，反映了民族认同，并逐步渗透到民族品性与人格结构的深层，镌刻着千百年来的民族经验和民族记忆。同时，根植于人格深层结构中的神话精神自产生之日起，就一直被人们不断重述、传播，引发人们对古老神话的再思考、再认识。英国神话学家马林诺夫斯基曾论述道：神话是为了满足深切的信仰需要、道德渴望、社会服从、社会主张甚至实际需要而经由叙事加以再现的原始现实。神话在原始文化中具有不可

① 陈建宪. 神话解读[M]. 武汉：湖北教育出版社，1996：11.

② 中国大百科全书总编辑委员会《外国文学》编辑委员会. 中国大百科全书·外国文学(Ⅱ)[M]. 北京：中国大百科全书出版社，1982：913.

或缺的功能：它表达、增强并理顺了信仰；捍卫并加强了道德观念；保证了仪式的效用并提供引导人的实践准则。神话支撑着人类面对从出生到死亡、从精神到仪式、从历史到逻辑的整个过程，它捍卫着人类的道德规范，充盈着人类的精神殿堂。神话与人类的复杂关系造就了神话的多种表现形式，包括话语形式、文字形式和物化形式。话语形式的神话是通过口头传承的方式在民间流传。文字出现后，神话开始以文字形式被记录下来。随着影像技术的发展，人们又借助电子设备将神话以音像材料的形式保存下来，进一步丰富了人们的视听体验。文字形式的神话通过对相关文献的科学考证和整理，同时不断注入作者个人的情感与感悟，对神话的内容进行补充、修改或删减，极大地丰富了文学创作的素材。物化形式的神话则通过古代人类生活中的实物予以呈现，并以画面构图的方式进行再现，如壁画、帛画、雕塑等，不仅丰富了人们的视觉感知，也为神话研究提供了生动且直接的实物载体与研究资料。

神话研究为阐释文学作品和文学现象提供了坚实的文化基础，但严格意义上说，神话研究并不等同于纯文学研究。神话体现了人类超越经验世界的理性追求，其内核中蕴含的民族精神与精髓俨然成为民族文化的基因与遗产。因此，当下的神话研究体现了从一般文化现象研究到文化范式研究的转变，也体现了当下学术范式的新变化，即将神话放置在民族与地域文化发展的整体氛围中考释，探求神话在文学创作中的人文观照与人文价值，在对世界、自然与人自身进行诗性反思时建立其思维上的自律与他律机制，对文学文本中的神话世俗化现象、多种形式的物化神话以及文化符号进行梳理和总结。当下神话研究的新突破便是以文学人类学研究视角展开的。文学人类学研究体现了当下神话研究对传统神话思维的恪守与超越，将神话作为某种古代历史信息的潜在储存库，从多学科研究中探寻神话内部包含的历史与思想史信息。保留信仰与崇拜这两大文化传统，重新认识和探寻超越传统的神话的文学性观念，为进一步研究活态神话开辟了新航线。

此外，文学文本中的神话还具有丰富的美学价值与历史价值。这些神话与远古先民的生活和历史有密切关系，是研究人类早期社会的婚姻家庭制度、原始宗教、风俗习惯等的重要文献资料。现代作家重述神话，并非借用神话重演古老的故事，而是借对现代文明发展的理性思考批判其发展过程中的畸形与弊端。在当下历史文化语境中，重述神话不仅是神话流播、传承的一种形式，也是一种文学创作传统。后现代文学文本中的神话以碎片化、断裂化、多元化等方式存在于文本与读者之间，饱含着丰富的文学性内涵和审美意识形态，表现出一种浪漫主义的怀古心理，并在原始思维与现代科技文明和现代理性观念的抗衡中绽放神秘色彩、彰显诗性智慧。

第二节　神话重述的历史文化语境

一、原始神话的宇宙人生之思

有关宇宙的起源，不仅令古人费解，不断思索，同时也是我们当代人窥求古人对宇宙、天地、人类起源的认知，即对自然与自我探究的一扇窗。创世神话中记述了有关宇宙起源的主题，如人们所熟知的盘古开天辟地。传说盘古在开辟天地之前，宇宙处于混沌状态，盘古用斧头劈开大气包而开辟了天地。

首生盘古，垂死化身。气成风云，声为雷霆，左眼为日，右眼为月，四肢五体为四极五岳，血液为江河，筋脉为地理，肌肤为田土，发髭为星辰，皮毛为草本，齿骨为金石，精髓为珠玉，汗流为雨泽，身之诸虫，因风所感，化为黎甿。（《绎史》卷一引《五运历年纪》）

盘古死亡造就了天上日月、地上丘陵与江河湖海。据史料记载，徐整的《三王历纪》认为宇宙是有起始、有创生的。该观点也表达了中国古人对宇宙起源、演化问题的普遍认识。

天地混沌如鸡子，盘古生其中，万八千岁。开天辟地，阳清为天，阴浊为地。盘古在其中，一日九变，神于天，圣于地。天日高一丈，地日厚一丈，盘古日长一丈，如此万八千岁，天数极高，地数极深，盘古极长。后乃有三皇，数起于一，立于三，成于五，盛于七，处于九，故天去地九万里。（《艺文类聚》卷一引徐整《三王历纪》）

然而西方宇宙学说却认为宇宙万物是神意志的产物，宇宙是神创造的。在《圣经·旧约·创世记》中有记载：

> 起初，神创造天地。地是空虚混沌，渊面黑暗，神的灵运行在水面上。神说："要有光"，就有了光。神看光是好的，就把光暗分开了。神称光为"昼"，称暗为"夜"。有晚上，有早晨，这是头一日。神说："诸水之间要有空气，将水分为上下。"……事就这样成了。(《圣经·旧约·创世记》)

直到汉代，淮南子在其著作《天文训》中用阴阳二气在性质方面的差异来解析天地的生成，阳气轻、清，阴气重、浊，阳气上升，阴气下沉，因而分别形成了天地。淮南子的理论说明宇宙的产生乃大自然内部因素作用的结果。

原始神话产生于前逻辑的、非理性的原始心态。人类原始思维特征是具体形象的联想，充满抽象思维的推理。原始思维不能根据事物本身固有的性质进行判断和推理，而应依据万物有灵的思维理念和方式进行主观的联想，以至给出符合原始人逻辑思维的合理解释。从这个角度讲，其完全是人以自己的观点强行认识和解释世界。

在原始社会时期，人类社会尚未形成系统的知识结构，社会文明程度极其低下。正是在这种情形下，人类原始思维为"诗性智慧"，即"世界的最初的智慧"的萌发提供了温床。尚无理性制约的直觉观照和原始自然的生命体验绽放出精神蓓蕾，并焕发勃勃生机，让早期人类在对宇宙创化的朴素自然的原始想象中创造出了奇幻无羁的原始艺术。所以，当现如今的人们在工具理性的支配下，过度依赖科技带来的便利时，原始思维中富含的想象性和创造力就不可避免地为人类的想象力和活力打开了一扇充满生机之门，成为艺术创作的重要源泉。对重返"童年"的原始想象由此表现得更加渴望而迫切。

世界上各神话系统都试图圆满地解释天地万物的形成，因此创世神话在各民族的文化中都占据重要位置，虽然有些民族尚未形成文字，但创世神话却保存得完整无缺。且大多数神话体系都认为天地是神创造的，都有人格化的神灵主宰万物。而这种创世神话有两个谱系：一是单神谱系，如《圣经·旧约》开篇的上帝创造万物的故事；二是多神体系，认为世界是诸神共同创造的结果。这些神话似乎众口一词地告诉我们，神创造了天地与人类。那么，天地究竟是怎样形成的？天地的存在方式是什么？人又是从哪里来的呢？在各种创世神话中，这一连串的追问表现了古代先民们对宇宙与人生的深刻思考。有关人类起源的神话与有关宇宙起源的神话往往交织在一起。《圣经·旧约》中说，上帝将万事万物造好之后，在最后一天按照自己的形象创造了人类，相比于其他万物，人类无疑是天之骄子。无论是上帝还是神，他们创造世界都是为了使他们创造的世界有管理者，人类虽说不是世界的主宰，但却是这个宇宙与世界的中心。先民们对人类起源的探索，无非是要确立自己在自然界的位置。弗雷泽认为，通过对神话、宗教、巫术等人类早期思维形态的研究，人们可以推导出更古老的原始思维方式，且原始思维形态是人类思维发展过程的基点。于是在各种神话中，一方面，人类试图探究解答关于自我存在的问题；另一方面，人类在困惑难解之时则诉诸求助神灵。维科从原始民族的思维特征出发，认为人类最初的文化主要是通过想象思维形成的，神话与诗也不例外。这种想象思维是非现实的、虚构的，它适应了原始人实践的需要，具有“以己度物、想象性的类概念”特征。最早的神话诗人就是用这种方式创造了最伟大的神话故事。直到 19 世纪达尔文提出人类起源和生物进化思想，人类才开启理性地认识生命变化和内在本质的历程。

二、现代神话的历史想象之旅

传统文学中的原始神话揭示了理性思维框架之中的荒诞意识，人们完全以自己的主观幻想来理解和把握纷繁复杂的世界。这个思维框架自身预设了一个不依赖于人的意识并且完全按照自身规律运行的客观世界。现代神话与原始神话生发于不同的历史语境中，现代神话是在 20 世纪“上帝死了”的环境中逐渐“生长”起来的，表现为以技术理性和工具理性终结了古典神话。现代神话与现实科技密切结合，表现为商品神话、科技神话、政治神话等与现实世界紧密相连的神话形态。虽然现代神话与原始神话在表现形式上有诸多不同，但是二者共同的神话思维却始终存在于人的心理结构之中，始终对文化的发展和文明的传承起着重要作用。

在启蒙时代，无论是理性主义者还是经验主义者都希望通过理性一体化的方式完成启蒙事业。但完全依赖于理性的启蒙规划，结果却出人意料。现代文明的危机导致理性神话的破灭，生发于启蒙思想家文化设计的现代性，即通过知识建构谋求人类自由解放的理性现代性产生断裂，蕴含着深刻的危机。哈贝马斯认为，理性是现代性的基石，现代性的危机首先表现为断裂。这里所说的理性是启蒙的理性，具有批判性，它不断强化人类对世界的认识并使人类在认识中不断实践、不断进步。然而，当人类理性与自由存在产生不可调和的矛盾时，人的整体性就断裂了，理性现代性随即也产生断裂，表现为认识与实践、现象与本体不能统一。其次，这种危机表现为对理性的批判，即对启蒙的自我批判。西方现代社会是拥有高度发达的科学技术和制度化的社会，人与人之间的疏离感致使人们在精神上无所依托。由于人的实践能力未能得到充分发挥，主客体之间的矛盾不断加剧，因此人们在精神上表现为焦虑、恐慌和无助，继而这种扭曲的心理又会直接影响到人与自然、人与社会、人与他人，乃至人与自我的关系，并造成这四种关系的异化。面对这样一个纷繁复杂的世界，20 世纪众多思想家对启蒙和现代性进行了批判性反思，文学作品中表现的荒诞逐渐成为一种普遍的观念，这来源于西方社会的危机意识、批判意识和反思意识。理性判断一直以来被视为西方意识形态中的高级形式，然而现代主义打破了这一秩序。现代主义重视现在或者未来，而非过去。旧的信仰已在过去崩塌，新的信仰现在尚未建立，未来如何不得而知。艺术、审美在酒神行为的醉狂中只能抹杀自我，宗教的衰颓，尤其是灵魂不朽的信念已然丧失，人们内心中隐藏着精神的癫狂，一场更为深刻的精神危机再次在人们的精神世界里掀起波澜。最后，启蒙的自我分化铸就了文艺审美现代性的分化，荒诞由此诞生。丹麦哲学家祁克果和法国哲学家帕斯卡尔等人把“荒诞”这个词与人类基本生存状态联系在一起，指出人的荒诞状态源自对这个世界和一切事物的一无所知。加缪在“荒诞三部曲”中从人和世界的关系入手系统地讨论了荒诞的问题，人类社会的有限性与自然的无限性之间的断裂铸就了荒诞。从现代哲学视角看，荒诞已经不是个体人生中的偶然，而是一种普遍的生存境遇，海德格尔、萨特、祁克果、加缪等哲学家提出绝望、孤独、厌恶、恶心、局外人等状况已成为人类的共同命运与普遍体验，并贯穿于人的生存价值和意义之中。正如《等待戈多》中的弗拉基米尔和爱斯特拉冈面对一个无法用理性把握的世界时，荒诞便成为他们与世界的唯一联系，也是他们对现实的一种反抗。当艾略特在《荒原》中述说着四月是最残忍的一个月，荒地上长着丁香，卡夫卡在《变形记》中把主人公格里高尔写成了甲虫，乔伊斯将《尤利西斯》中的布鲁姆设定为一个寻找精神家园的漂泊者的时候，人的理性信念被现实一一击碎，失去信仰的灵魂游荡在没有上帝、没有价值、没有意义的荒诞世界中，只有深入非理性才能摆脱存在的虚无之感，这也促成了继“上帝死了”之后非理性主义的盛行。西方现代文明的危机历经 150 余年，这个漫长的历程既让我们看到战胜这种人生荒诞状态的艰难，同时也让我们看到现代神话对古代神话、对历史的回溯与想象，如《荒原》

中的死而复生和寻找圣杯、《嚎叫》中复活的耶稣形象，等等。人们期盼能回到神话中去，去寻求从现代社会的荒诞和苦难中解脱的路径和办法，像古代神话中的英雄般具有拯救人类的智慧、勇气与本领，有能力认识世界、把握现实，营造一个理性且有序的世界。

众所周知，在启蒙时代神话不为理性所接受。然而自 18 世纪中叶起，人们注意到了想象力与真实性之间的关系，这在某种程度上也代表了对启蒙的拷问。维科在《新科学》中指出，神话这种思维方式是人类思维在发展过程中不可逾越的低级阶段。在此阶段，神话的逻辑是一种想象的类概念。神话起源于想象，这种想象力的作用是分析精神不可替代的，因为这种想象力达到了人与自然的统一维度。神话以其独有的历史的此在充满了史前时间，不是在神话中饱含着最古老的历史事件，而是神话产生的本来过程就是产生古老历史那真正的和唯一的内容。神话作为曾经真实存在和产生过的东西，本身就是最古老的历史内容。神话作为一种文化存在、文化意识，为艺术作品提供了争奇斗艳的世界与土壤。神话重述不仅包含对人们过往生活的意义的感悟，还对现代生活有所超越，呈现了人类生活的演进和人类自我意识的发展轨迹。

赫尔德对神话想象的阐释同样质疑了启蒙时代的分析理性。赫尔德认为，人类的想象力是一种创造的能力，人们可以在被广为传颂的神话中找到新精神。这种精神具有超越时代和民族的普适性。通过对神话创造性的改进可以把当代的意义赋予远古的神话想象。马克思认为，希腊神话是建立在希腊特有的对自然和社会关系的认知基础上的，“希腊人是正常的儿童”①。赫尔德也同样认为，源于希腊这片土地上的神话生动地诠释了希腊人面对的各种社会问题和生存的疑难问题。赫尔德不想将神话作为古董并通过博物馆式的文化记忆留存下来，而是要真正从希腊人那里学会创造，从而为自己的时代服务，确切地说，是将希腊的想象力和当代世界的各项现有元素充分结合起来，以当代价值观念为指导，实现原始神话向现代神话的创造性转变。因此，对于古人来说，神话部分是历史、部分是宗教、部分是文学的支架。新神话诞生的基础是人们所生活的社会，该社会深刻反映了人们在其中的各项复杂关系和自私、漠然的性格，寄托着在艺术世界里重建完整的人的深切希望。

---

① 中共中央马克思恩格斯列宁斯大林著作编译局. 马克思恩格斯选集：第 2 卷[M]. 北京：人民出版社，1995：29-30.

三、神话重述的文化哲学之维

神话是人类童年时期的产物，随着自然力的实际被支配，神话也就消失了，因而神话曾一度被看作历史陈旧的体裁。面对理性带来的人的生存危机，神话在20世纪又一次成为哲学探讨的热门主题，然而神话总是被理解为启蒙思想的对立面，随即开启了对神话与人之间、神话与人同对象化世界之间关系的反思与追问。正如哈贝马斯在《现代性的哲学话语》中所阐述的那样，启蒙使得人们开始重新审视和反思神话故事中的权威和集体力量，从而不断增强了人自身的力量，打破了原有神话对个体的制约。理性现代性的功利主义、绝对理性使人变得更加机器化、精神边缘化，愉快的艺术感知、鲜活的有机自然、自由而诗意的人生都在渐渐远离人们的视线。波德莱尔认为，现代性是偶然的、过度的、短暂易逝的。毋宁说，现代性就是当今价值彻底颠倒下的蒙着面具的假象世界。海德格尔认为，神话包含理性智慧、原始宗教、神祇的因素，又包含情感体验，“思”即“诗”，人通过诗思统一的方式与存在沟通，与对象化的世界沟通。然而，存在又是什么？仅仅是对对象化世界的认识与体悟吗？海德格尔认为，自人类失去诗意栖居的自然家园起，主体中心主义极度膨胀，遗忘被隐藏，存在被遮蔽。因此，人需要回归到诗思统一的思维，聆听存在的召唤，恢复与世界的沟通，因为诗思统一的神话时代是人在“诗意地栖居的大地上”本真的生存，人没有失去精神家园，神话与诗没有缺位。艺术的本质在于揭示存在之真，世界从来都不是立于我们面前让我们观看的对象，世界是天、地、神、人四重合一的世界，是人存在的世界。这个世界不仅是回归于大地的世界，同时也是彰显人民历史性生存与创造的世界。在神话与人存在的不停的、流动的对象化世界中，人通过对神话这一特殊的文化符号的创造使世界具有了无限丰富的意义。在创造文化符号的过程中，人不断证明自身，进行自我创造、自我形塑。

德意志浪漫派将神话视为人确定价值理念和精神实质的活动，同时也将神话视为人类生存和发展的必要手段。从这个意义上讲，该学派开启了以尼采为起点直到20世纪的整个神话学的先河。尼采认为，估价一个民族的酒神能力，必须把该民族的悲剧神话当作这种能力的第二证据，神话的衰弱表明了酒神能力的衰弱。海德格尔曾说：“现代的第五个规律是弃神，由此而产生的空虚被历史学的和心理学的神话研究所填补了。”①以谢林为代表的德意志浪漫派则把神话重新带回到人们的生活中，并用生存论的视角来进一步阐释。谢林认为，神话的文化阐释最终要关涉人的生存本质。神话是民族传统的产物，它具有赋予人类群体和谐与统一的力量，是与人类意识发展相融合、相同步的。谢林的神话观不是在重塑历史，他的神话哲学观所传达的是神话哲学的现实意义，即神话的一个很重要的任务就是调和对过去、现在和未来的知觉。某种程度上可以说，神话是历史的起点，而这段历史是要从整体上把握的历史。然而，维科在《新科学》中提出了新的历史哲学观，认为各个民族从野蛮状态到文明状态的不同阶段都被视为人类文化发展规律作用下的产物和体现，具有一般的共性，并在此意义上重新发掘了神话的价值。维科针对笛卡儿哲学的理性形而上学提出了“诗性的逻辑”，他认为神话起源于逻各斯缄默不语的年代，诗性的智慧作为最初的智慧形式，可以被理解为一种感觉到的、想象出的玄学。维科关于神话与世界建构的逻辑使得新的人文学科尝试突破原有的数学与自然科学范围，成为新的语言、诗歌和历史的逻辑。

在后现代的历史语境中，神话通过隐晦变形的方式深藏于人类的各项精神文化活动之中，发挥着特有的文化批判和审美功能，昭示了在某种特定的语境中神话复兴的可能性及其限度。具言之，首先，现代神话在审美特性方面表现出明显的世俗化和功利主义，在关于美学的感受和评估过程中过于将意识形态的因素掺入其中。概念和功利性的内涵已经广泛渗入现代神话意义下的审美艺术活动中，这已经成为现代大众文化或者流行文化的一个重要特点。在这个意义上，尼采对文学堕落现象的批判也适用于这个脆弱、碎片化的当代社会形态。其次，技术崇拜、商品崇拜和权力崇拜等现代神话的表征逐渐代替原始神话中的英雄崇拜，成为大众新的审美的重要对象。游戏意识的建构和审美活动中过分注重感官的享受成为现代神话极其鲜明的特征，极大程度上改变了现代人的审美趣味和生活旨趣，不可避免地对文艺产生了重要影响。可以说，神话是人类创造性的显现和人类符号化活动的成果。

启蒙运动以分析理性建构的普适性构想打破了市民社会原有的价值规范，使得原有的价值规范体系支离破碎。无论是在文学内部还是外部，新神话的理念与启蒙分析式社会互动构想相对立，成为一份重要的“政治纲领”。德国古典

① 海德格尔. 林中路[M]. 孙周兴，译. 上海：上海译文出版社，2004：78.

美学家席勒曾指出："我们为了在经验中解决政治问题，就必须通过审美教育的途径，因为正是通过美，人们才可以达到自由。"①艺术，因此获得了一种乌托邦功能，并且在最后一个层级指向了神话。新神话的作用不仅在于让一个民族使用同一种声音表达自己的思想，更重要的是让人类的思想聚焦到一个中心点上。人们对新神话的期待不是简单地迷恋古典的时代，而是建立在与宏大的公共生活相连的语境中，是人类与世界的重新融合，并寄托了在艺术世界里重建完整的人的深切希望。新神话观念从人的本质角度表达了马克思对于异化的积极扬弃，既然美和艺术作为异化劳动的对立物，那么只有充分地扬弃异化才能复归美的本质，这种扬弃是作为一个总体的人采取全面的方式，最终达到对自身本质的全面占有，是人的一切感觉和特性的彻底解放，是真正的美。

第三节　约翰·巴斯与神话重述

一、巴斯的创作与神话

巴斯的创作生涯始于20世纪50年代，跨越了半个世纪，共著书19部，其中小说17部，非小说2部。巴斯本人及其作品对美国乃至世界文学界都产生了广泛的影响，他荣获过"美国国家图书奖""美国国家文学艺术学院文学创作奖""伊诺·布拉特学会终身创作成就奖"等诸多荣誉与奖项。巴斯的作品大多为神话题材，他认为神话是"为人所知的故事"，与原始想象一脉相承。原始想象构成了早期神话的艺术思维，并不断深化为原型，为文艺创作与艺术实践提供了基本范式。因此，在巴斯看来，神话就是原型，重述神话就是重述我们熟知的故事，因为我们时刻在与原型打交道。巴斯的神话重述实践包括对古典神话框架的现代演绎以及对古代神话英雄事迹的戏仿，实现不自觉地对宏大历史及当代社会状况的辛辣讽刺。作为现实中的普通人，重温古代神话英雄的业绩，以此观照当下人类的困境，这便是巴斯神话重述的起点。

巴斯的神话创作可分为三个阶段，即早期对神话模式的有意借鉴、中期对神话模式的不自觉应用与晚期神话创作的高峰。

① 席勒.美育书简[M].徐恒醇，译.北京：中国文联出版公司，1984：116.

第一阶段。巴斯创作了《漂浮的歌剧》(1956)与《路的尽头》(1958)两部具有浓厚现实主义色彩的杰作，记录了青年巴斯初登文坛在创作道路上的摸索。巴斯有意将主人公的故事放在神话层面来处理，运用了滑稽模仿、自我映照、回忆叙述等艺术手法，折射出了主人公对存在主义哲学理念的探讨和思考，同时也渗透着巴斯的荒诞意识。由此，巴斯对神话模式的有意借鉴及对现实主义主题的揭示就构成了他神话重述不可或缺的组成部分。

第二阶段。巴斯创作了《烟草经纪人》(1960)、《羊孩贾尔斯》(1966)与《迷宫》(1968)等作品，标志着中年巴斯的文学观念的不断更新和文学形式的持续丰富。在这一时期的创作中，巴斯的文学理论和创作实践结合逐步成熟，他凭借娴熟的讲故事技巧，运用神话原型、互文、反讽、回忆与虚构相结合的叙述模式重温文学经典，回溯历史并关注当下，弥合国家民族身份与文化记忆的裂痕，观照人格分裂与异化危机的现象，探索人生的成长模式并定位自我价值。

第三阶段。巴斯创作了《客迈拉》(1972)、《书信集》(1979)与《曾经沧海：一出漂浮的歌剧》(1994)等作品。这个时期巴斯的创作数量颇丰，品质极佳，其写作生涯达到了鼎盛阶段。这一阶段的作品呈现出巴斯神话创作的独创性、文学性特征与文学更新的新途径。巴斯运用元小说、拼贴、戏仿、虚构等艺术手法，通过重述神话把古代神话与当下现实、历史意识及现代观念巧妙地拼接在一个共时性的空间中，将古代与现代联结，将现实世界与神话世界互为参照，从而实现文学想象与历史陈述的双向超越，并在超越中观照现代西方社会。

巴斯先后在《大西洋月刊》上发表了《文学的枯竭》与《文学的更新》两篇文章。巴斯将现实的枯竭概括为两层含义：一是理性的枯竭；二是文学的枯竭。理性思维面对当下的问题同样束手无策，巴斯借重述神话为人们提供了一个文学在无限的时间中回溯的范例。人们在神话和传统中重新发掘人生的价值与存在的意义。同时，巴斯重述古代神话的实践也为走出文学枯竭困境提供了有益借鉴，这正是巴斯神话重述创作的理念与意图。古代神话与现代神话的融合与演绎，呈现了历史与现实的交替往复，深刻体现了巴斯的后现代意识，即现代人借古代神话英雄的伟绩克服自身弱点，寻求精神依托，找到解决路径，从而摆脱危机。这种神话思维不仅实现了对历史与现实的双向超越，同时也熔铸出了巴斯的神话重述。

20 世纪是神话复兴的世纪，文学领域也涌现了诸多神话作品。自远古时代起，神话便以口头形式在民间流传，一方面体现了古代人民对自然和社会的体悟，另一方面饱含了古代人民思想意识的结晶，因而又被称为“原始神话”或“原典神话”。随着人类文明进程的推进，神话赖以生存的社会历史条件逐渐削弱直至消失，致使其内涵也随之发生重大转变。因此，神话演化为文本化的文学创作也成为一种必然。不论是题材、表现方式，还是艺术思维方式等，原始神话都为现代神话的诞生与发展提供了有机土壤，并催生出了“现代神话”。诚然，现代神话仍然沿袭了原始神话的创作手法，运用母题与原型等表现手法重述原始神话，关注现代人的精神状态与生存境遇。神话复兴时代的到来为巴斯提供了良好的历史条件与文学创作契机，而其对后现代主义文学观念的认识与创作实践则熔铸出了其独特的神话重述作品。巴斯的神话重温了古代人的故事，但却立足当下，以当下人的历史与生活为参照。人类用语言创作文学时，不是为了回到过去，而是为了开创未来。人类的文学艺术是在书写历史，但同时也是在创造自己的历史。重述神话，重塑现代人的灵魂，亦是重塑了现代人的精神纬度；建构一个新神话，亦是建构了一个新世界。这也是巴斯重述神话的目的所在。

然而，巴斯的神话重述创作具有鲜明的特征，无论是体裁、主题，还是内容，都区别于其他同时代作家的作品。一方面，巴斯的神话重述创作体现了向传统的回归，以获取文化传统的滋养；另一方面，巴斯在重述与重写的过程中不断修正神话，以恢复经典神话的潜在力量。巴斯的神话重述实践不仅解构了既有的、稳定的神话框架，同时也在解构的过程中展开了新一轮的语言游戏，在现实世界与神话世界中展开对当代社会存在空虚与荒诞的探讨，体现了对当下人类存在本质的现代性反思，体现了“诗性神话”的张力。其神话文本不仅具有元小说自我指涉的特征，同时又蕴含多重寓言指涉，虚实相生的文本狂欢为阅读和接受提供了一种开放性的结构。尤其是文本中流动的作者身份，模糊了读者与作者的界限，给阅读增添了无限遐想与思考。纵观巴斯的神话重述作品、访谈以及文学评论，不难发现，其从文化批评视角系统地阐释了巴斯后现代主义文学创作的文化观念，即通过解构历史、观照当下，实现对文学、文化、历史与现实语境的多维建构，他的作品也成为解读后现代主义文学与文化的重要参考。

在当下的历史文化语境中，重述神话既是神话传承的一种形式，更是对文学创作传统实现超越的一种重要创新途径。神话内部蕴藏着一个民族独有的风俗信仰、情感价值、审美观念等历史文化内涵，一个民族在其发展进程中总是积淀着特定的民族意识和文化，这种意识和文化不断被个体和集体强化并传承下来。神话重述在很大程度上成为对该国家、民族传奇历史的追溯，能够使人们增强对于民族文化的自信心、自豪感，形成强烈的民族认同感，对民族文化构建具有重要的现实意义。

二、巴斯与后现代主义

透过巴斯的作品我们可以窥见，一方面，巴斯关注文学传统与文学创作的关系，这种关系体现在巴斯对文学创作模式与技巧的探索上，其作品深刻体现了对文学传统的解构以及对历史的审视；另一方面，巴斯神话重述作品对文学传统与历史的敏锐文化策略与后现代主义理论家对当代社会知识状况的描述相契合，他对文学传统的解读与文学经典的重写代表了当代文艺思潮的解构主义倾向。为了更好地理解和把握巴斯作品中蕴含的后现代主义元素与特征，我们需要在此梳理并明确后现代这一概念所包含的多重意蕴。

后现代作为一种历史建构的文学观念，总是与某一个具体的文化语境相联系，这个概念在学界大致可从四个不同的发展方向加以探讨。第一，是作为历史分期的概念。在历史上，英国画家约翰·瓦特金斯·查普曼最早用后现代绘画指称比印象派前卫的绘画作品，而后鲁道夫·潘诺维茨在《欧洲文化危机》中用后现代来描述20世纪初期欧洲文化所体现的虚无主义和价值崩溃。20世纪30年代，学者弗雷德里科·德·奥尼斯在其选编的《西班牙诗选》中，用后现代这个概念来描述一种和他所称的极端现代主义完全不同的诗歌写作倾向。但这个概念在当时并没有产生广泛的影响，直到历史学家汤因比在《历史研究》第八卷中将普法战争作为分界线，“后现代时代”第一次作为历史分期概念进入大众视野。第二，作为一种美学原则和主张。美国诗人查尔斯·奥尔森在说明其诗歌与美学的关系时主张把“现在”视为后现代、后人道主义、后历史主义去理解和体验。第三，作为一种否定的历史倾向。社会学家赖特·米尔斯与欧文·豪用后现代来指称一个时代、一类当代小说，二者都在否定意义上运用这一概念。第四，作为一种肯定的历史倾向。20世纪60年代，莱斯利·费德勒用这一概念指称年轻人身上呈现的感知力，并把这种新的感知力同民众解放联系到一起，从积极的意义上对当代年轻人的行动做了非政治性的回应。其后，欧文·豪和哈里·列文对后现代主义的看法便成了判定后现代主义兴起之时的依据，二者认为后现代主义是20世纪50年代美国的一种“反智性思潮”。理查德·沃森和杰拉尔德·格拉夫通过对美国20世纪60年代的反文化现象进行研究，进而阐释了费德勒和桑塔格的后现代观念，使其内涵进一步凸显。但后现代的观念真正产生影响是从20世纪70年代开始的，1972年，《疆界2》杂志主编威廉·斯潘诺斯提出后现代主义这一概念，认为后现代主义是一场真正的国际性运动。此外，《疆界2》杂志的另一位撰稿人伊哈布·哈桑发现在艺术领域和文化领域广泛地存在着这种后现代的倾向。1979年，弗朗索瓦·利奥塔在《后现代状态》中基于更为深刻的背景谈后现代的问题。他认为，后现代的问题与后工业社会的出现紧密相连，并且把对元叙事的怀疑看作后现代，即后现代的特征是消解宏大叙事，因此其自身也失去了合法性。然而哈贝马斯认为，现代性是一项未完成的规划，一项未竟的事业。由此可见，后现代的理论体系逐步形成并臻于完善，不仅体现在具体的文化形式上，而且具有独特的世界观和价值观。虽然称为主义，但在此我们只是把它当作后现代的理论与主张的总和。因为后现代的问题始终与启蒙和现代性联系在一起，后现代所面对的问题仍然是现代性的问题，其理论内在的人文关怀与西方的人文传统一脉相承。在后现代语境中人们改变的是对世界的认识方法和思考问题的方式，不再探讨真理、标准、价值与权威，而是进行一种关于语言的游戏与文本的论争，在一种语境中谈论语言的效果。然而，后现代性指称后现代文化的独特表征，这是一个比较复杂的层面，涉及后现代理论家的理论主张、创作理念与思维模式等。

纵观文学发展的历程，在第二次世界大战后西方文坛出现了有别于现代主义文学特征的新的文学流派，如荒诞派戏剧、新小说、黑色幽默以及魔幻现实主义等。评论家布莱恩·麦克黑尔在其著作《现代主义文学向后现代主义文学的主旨嬗变》中阐释出，现代主义文学是基于认识论的，而后现代主义文学是基于本体论的。后现代主义作为一股席卷世界的文化思潮，以其大众化、消费化、即时化的鲜明特征，给予传统文化致命的冲击，并且在一定程度上给予现代文化毁灭性的打击。后现代主义作为晚期资本主义的文化逻辑和文艺准则，反映了一种新的心理结构，标志着人性的又一次改变。伊哈布·哈桑指出，后现代主义文学具有一种自我相关和自我悖论的倾向。在后现代的社会中，一个非中心化了的主体无法感知与现实的联系，历史意识的丧失产生了记忆的裂痕，在大量仿真与幻象的世界里，现实被谋杀，后现代小说叙述同样产生了巨大危机。随着工业化和媒介技术的发展，作家们都竭力掩饰自己作品的先锋实验性，并向大众意识靠拢。罗兰·巴特说“作者死了”，桑塔格提出“拒绝阐释”，詹姆逊把后现代文学和当下资本主义社会发展联系在一起，表现出鲜明的去深度化、去历史化、去主体性、去中心化特征。马克斯·韦伯倡导为文学世界“除魅”，福柯、波德里亚等人则重视文学与权力、文学与当下政治之间的关系等，彰显了后现代文学对于传统文学的断裂与突破。后现代文学既展现出极强的解构性，也表现出一定的建构性。伊哈布·哈桑说，后现代文学的发展是一个解构与建构的双向运动。后现代文学中蕴含着深厚的人文精神和人文关怀，在某种意义上可以看作对未来重建的一种指向，重建人与世界、人与他人、人与自我的关系，是迄今为止对西方人文传统的重新整合与改写。人们开始以一种后现代的方式来认知每一样事物，其实质是对启蒙和现代性的反思与批判。魔幻现实主义大师马尔克斯将过去、现在和未来并置在同一个平面上，从共时性和历时性的时间角度来剖析所谓的西方文明及其文化入侵，以寻找拉美民族特性的根基。贝克特塑造的弗拉基米尔和爱斯特拉冈这两个荒诞人物角色代表了现代人一种不可知的等待，同时也揭示了荒诞世界里的真实写照和荒诞的希望。巴塞尔姆通过戏仿格林童话中白雪公主的故事，重新塑造了白雪公主和七个小矮人的形象，在互文性关系中颠覆传统童话的善恶取向，演绎了现代都市无休止的对价值规范的挑战。约瑟夫·海勒的《第二十二条军规》看似可以包罗万象，强大到任何质疑它的思想最终都将被这一意识形态束缚、改变。在此意义上，后现代文学的荒诞意识已经完成了从一种现象到一种荒诞哲学的进程，它通过对西方人文传统的解构与颠覆，创新了话语表达形式，以此建立一种文学性的规范，并赋予了特定语境以文学性内涵，形成并拓展了审美感知。用韦伯的话来概括，后现代文学的文学性观念彻底颠覆了关于文学的传统知识体系和研究规范，使其走进现实人生。在后现代社会中，若要改变文化现实，就要改变对理性的定义，打破理性的神话。包括巴斯在内的后现代理论家们都在作品中集中反映与探讨以下几个问题：世界是什么？当不同的世界相遇时会发生什么？文本世界是以什么方式存在的？被设计的世界又是如何建构的？

首先，巴斯深刻的后现代意识体现在其对神话改写的创作实践上。从早期的《漂浮的歌剧》《路的尽头》《烟草经纪人》《羊孩贾尔斯》到中期的《客迈拉》，他的创作一直围绕着神话重述这一题材。巴斯的神话重述创作作为一种独特的文学重述现象，有别于一般的文学创作。他以神话传说为原典蓝本，从现代人的当下出发，对神话原型进行改造，赋予其新时代的意义和文化内涵。巴斯的神话重述创作不仅解构了既有神话的稳定框架，而且对神话进行了再加工和改编，进一步解构了神话的同一性，使之成为广为接受的神话版本。于是，在后现代文学图景中，凭借理性与超理性去认识和把握世界已毫无意义，因为人与世界密不可分，不存在独立于人之外的客观世界，更不存在独立于人之外的预设世界。巴斯的文本实践与创作告诉我们一个道理，人类的任务不是去认识一个已知世界，而是去重建一个新的世界。巴斯的创作突破了文学创作与文学传统的界限，颠覆了传统语言与大众文化失语现象，其创作理念深刻地反映了后现代小说叙述危机的根源，同时也为冲破作家才思枯竭的困境与叙述形式的局限提供了理论参考和创作实践的表率，体现了其深刻的后现代创作观。

其次，巴斯深刻的后现代意识体现在其对时间与空间问题的巧妙处理上。巴斯将古代神话与现代观念拼接在一个共时性的空间中，以空间的扩张代替了时间的延伸，将古代与现代、神话与现实相互对比、互为参照，以此观照现代西方社会。巴斯在古代文本基础上重写原有的神话故事，通过重述古代神话实现文学与现实之间界限的超越，其实质是当代人在生命史上改变自己的命运，通过阅读走向现实人生，通过书写超越历史限域。古代神话成为一种戏谑和反讽的对象，不具备文化的和审美的功能，只具备文本价值。而在后现代语境中，神话将继续作为人们追问历史与文化寻根的重要载体，存活于各民族的精神和灵魂中。神话不仅能够再现历史记忆，促进人类再现集体记忆中的文化传承与个体记忆中的历史投射，还将构塑国家、民族认同，确立人类历史理性中的国家意识与历史真实中的民族身份。巴斯使人们在对文学叙事的质疑中，进入了历史和人类命运的思考层面，再次充分印证了作者有关神话的价值在于其当代品性的主张。在长达半个多世纪的理论探索与创作实践中，巴斯始终引领后现代小说创作，秉承结构主义的思想，拓展了后现代主义文学理论的文化视野。

最后，巴斯深刻的后现代意识体现在其对神话原型戏仿手法的运用上。原型，是集体无意识的显现，最初呈现为一种“原始意象”。原始意象在远古时代表现为神话现象，在漫长的历史进程中，它们不断地以本原的形象反复出现在艺术作品和诗歌中。正是在这个最普遍的意义上，弗莱将神话视为文学的原型，且成为后世文学发展的本原。《羊孩贾尔斯》是巴斯运用戏仿手法创作的一部典型的圣经作品，该小说探讨了当科技成为新的神话后，在满足人类欲望的同时，也使人类陷入科技的旋涡之中难以自拔。另外，巴斯的将高科技融入文本的学院小说，不仅再现了 20 世纪 60 年代的社会历史，也使得文本呈现出魔幻现实主义色彩。

三、巴斯在世界文学坐标中

巴斯的名字常常与另外一些当代作家相联系，如品钦、卡尔维诺、裴立科斯特、艾科、纳博科夫、库弗、德雷罗、鲍威尔斯、艾格斯、华勒斯。还有很多比较巴斯与当代作家的批评家，如库特·冯尼古特、罗伯特·斯通、约瑟夫·海勒、杰西·科辛斯基、汤姆·罗宾斯、米兰·昆德拉、菲利普·迪克。巴斯常常在作者访谈或文章中提到同行作家，谈到与他们创作的关系及受到的影响，因此将巴斯与其他作家联系起来，对于我们理解巴斯在世界文学中的地位，厘清巴斯创作的传承及创新，有极大的益处。

第一，巴斯经常谈及一些著名的后现代主义作家，如巴塞尔姆、奥西克、霍克斯、杜雷尔、福尔斯。巴斯以他们为自己的榜样，声称他们激发了自己的创作灵感，指引了自己的创作方向。因此，将巴斯与之相比较，可以有助于找到巴斯作品的参照系。

第二，如果把巴斯与当代的作家，如威拉·凯瑟、海明威、德莱塞、帕索斯、斯坦贝克、福克纳和乔伊斯等做比较的话，会发现他们在作品中对文化与神话的处理方式上有迥然不同的手法。例如，《客迈拉》中的神话手法与乔伊斯的"神话方法"截然相反，这体现了现代主义作家和后现代主义作家对神话的处理方式有着根本区别。

第三，将巴斯与其他两类作家比较，例如一类是写道德小说的雷蒙·卡沃尔、波比·安·梅森和安·贝蒂等，另一类是所谓的魔幻现实主义作家托尼·莫里森、亚德里安·里奇和爱丽丝·沃克等，会发现在文学艺术商品化大潮中，巴斯持续关注着小说媒介面临的挑战及其潜力。

在巴斯推崇的小说家里，我们经常读到卡尔维诺和博尔赫斯的名字，并看到巴斯对卡尔维诺与博尔赫斯两位作家的继承与超越。在卡尔维诺的作品中，巴斯最为关注的是其对神话寓言和自然科学的兴趣。在博尔赫斯的作品中，巴斯则更多关注其以文学史、哲学史和"梦境对现实的点染"取代了社会、心理学的分析以及历史年代与地理环境的细节。卡尔维诺的创作以民间故事和连环画为主要特征，博尔赫斯则以写作超自然主义和侦探小说见长，他们二人都热衷于反讽式叙事风格，巴斯赞同卡尔维诺将后现代主义定义为反讽模式的说法。巴斯在这两位大师的作品中窥见了“后现代主义手法”，即对平庸意象和陈旧叙事结构的反讽式回收利用。巴斯称卡尔维诺与博尔赫斯的小说奇妙地融合了两种文学价值，称之为“代数与火”。从巴斯对二者所做的“代数与火”的比喻里，我们可以窥见巴斯理想中的文学。在《代数与火》一文中他谈道，“代数”代表结构的精巧，而“火”代表触动我们感情的因素，文学作品在形式上应当具有艺术和审美品性，但如果精巧有余、火气不足，那么结果就是有缺陷的；反之，如果火气有余，而缺乏形式美，结果就是真诚的梦呓。巴斯认为文学是富有激情的艺术，卡尔维诺与博尔赫斯的作品都能满足这个标准。但是巴斯认为卡尔维诺似乎更接近主流后现代主义作家，暂且不论他对“后现代主义”定义如何。巴斯断定巴塞梅、贝克特、博尔赫斯、卡尔维诺等作家至少具有后现代主义特征，哪怕他们在其他方面可能大相径庭。卡尔维诺和博尔赫斯虽然接触的次数不多，但巴斯却认为他们将彼此视为知己，二人会经常相遇在无限的意境中……巴斯猜想他们在那里一起展露笑容，因为他看到了他们之间的平行性。

本章小结

神话是文学最原始的形式之一，神话对于人类的文学发展具有不可估量的重要意义，不仅体现在文学形式发展上，更是因为其直观反映了当时的生产方式与生产关系，是现代人们研究原始时期社会制度、风土人情以及行为心理的重要素材和文献资料。巴斯以丰富的想象力和创造力打破了传统小说的创作模式，他对小说艺术形式进行了新的探索与实验，推进了现代主义小说的新发展，不遗余力地建构具有先锋意识的后现代文学。对于巴斯而言，重述神话就是要帮助人们了解和认识到神话故事中蕴含的叙事魅力。巴斯的神话重述丰富了后现代文学创作体系，为 21 世纪神话复兴树起了一个风向标。巴斯以元小说、迷宫意识、狂欢的形式拓展结构主义的语言游戏，从而打破了小说的传统创作模式与理念，以带有实验性质的叙事手法对古老的神话进行重述，建构了具有张力的诗性神话。在这个重述神话的过程中，巴斯对历史传统深入探究与质疑，揭示出现代人深层的精神危机。巴斯的神话重述经历了戏仿、神话改写、文字实验、神话重建等一系列风格演变，可以说他的小说记录了艺术家的成长过程。

神话是通过人民的幻想用一种无意识的艺术方式加工过的自然和社会形式本身。神话的产生与发展有其独特的历史文化语境，后现代文化语境下的神话重述开启了人们对文化的无限思考。重述古代神话的过程不仅是对原始神话的宇宙人生之思，同时也是对现代神话的历史想象之旅。巴斯的文本世界将古代与现代、虚构与现实联结起来，赋予了古老神话以新的生机与活力，为人类思维和艺术实践开拓了一个广袤的空间。通过现实世界与神话世界的对话展开对当代社会存在空虚与荒诞的探讨，彰显出对当下人类存在本质的现代性反思与人文主义观照。

第三章　约翰·巴斯神话重述的文本阐释

巴斯在《文学的枯竭》一文中谈道：伟大的文学时代已经一去不复返了，现在的文学已经进入了它的枯竭时期，因而如何使文本焕发出活力来，是当下作家心中的焦虑和思考的根本问题。重述古代神话，是巴斯在“文学的更新”实践中的大胆且有益的尝试。《客迈拉》《烟草经纪人》《羊孩贾尔斯》《漂浮的歌剧》《路的尽头》等几部作品是巴斯重述神话的代表作。一方面，巴斯在小说创作中不断探索与创新，运用神话原型、碎片、拼贴、元小说以及后现代主义小说的诸多元素对传统小说进行了颠覆式解构，向读者展示了一个虚拟与现实交织、时间和空间纵横交错的神奇世界；另一方面，巴斯用实验性叙事手法重述了古老的神话，借此深入阐释历史与现实之间、虚拟世界与真实世界之间、古代英雄人物与当代普通个体之间的界限。现实与想象便在这具有张力的诗性神话中展现出巴斯重述古代神话的本质，即在重写历史中重击当代理性，展开对人的存在的本体论的反思。从另一层面看，这种反思也意味着对当代理性与价值的叩问。

第一节　现实与想象张力的体现

一、历史与现实之间

从早期作品《漂浮的歌剧》《路的尽头》《烟草经纪人》《羊孩贾尔斯》到《客迈拉》，巴斯一直在与原型打交道，自觉不自觉地处理着神话题材。其中，《客迈拉》是巴斯重述古代神话的经典之作。这部作品在读者看来，讲述的是距离我们这个时代很遥远的故事，但细细品读，便发觉这些故事似乎与我们每个人息息相关。在《客迈拉》的子集《柏勒罗丰》这部中篇作品中，巴斯将古代与现代、历史与当下、个体生存与集体记忆熔铸在一个时间与空间纵横交织的罗网里，构塑了一种独特的叙事模式。这种叙事模式的独特表现在三个方面：其一是叙事视角的转换；其二是共时性的时间模式；其三是循环的故事框架。从现实中的柏勒罗丰身上，读者仿佛看到了现代社会中的自己，一个矛盾的个体，一个真实、虚幻、分裂的自我。现实中的柏勒罗丰身上展现的自我矛盾与冲突形成了一种张力，这种张力建构了两种不同的精神世界，于是英雄柏勒罗丰与普通人柏勒罗丰便在这被建构的世界，即历史与现实之间，自由地穿行，并在现实与想象的张力中进行身份的切换。

《柏勒罗丰》是《客迈拉》中最长的中篇小说，其运用第一人称的视角讲述了古希腊英雄柏勒罗丰的故事。历史与现实随着故事叙事人称与叙事视角的转换与独特时间模式的设置完成自由切换。原神话作品《柏勒罗丰》为第三人称叙事，讲述了古希腊英雄柏勒罗丰的丰功伟绩与英雄行为。被重述的《柏勒罗丰》的故事情节由叙述者运用第一人称自述方式将自己的故事讲给读者。“烦恼，烦恼，我的一生以失败告终。我不是神话中的英雄，永远都不可能是。”[①]此外，故事中还增设了多个不同的倾听者。第一位倾听者叫墨拉尼佩，是一位被柏勒罗丰强暴过的阿玛宗女士，是柏勒罗丰的情人之一，并曾记录他的故事。该故事效仿了古代英雄史诗的叙事方式，开篇以墨拉尼佩作为倾听者与柏勒罗丰之间的对话实现了结构上的倒叙。“看在上帝的份(分)上，墨拉尼佩，你把这些都记录下来吧！”[②]因此，墨拉尼佩作为倾听者也成为该故事中的一部分。此外，在重述故事中，作者还虚构了听故事的主人公做报告的人和对主人公进行采访的人。他们作为倾听者和采访者，实际就是这部作品的读者，参与了作品的阅读与作品意义的建构。一方面，多重倾听者的出现，使作品具有了多声部的特点，体现了狂欢化特征；另一方面，从作品结构上看，该小说摆脱了传统小说的叙事方式，倾听者的设置使这部作品具有了元小说的特征。“这个故事的现代部分(……)应该包括你试图恶化的三种不同关系：和你已故孩子们的关系，和你已故夫人的关系，和你已故臣民的关系。”[③]除了虚构倾听者，作者还精心设计了一个关于英雄模式产生的主题演讲以及对主人公进行采访的情节。“晚上好，我谨代表科林斯的神话英雄柏勒罗丰，感谢(……)给了我这个机会纠正

---

① 巴斯. 客迈拉[M]. 邹亚，译. 上海：上海译文出版社，2005：136.

② 巴斯. 客迈拉[M]. 邹亚，译. 上海：上海译文出版社，2005：142.

③ 巴斯. 客迈拉[M]. 邹亚，译. 上海：上海译文出版社，2005：143.

英雄生命和事业的标准记录中存在的一些矛盾和难以解决的细节，平息某些关于他公众生活与私生活方面令人不甚愉快的流言蜚语，回应你们可能提出的任何一个关于他伟大生涯的问题。”[①]该情节的设计不仅进一步体现了元小说的创作特征，而且带动读者进入对人类历史与现实人生的思考，从而在对元叙事的怀疑中实现对历史的超越。

《柏勒罗丰》效仿英雄史诗《埃涅阿斯纪》与《奥德赛》的叙事方式，在结构上呈现倒叙特征，但其文本自身遵循了独特的叙事模式。通过转变叙事视角，以元小说的叙事方式，解构了人物的自我同一性，将历史与现实并置在共时性的空间结构中，将古代与现代、历史与当下熔铸在一个时间与空间纵横交织的罗网里，展现了无限延伸的时间观。众所周知，时间问题一直以来都是文学研究最为关注的问题。斯蒂文·康纳曾说过：“现代主义和后现代主义美学最突出的重点之一是时间问题。……现代主义对资产阶级时钟时间的挑战可被简化为一个原则——将时间挤压为空间。将史诗时间同当代时间混在一起，或者将历史和人类生命视为没有止境的周期都试图将时间纳入模式，从而挫败其暂时性。”[②]后现代主义文学与此决裂，过度强调了时间的偶然流动性，轻视了形而上学的永恒静态平衡。亨利·柏格森认为：“时间应被视为纯粹的、流动的过程，而不是人为凝固的瞬间。”[③]尽管如此，我们很容易发现我们在后现代语境中相对真实地表达了时间的过程，即注定要将时间空间化。在《柏勒罗丰》这部作品中，巴斯设置了多声部的时间，包括故事时间、文本时间、叙述者讲故事的时间，以及倾听者参与文本意义建构的时间。这些多声部时间被放置在共时性时间框架之中，形成了一种独特的时空体。这种时空体包括线性的时间观念与并置的空间结构。在这个独特的时空体中，即后现代时间之流里，神话世界与真实世界、古代与现代、历史与现实、古代英雄与现代人完成联结，使回忆与体验无限延伸到现代，构建了一种循环的故事框架，成为永远没有结局和结尾的故事结构。《敦亚佐德》则是该循环故事框架的典型作品。

《敦亚佐德》是《客迈拉》中的一篇，其内容与形式都取材于《一千零一夜》，通过延续《一千零一夜》的故事框架将阿拉伯神话故事进行重述与改写，在对原著的戏仿中解构与颠覆了作品的意义，打破了历史与现实之间的界限，使古老

① 巴斯. 客迈拉[M]. 邹亚，译. 上海：上海译文出版社，2005：197.

② 康纳. 后现代主义文化：当代理论导引[M]. 严忠志，译. 北京：商务印刷馆，2002：172-173.

③ 康纳. 后现代主义文化：当代理论导引[M]. 严忠志，译. 北京：商务印刷馆，2002：173.

的神话成为一个现代寓言。然而,《敦亚佐德》的故事框架并不是传统意义上我们所熟知的嵌套式框架,即大故事中套小故事,而是套在里面的小故事的结局恰好是外面大故事的结局。其在原有故事的主人公敦亚佐德、山鲁佐德、沙宰曼、山鲁亚尔的视角上增设了作者的视角,将情节放置在整个文学传统中,从历史的角度出发展开对现代文明的批判。这种含义颇深的结构比简单的情节——功能式故事更具艺术效果,山鲁亚尔将这种故事套故事的复杂结构称为"东方式的"。《敦亚佐德》的故事框架主要分为三个部分:第一部分是沙宰曼听敦亚佐德讲故事;第二部分是沙宰曼给敦亚佐德讲故事;第三部分是作者关于写这部作品的意图的自述。整个故事以敦亚佐德的回忆作为开端。"山鲁佐德,你真有一套。每晚我都坐在你的营养床脚,今天已是第一千个夜晚了。你和国王在床上风花雪夜(月),你还讲故事给他听。你现在讲的这个故事像小鬼的眼神一般吸引着我……我真希望能像你那样聪明。"①敦亚佐德回顾了三年来自己在山鲁亚尔和山鲁佐德床边听他们讲故事、说情话的场景。通过敦亚佐德给沙宰曼讲故事,山鲁佐德给山鲁亚尔讲故事,将读者带入古老的故事所承载的历史背景与传统之中。山鲁亚尔国王的弟弟沙宰曼发现他的新娘与别人通奸,他在盛怒之下杀死了新婚的妻子,而后去与哥哥国王山鲁亚尔生活。之后沙宰曼竟然巧合之下发现哥哥的妻子同样对丈夫不忠诚。于是兄弟俩不再相信世界上的任何女子,各自回国后每晚强暴一名少女,并在次日清晨将其杀死。其中一位大臣的女儿山鲁佐德为了停止这种杀戮,在妹妹敦亚佐德的帮助下,通过给国王讲故事进行劝导,成功地阻止了国王的疯狂行为,使国王恢复了理智,从而拯救了整个国家。巴斯在原故事叙述基础之上还增添了魔鬼形象,魔鬼的出现使得整部作品表现得更为生动,更具神秘感。山鲁佐德把劝阻国王的关键放在原始神话中的故事上,在搜集神话中有关谜语、秘密等故事期间,魔鬼找到她并教会了她讲故事的技巧。值得一提的是,《敦亚佐德》中的魔鬼跟山鲁佐德关系密切,引领山鲁佐德学故事、讲故事,但他并非像梅菲斯特那样拥有无所不能的神力,他和山鲁佐德一起研究第二天要讲的故事,有时他们也会无休止地讨论故事框架的问题。魔鬼认为,大故事与小故事之间的倒置关系会导致故事从内向外或者从外向内自相矛盾。魔鬼希望人们能超越故事套故事的传统模式,将他所设计的系列故事添加到文学宝库中。这个宝库的模式就是围

① 巴斯.客迈拉[M].邹亚,译.上海:上海译文出版社,2005:3.

绕一个中心故事引出下一个，再下一个，一个连一个，像是一连串的鞭炮一样。魔鬼给山鲁佐德讲的故事以及山鲁佐德给山鲁亚尔讲的故事都来自这个文学宝库。魔鬼认为《一千零一夜》的作者没有编造，他只是在叙述。“从我个人的角度出发。我承认，这是一个令人生厌的技术角度。我们即将结束的只是一个故事而已。你姐姐讲给国王的所有这些故事只是她自己生命故事的中点。我的意思是，不仅是她的生命，你的生命，还有山鲁亚尔的，还有他年轻的弟弟沙宰曼的，是你们大家生命故事的中点。”①魔鬼与敦亚佐德的对话旨在说明，故事的内容无穷尽，故事的结局无终点。古老的故事通过技术性复述能够形成新的故事，若运用宝库中的故事框架则可以无穷尽地创造焕然一新的故事。不论是遥远的《一千零一夜》中的故事，还是现代人的故事，都可以通过重述得到新生。

如果说《敦亚佐德》第一部分故事内容代表了历史迈向现实的第一步，那么《敦亚佐德》的第二部分内容超越了《一千零一夜》的框架，将国王沙宰曼这一角色变成了现代社会中的普通人，实现了历史向现实跨越的第二步。当敦亚佐德要杀他的时候，他给敦亚佐德讲述了一个故事，制止了敦亚佐德的复仇行为。“敦亚佐德用拿着刀片的那只手捂住眼睛，说道：‘您想让我怎么样？宽恕您？爱您？’‘是的，’国王高声说，两眼闪闪发光。‘让我们结束这黑暗之夜吧，结束男人与女人之间的敌视，结束那种不平等和冷漠造成的混乱，让我们接受那种爱情的真正悲剧式的观念吧！或许这是小说，但却是最深奥、最精彩的。珍惜我吧，敦亚佐德，就像我珍惜你一样！’……沙宰曼依然热情地说：‘我们拥抱吧，我们忘记仇恨吧，让我们爱到天荒地老，敦亚佐德。’……‘……爱情是崇高的，充满了快乐，充满了活力，其他都是致命的，让我们以同等的身份相爱吧。’”②《敦亚佐德》一改原故事中的残暴国君形象，一方面，沙宰曼成为一个完全接受了现代社会教化的文明人；另一方面，他成为一个坚守传统、对爱情忠贞不渝的人。如果说敦亚佐德的复仇行为代表了传统与历史的跨越与融合，那么沙宰曼对敦亚佐德的态度、对爱情本身的态度、对这个世界的态度则颠覆了原作中的传统价值观。但是，即使是这样的一个人，面对敦亚佐德也表现出无力与无助。他杀死王后之后，发誓与哥哥山鲁亚尔共同生活，随即再一

① 巴斯. 客迈拉[M]. 邹亚，译. 上海：上海译文出版社，2005：27.

② 巴斯. 客迈拉[M]. 邹亚，译. 上海：上海译文出版社，2005：49.

次陷入自己为自己设定好的圈套之中，最后竟把命运交付给敦亚佐德来把握，像极了现代社会中失去主体的行尸走肉。当传统神话中的人物走进了现代社会背景之下，发现现代社会中的人已经不再是中世纪阿拉伯世界中的人，现代社会与古代社会截然不同，如若山鲁佐德能唤醒山鲁亚尔人性中的美好，沙宰曼能唤醒敦亚佐德对爱情的理智，那么《敦亚佐德》演绎的也就不再是《一千零一夜》的故事了。因此，《一千零一夜》的故事结构不再是《敦亚佐德》的故事框架，而成为视野框架。《敦亚佐德》跳出了《一千零一夜》的架构，也代表着它跳出了历史与传统，是对整个文学传统的改写以及对传统价值观的反思。沙宰曼的视野代表了现代人的视野，他跳出了传统的束缚，但是最终又不能将自己同代表传统的敦亚佐德割裂，便试图用自己的爱与行动让古代与现代和解，让历史与现实并行。山鲁佐德与敦亚佐德希望通过民间故事和神话拯救现代人的精神枯竭，试图依靠一种超越历史与现实的想象力来改造世界以及生活在这个世界中的人。因此，讲故事的实质功能就变为拯救现代社会中失落的主体的一剂良方。但讲故事是需要技巧的，正如山鲁佐德所说的不能随意编造故事。因此，作者在第三部分讲述了他是如何处理《一千零一夜》这个古老的题材的。原著最后结束时讲述的是两对皇室夫妻在新婚之夜的次日清晨互道早安。但作者加入了一个情节，即这对夫妻在短暂的一夜时间内飞速地经历了一千个夜晚，在第二天的凌晨紧紧拥抱在一起。……敦亚佐德的故事开始于作者的故事中间、他生命的中点。这个故事的意义在于，开启宝库的关键就在于宝库本身。这种情节的设计又将故事的最后一部分作为一个新的故事的开始，因此故事就有了无限绵延性，历史与现实就是在这样的背景之下实现回归与跨越，体现了巴斯深刻的后现代意识，即通过重述神话实现对历史与现实的双向超越。

二、神话世界与真实世界之间

文学的真实不同于生活的真实，神话世界也不同于真实世界，因为带有文学色彩的神话总是被披上一层面纱，人们只有一层一层剥落面纱，才能揭示生活的真谛。对于生活在现代的人们来说，古代神话已经不具备原始的审美价值与道德价值。但对于主体崩溃的现代人而言，重温英雄的辉煌历程是他们摆脱精神危机、改变生命轨迹的尝试。在巴斯的神话重述中，现代人凭借古代英雄业绩重塑精神信仰，摆脱生活困境；古代英雄通过现代人的叙事将其故事流传，从而在神话世界与真实世界、古代英雄与现代普通人、现实与想象的张力之中实现跨越。巴斯重述古代神话不仅是对古代神话的戏仿，而且这种重述也在一定意义上改变了原有的故事形态，在《客迈拉》的两部中篇作品《柏勒罗丰》《英仙座流星》中，伴随着主人公柏勒罗丰、珀尔修斯对自己生命历程的探寻，历史与当下、神话与现实被放在一个共时性的时间框架之中，时间与空间颠倒，事实与虚构混同，古代英雄故事得以延伸到现代，形成了一条默比乌斯带，联结起神话世界与真实世界。

“柏勒罗丰，神话中的英雄，享有英仙座美名的佩尔修斯(珀尔修斯)是他的堂兄。他的故事，两条主线，并驾齐驱，如汹涌的潮水，奔腾不息。他两次骑上飞马珀伽索斯，在天空飞翔；……他两次希望，两次成功，死去时成为不朽的英雄。”①英雄柏勒罗丰的故事在凡间流传，人们永永远远地歌唱着英雄的美名。“烦恼，烦恼，我的一生以失败告终。我不是神话中的英雄，永远都不可能是。”②而现代人柏勒罗丰是一位潦倒的中年男子，一直以来都在学习古希腊神话英雄柏勒罗丰的英雄模式，希望以此建功立业，摆脱现实困境。“现在看来，你一生中最令人瞩目的事业就在你的身后，但是，神话中的英雄有谁没在四十岁时开始走下坡路的？尽管如此，我依旧认为很有可能你最得意的事业并不是最辉煌的，即使这一事业尚未进行，那也一定就在前方。我指的是能够使国家长治久安，家庭幸福美满，个人健康长寿，耐心细致地把理解变为智慧，积累丰富的经验，使之不断运用于对外、对内，以及个人政策的制定上。总之，所有这一切不仅使一个男人出名，而且让他变得伟大；不仅仅使他受人尊敬，而且让他受人爱戴，等等。”③然而，现实中的柏勒罗丰必须通过某种模式实现他的宏图伟愿。可以说，这种模式贯穿整部作品，既是柏勒罗丰从真实世界走向神话世界的媒介，也是普通人柏勒罗丰对古代英雄珀尔修斯经历的模仿。因此，《柏勒罗丰》的故事始于作者拾到小说《英仙座流星》。作者模仿了《英仙座流星》的讲述模式，详细记述了柏勒罗丰早年的冒险经历，同时为解决叙事方面的问题，又富有创造性地在叙述其后半生的经历时重复其前半生的经历。作品的基本数字结构不是七，而是五，即：三和二，它的几何式样不是对数螺旋，而是圆圈。此外，它的开头部分不仅呼应了《英仙座流星》的开头，而且承接了相似的戏剧结构，并用潮汐的变化来比喻人生的变化。故事中的柏勒

① 巴斯. 客迈拉[M]. 邹亚，译. 上海：上海译文出版社，2005：135.
② 巴斯. 客迈拉[M]. 邹亚，译. 上海：上海译文出版社，2005：136.
③ 巴斯. 客迈拉[M]. 邹亚，译. 上海：上海译文出版社，2005：137.

罗丰将自己36年的时间分成2个18年的循环、4个9年的循环，相当于两次潮汐涨落的时间，这和柏勒罗丰半生的生活和事业相吻合。此外，在人生经历上也构成了模仿。确切地说，第一次涨潮与退潮见证了柏勒罗丰斩杀客迈拉，建立家庭，经历了因为满足而变得日益烦躁的时期；第二次潮起与潮落描述了他离开利西亚后的冒险经历，他寻找草药，跨上飞马试图飞越奥林波斯圣山，直至生命的终结。“我按照先知所给的模式完成了我的故事，即使不像《英仙座流星》那般完美，我的故事也可以说是条理清楚，叙述简明。”①

柏勒罗丰坚信，重温过去的历史一定能超越现实存在。一个英雄不可能被完全模仿复制出来，人们之所以乐此不疲地学习和模仿，就是忽略了他们之间的特点和差异。柏勒罗丰一直在学习英雄的模式，他深知满足了英雄的必备条件也不一定就会成为英雄。尽管如此，他还是咬紧牙关，继续他的故事。凭借自己对英雄模式的记忆，重新组织他的生活。从这里我们认识到，对英雄模式的模仿不仅是对古代传统的坚守，同时也是古代英雄与现代人从神话世界走向真实世界、从真实世界走向神话世界的媒介。现代人凭借这一模式超越自身的理想与想象，古代英雄凭借这一模式超越了时空与传统，现实与想象使神话世界与真实世界在虚构的故事中凸显着一种张力，这种张力便促成了英雄柏勒罗丰与普通人柏勒罗丰身份的转变与切换。“我请求得到一份英雄模式的文字说明，还有我出去的路线图。”②同时，这种虚实相生的张力也让柏勒罗丰对英雄模式产生深深的质疑。“我一心想要完完全全地模仿神话英雄的生命轨迹，结果，我不但没有成为这样的英雄，反而回到了起点。我不是佩尔修斯(珀尔修斯)，我的故事也不是《英仙座流星》。即使我是佩尔修斯(珀尔修斯)，即使我的故事是《英仙座流星》，即使是这样，那又怎么样呢？羽化登仙才是神话，我不是，因为我是凡人。”③最终，柏勒罗丰不得不承认，人们的记忆可以改变很多事情。自此，柏勒罗丰从神话世界回归到真实世界之中。

除了上述所说的英雄模式的运用之外，历史与当下、神话与现实在《英仙座流星》中通过另一个独特的模式被放在一个共时性的时间框架之中，这个独特的模式便是“时空体”。时空体的概念最初源于乌赫托姆斯基和康德，巴赫金在他们二人的基础上通过对文学概念中时空体的界定来阐释文学作品中时间与

① 巴斯.客迈拉[M].邹亚，译.上海：上海译文出版社，2005：294.
② 巴斯.客迈拉[M].邹亚，译.上海：上海译文出版社，2005：165.
③ 巴斯.客迈拉[M].邹亚，译.上海：上海译文出版社，2005：303.

空间的统一关系，而后“时空体”这一概念随着巴赫金小说理论进入读者与学者们的视野中，得到了广泛关注。巴赫金认为，时间与空间密不可分，不存在没有时间的空间，也不存在没有空间的时间，二者具有统一性与同一性，其相互作用形成了一个完整的整体与相对的稳定模式。巴斯重述神话涉及古代、现代、历史、记忆、真实、虚构等内容，并通过“时空体”这一独特模式构塑了一个整体的世界观，即在时间上无限延伸，在空间上无限拓展。

首先，《英仙座流星》的文本叙述时间、故事时间和重述时间各不相同。这三个方面的时间构成了神话世界与真实世界之间的对比，也孕育了巴斯作品中独特的时空体。众所周知，史诗中的时间是一种连贯的线性时间观念，作者可以按照时间的逻辑安排连贯的故事情节。但是《英仙座流星》运用了倒叙的叙事手法，在故事动态发展的过程中将其分割成一个个碎片化的情节，自此割裂了故事的统一性与完整性。作者的创作就在过去、现在与未来之间切换。因此，古代与现代、历史与现实之间的界限渐渐模糊，形成了一个空间中包含着时间、时间在空间中穿行的网络。

其次，巴斯通过将时间引入空间来说明时间的空间化与空间的时间化这一问题。刚刚睁开眼睛的珀尔修斯发现自己躺在一间大理石卧房中央，房间从左侧的床脚延伸开去，像代达洛斯为科卡洛斯串起的法螺壳一般向空间盘绕，房间的四壁刻着浅浮雕作品。“每一组均比前一组宽一半，一共有七个系列，房间盘绕着，消失在浮雕的尽头。”[①]当珀尔修斯完全醒来时，他发现这七组浮雕记录的就是他的故事，从童年生活开始。于是，浮雕便逐渐引出珀尔修斯的回忆。浮雕上的故事从Ⅰ到Ⅶ，按照时间顺序不断延伸，每一组浮雕又分成了A、B、C、D、E……叙述了不同的故事，同时这些故事又在空间上不断拓展。珀尔修斯多次提及这些浮雕之间存在着时间与空间上的某种联系，因为通过某个浮雕又会联想到某一个画面，仿佛这些画面并不是按照时间的顺序排列，而是停留在空间这一平面上。浮雕越长，就表明被记录的两个事件发生的时间间隔越短。“从小规模的壁画Ⅰ-B(……)，到它邻近的那一幅Ⅰ-C(……)，中间只隔了一根柱子，却代表了将近二十年的间隔。在与它们相对的第二个系列中，壁画规模更大，间隔的时间却更短，从壁画Ⅱ-E到Ⅱ-F-1，中间间隔的

① 巴斯.客迈拉[M].邹亚，译.上海：上海译文出版社，2005：57.

小时就是我们看壁画之间睡眠的时间。”[①]以此比喻，珀尔修斯觉得历史就像不断回旋的罗盘，呈现出一圈缠绕一圈的模式，虽然相近却不相交，始终无法到达。时间变成了空间的螺旋结构，空间又充分显示了时间的延伸，借助浮雕这一载体，时间与空间实现了完美的结合。

最后，“这些作家身上呈现出的时空体式世界观，是能够将时间和空间结合来看待并描述生活的视角，能够在事物中读出时间的流变，并把固定着的空间视作在时间中变化着的实体。”[②]因此，《英仙座流星》中独特的时空体注定了珀尔修斯的故事永远不可能结束。因为这种共时性的时间框架可以在观照历史的同时，让作者的思绪瞬间回到现实。历史与现实、神话世界与真实世界无法区分。这种独特的艺术形式将过去、现在与未来放置在一个共时性的平面之中，三者之间建立起某种联系。有人将这种独特的模式称为默比乌斯带，即它的末端翻转 180 度之后与它的头部连接起来。《英仙座流星》以回忆作为故事开头，凭借浮雕回忆故事情节，似乎时间成了一个迷宫，演绎着种种可能。原本浮雕是卡莱希亚按照雅典娜的指示雕刻出来的，而如今雅典娜不再做出任何指示。“我的意思是，考虑到现在壁画展现在我眼前的速度——一天一幅——而每件事情发生的速度又是那么快，六天里我们已经重温了从宙斯的金雨到几乎最近的事情。这样，不久，或许任何一天，大理石壁上的历史就会到达我死去的那一时刻，赶上我目前的变形。”[③]读者完全可以将浮雕视为一种特定的书写形式，只是和传统书写相比而言使用了不一样的工具而已。这些浮雕不仅仅是纪事，而且是对历史做一种建构。很显然，浮雕与故事之间的关系形成了一种张力，参与了珀尔修斯人生故事的每一个环节。这种张力既指向过去，又指向未来，既指向神话世界，又指向真实世界。在时间与空间的双向作用下，神话世界与真实世界共同构筑了一个功能场，在这个场域中，空间在时间的流动中不断变化为各个情节与片段，时间则具象化为空间的艺术形象，最终珀尔修斯回到卡莱希亚身边。自此，默比乌斯带重合在一起。这一重合，实现了对神话世界与真实世界的双向拷问。也正是这种张力，凸显了该作品所反映的一个现代问题，即通过书写历史，实现对神话世界的复归。

---

① 巴斯. 客迈拉[M]. 邹亚，译. 上海：上海译文出版社，2005：99.

② 薛亘华. 巴赫金时空体理论的内涵[J]. 俄罗斯文艺，2018(4)：38.

③ 巴斯. 客迈拉[M]. 邹亚，译. 上海：上海译文出版社，2005：99.

三、古代英雄与现代人之间

神话之所以说是对现实的超越，就在于他运用虚构的意识将人们的现实生活演变为一场戏剧。但是，神话不是万能的，也有着其内在的局限性，神话的虚构意识使真实的自我与虚幻的自我之间矛盾加剧。由于现代人难以把控命运，因此在效仿英雄模式的同时会产生更为严重的人格分裂。柏勒罗丰的故事不仅是古希腊的神话故事，它既代表个体，也代表全人类。故事布局的背景既有天界和客迈拉山脉，也有现实世界中美国马里兰州多尔切斯特市的沼泽地。

“我失去了自我，成了一个冒牌货，继续我兄弟半人半神的生活。这不是我的故事，从来都不是。……在那些漫漫长夜里，对着她们如泣如诉的声音是柏勒罗斯的声音。他讲述的故事不是谎言，它比事实还要真实。”①处于人生低谷期的柏勒罗丰希望通过回溯英雄业绩再创人生巅峰，像英雄柏勒罗丰一样建功立业。“神话中的英雄有谁没在四十岁时开始走下坡路的？尽管如此，我依旧认为很有可能你最得意的事业并不是最辉煌的，即使这一事业尚未进行，那也一定就在前方。我指的是能够使国家长治久安，家庭幸福美满，个人健康长寿……总之，所有这一切不仅使一个男人出名，而且让他变得伟大；不仅使他受人尊敬，而且让他受人爱戴，等等。”②柏勒罗丰对古代英雄丰功伟业的崇拜与模仿，代表了现代人普遍的生存境遇与生存焦虑。无法摆脱个人危机的现代人只有通过“神话疗法”，建构一种超越现实的神话想象，扮演更多的英雄角色，希望通过这样的方式拥有英雄的美好品质和强大的精神力量，从而突破自己的局限，克服深刻的精神危机，把现实变为一场游戏，实现对神话与现实的双向超越。柏勒罗丰坚信，重温他过去的历史，以古鉴今，定将使他超越现在的自我。我们发现，故事中的主人公柏勒罗丰与作为叙述者的柏勒罗丰并不是同一个人，即有两个柏勒罗丰。现实中的柏勒罗丰在给他人讲故事，故事中的主人公又是被讲述的柏勒罗丰。因此，推动小说情节发展的矛盾冲突就产生在这两个柏勒罗丰之间，即我与自我之间、一个真实的自我与一个虚构的自我之间。

我与自我的矛盾见证了20世纪文学研究的一个核心主题：人格分裂，即

① 巴斯. 客迈拉[M]. 邹亚，译. 上海：上海译文出版社，2005：306.

② 巴斯. 客迈拉[M]. 邹亚，译. 上海：上海译文出版社，2005：137.

主体丧失之后的现代人面对的普遍的生存危机，人不得不面对的矛盾的生存境遇，且这种危机一直延续并成为后现代危机中最为普遍的一种存在形式。巴斯将其深刻的后现代意识熔铸到《客迈拉》三篇故事之中，将现代问题放置到整个文学传统中加以考量，那么这个问题就演变为对古今社会问题的对比与拷问。现实中的柏勒罗丰就在想象中虚构了一个虚幻的自我和一个在现实生活中无法实现的愿望，在想象中自我因欲望膨胀而迷失。于是，真实的自我和虚幻的自我之间的矛盾就转变成了现代人与古代英雄之间的矛盾。“波吕厄多斯，你能把我变成这个故事吗？让我永远成为柏勒罗斯，用他的声音，生生世世吟唱柏勒罗丰不朽的传奇。”①古代英雄凭借当代人的叙事使其自己的故事得以流传，当代人想借古代英雄的精神业绩摆脱现存的危机，如此一来，古代与现代、古代神话英雄与现代普通人之间通过巴斯重述神话跨越了彼此的界限，也熔铸出了巴斯的神话重述。

然而，作为现代社会的普通人并不具备古代英雄完整而统一的人格，普罗托斯曾对柏勒罗丰说：“‘大部分我所知道的英雄，’普罗托斯说，‘当他们出发的时候，对自己要斩杀的妖魔，或是要完成的使命心里均有一个明确的概念。像你这样漫无目的的还真少见。难道你从未怀疑过自己的真正身份吗？’”②柏勒罗丰身份的不确定性体现了现代社会的深层表征，同时也揭示了柏勒罗丰作为现代社会的一个缩影，凭借想象回溯英雄业绩、书写历史并超越现实的种种可能性。现代人势必首先学会一种模式，它能使现实中的人锻造成英雄。“我请求得到一份英雄模式的文字说明，还有我出去的路线图。”③然而，古代英雄大多是半人半神，这是实现英雄梦的第一步。波吕厄多斯负责承担为柏勒罗丰提供模式的任务。于是，柏勒罗丰将自己设想成海神波塞冬的儿子，并通过谋害父亲具有了英雄出身的合法性，由此开启了自己的冒险之旅。柏勒罗丰冒险来到了提瑞斯，提瑞斯王后安忒亚向柏勒罗丰求欢不成而因爱生恨。提瑞斯王后想通过与半人半神结合，生下半人半神的后代。她对半人半神英雄模式的期盼几近疯狂。她说：“既然我当不成英雄，我想，干脆就做英雄的夫人吧……虽说他不是半人半神，但也是被流放的王子，回来争取自己合法的继承权……等我明白他永远也不可能成为神话中的英雄时，我已为他生育了三个孩子，失去

① 巴斯.客迈拉[M].邹亚，译.上海：上海译文出版社，2005：307.

② 巴斯.客迈拉[M].邹亚，译.上海：上海译文出版社，2005：175.

③ 巴斯.客迈拉[M].邹亚，译.上海：上海译文出版社，2005：179-180.

了自己的锋芒。一切都太迟了，无法舍弃，无法重新来过……倘若不能成为英雄的妻子，那我就做英雄的妈妈吧。但似乎普罗托斯连一个普通的、凡间的儿子都生不出来。我四处寻找。我不介意我的堕落，我想和宙斯或是波塞冬同床共眠，哪怕只有一个晚上。显然，我缺少达娜厄(达那厄)和其他女人所具有的气质，但我现在已降低标准，不再把自己的选择范围定在奥林波斯圣山。如果找不到神祇，半人半神也可以。来吧。"①可见，提瑞斯王后安忒亚多么在意这种模式，这种模式对现代人具有极强的诱惑力。安忒亚认为她与柏勒罗丰的结合至少有八分之一神的血统，终究要强于凡人。"听了你的故事，我真的同情你，夫人。真的。但你知道，只有神祇和凡间女子交配，才能产生英雄。如果你找的这个人只是个像我这样的半人半神，那么，产生英雄的机会只有百分之五十。"②

神与神结合的后代只能是神。凡人与凡人结合的后代也只能是凡人。神和凡人结合的后代是半人半神。其他三种可能的结合包括神和半人半神的结合、半人半神和半人半神的结合、半人半神和凡人的结合。而正如柏勒罗丰所言，神和半人半神的结合、半人半神和半人半神的结合、半人半神和凡人的结合均有一半的机会产生半人半神的后代。这也正是安忒亚执着追求柏勒罗丰的原因。安忒亚追求英雄模式的癫狂状态也象征着现代人陷入身份焦虑之中无法自拔，这种模式犹如"戈多"一般，是现代人拯救其失落主体、超越现实的一种方式，也给丧失自我的现代人摆脱人格分裂提供了种种可能。事实上，对模式的追求尽管疯狂，但总好于没有模式的空虚无望，因为没有了模式的世界更加虚幻，更加难以把控，这便是现代人的困惑。

第二节　关于英雄模式的反思

上文中我们提到，叙述者柏勒罗丰和故事中的主人公柏勒罗丰之间的矛盾不仅引发了读者对"我与自我"之间关系的深刻思考，同时也再次将古代与现代的界限和矛盾摆在读者面前，即古代英雄与现代普通人都想跨越彼此的界限，

① 巴斯. 客迈拉[M]. 邹亚，译. 上海：上海译文出版社，2005：180.
② 巴斯. 客迈拉[M]. 邹亚，译. 上海：上海译文出版社，2005：180.

以摆脱当前的危机与生存境遇。就这样，古代与现代、神话与现实的矛盾纠葛构成了整部作品的艺术张力，从而引出了“模式”这个关键性问题。在《英仙座流星》这部小说的开头，叙述者柏勒罗丰便交代珀尔修斯是故事主人公柏勒罗丰所崇拜的英雄，从故事主人公柏勒罗丰到英雄柏勒罗丰的转变就是从模仿珀尔修斯的经历开始的。实际上，在古今相遇的对比中，无论是柏勒罗丰还是珀尔修斯，他们都只是一个符号而已，他们可以是一个人，可以是一群人。当然，他们也可以指代任何人。他们就是现代人的典型，通过想象和书写来超越现实，创造出另一个自我，而另一个自我正是从学会英雄模式开始的。卡西尔从人类文化的本质出发，认为人类活动本质上是一种“符号”或“象征”活动。正如故事主人公柏勒罗丰对英雄模式的模仿过程代表了符号活动的组成和生成，而从作为凡人的珀尔修斯、作为神话英雄的珀尔修斯，到作为星座的珀尔修斯的转变，也预示了基于人类种种经验而趋向一个共同的目标——塑造“人”。然而，这个模式却是一把“双刃剑”，它既可以将一个普通人塑造成一个英雄，也可以把一个人囚禁于这个模式之中，毕竟“英雄”在卡西尔看来也只是一个符号化的表达罢了。

一、作为神话英雄的珀尔修斯

古希腊神话中的英雄珀尔修斯有着传奇的经历，他是众神之父宙斯与凡间女子达那厄的儿子。他首先在阿特拉斯山与福尔库斯三女神巧妙周旋，打探到了冥河女神的所在之地，并且找到了隐身盔甲和神囊这两件宝物。之后他全副武装去寻找美杜莎，将其头砍下。返回途中，他救了一名叫安德洛墨达的美女，她是国王刻甫斯的女儿。珀尔修斯将安德洛墨达从海妖刻特斯的手中救出，自此二人结为夫妻。几千年来，珀尔修斯一直被视为希腊神话中的英雄，并成为文学史上一个经典形象。

《英仙座流星》由珀尔修斯向卡莱希亚讲述自己的事迹开始，将叙事重心聚焦在古希腊神话英雄珀尔修斯身上。半人半神的珀尔修斯可谓是万人敬仰的英雄，其英雄壮举令世人为之赞叹。但这个英雄距现今太过遥远，尽管为世人所效仿，如今却只能成为一个虚幻的影子。古老的神话在若干年前从未被人质疑，然而在现代社会，当科学与理性打破甚至毁灭了神话，现代人不得不面对一个异化的、枯竭的世界。因此，从某种程度上说，古老的神话已不具备审美与道德意义。对于巴斯而言，理性与文学的枯竭迫使他重新走向神话世界，借用古代神话表现现代人的生活与困惑，即借用古代神话故事的框架，以当下的生存状态为参照，揭示现代人的生存困境，挖掘问题根源，从古代神话故事和英雄形象中去寻求解决当下社会问题的路径。因此，巴斯笔下的珀尔修斯在不惑之年，决定重温当年的英雄之路。巴斯通过戏仿原有神话故事，对原有神话进行颠覆性解构，将古代英雄珀尔修斯拉近并置于我们普通人的生活之中，对英雄珀尔修斯生活的描述也将历史引入了现代。因此，古代与现代在一个共时性平面中展开了对话，古代的英雄模式为现代人的回归提供了无限回溯的范例，同时现代人也通过重温古代英雄历程获得了鲜活的生命体验，这种生命力将成为人类书写生命与历史的不竭动力，也将为枯竭时代的文学创作添加无限的想象力与创造力。

二、作为凡人的珀尔修斯

数年之后，珀尔修斯已届不惑之年。他认为自己被女妖美杜莎的目光所伤导致身体每况愈下，期待找到治病的良方，但这需重温当年的英雄之路。此时，英雄模式与英雄业绩不再是作品关注的焦点问题，相反，作品更多关注的是作为凡人的珀尔修斯的中年状态和他的心理变化。“夜晚，我从睡梦中醒来，想象自己脱离了凡间，步入天界。……长久以来，我迷失了方向，遭人遗弃……我不知道我到底在哪里，也不知道自己欲往何处去，我完完全全迷失了方向，开始产生幻觉，哇。在我过去的飞行岁月里，那时我还年轻，我从书本中学会了遇险时的求救方法。我在沙丘上踩出一个硕大的英仙座流星，却忘了自己到底要做些什么。写作使人安宁。…… 我已是垂死之人，如果我的求救信号能够通过这一行字变成一幅双头怪蛇状的壁画，接下来会发生什么事儿呢？我生来就是一个喜欢不断修正的人，即使死去，也是这样。当我回头看着自己写的字时，一阵清新的东风从我身体后右侧，即我双眸凝望之处吹来，吹散了我所注目的字母 A。我因此得到启发，把整个名字擦掉，在动词和宾语间那片邪恶的空间徘徊。我继续擦着，抹掉一切。我冲着自己这个疯子道：别再写‘爱’这个字，也不会再有爱情。抹掉一切，也抹掉自己，抹掉自己的一切。那时我已忘了自己是谁。我再一次迷失在第二个空间之中。”[①]很显然，作品中的叙述者不是英雄珀尔修斯，而是凡人珀尔修斯。凡人珀尔修斯的一段感慨道出

① 巴斯. 客迈拉[M]. 邹亚，译. 上海：上海译文出版社，2005：55-56.

了处于中年危机的普通人的生存状态，尽管已是垂死之人，却依然坚持不断修正自身，欲通过重温英雄业绩来焕发生机，并以此来摆脱自身焦虑。那么，凡人如何能重温古代英雄的业绩呢？答案就是重述神话。

此外，重述神话又引发了我们对下一个问题的思考，凡人珀尔修斯通过什么方式重述神话？那就是写作。作品中曾不止一次提及珀尔修斯觅食的同时还坚持在沙丘上写字。这里的写字即写作，写作可以使珀尔修斯内心平静、安宁，可以帮助他从焦虑、迷惘的状态中挣脱出来。在珀尔修斯看来，写作已经与他的生命状态紧密相连。“我无心治理国家。虽然我的威望还在，但我满头金色的卷发已失去了往日的光泽，我取得美杜萨(美杜莎)的首级已是二十年前的事了，我体重多出了二十公斤，并且感到行动迟缓。还有半生的光阴，我感到自己备受束缚，像桎梏在达娜厄(达那厄)的子宫里，桎梏在波吕得克忒斯的铜制箱子里。……我确信，我有些恐慌，询问医生，这是否是美杜萨(美杜莎)眼睛放出的射线带来的后遗症。‘是关节老化的缘故，’那个老家伙说，有道理，他让我忘记戈耳戈女妖，戒酒，还要多运动。但是，猎杀野兔怎能和斩杀妖魔相提并论呢！我晚上睡得太迟，酒喝得太多，用手中的权利(力)，强行要求每天晚上都要有人听我讲述自己的英雄事迹。……在我看来，如果我仔仔细细回顾那些事，或许我会找到某种模式，找到问题的关键。”[①]表面看起来，珀尔修斯是在给卡莱希亚讲述自己的故事，一方面展现自己当下的生存状态，另一方面书写自己既往的历史。同时，他也在书写自己的未来。珀尔修斯书写历史体现的是对历史深刻的反思和觉悟，而非代表着可以任意修改或者篡改历史。古希腊神话中的美杜莎是一个头上长着毒蛇的女妖。传说谁看到她的眼睛谁就会立刻变成石头。然而，珀尔修斯却将女妖美杜莎塑造成温柔的卡莱希亚。雅典娜将美杜莎的头颅和肉身合在一起，并使其与珀尔修斯成为情侣。美杜莎形象的改变以及她对珀尔修斯的爱恋是对现代理性最致命的一击。古代神话距离我们久远，甚至被抽象为我们想象中的一种文化符号，对于现代人来说，这些神话可能已经不具备审美的功能与意义，但是这些抽象的文化符号却昭示着我们对人的存在的深度思考。独立于我们真实的理性世界之外，是否还存在着一个被人类建构的神话世界？这个世界，让人们真正地了解自己所处的位置，为人类冲破理性的束缚打开一扇门，为人类摆脱困境与危机提供了一条路。因此，

① 巴斯.客迈拉[M].邹亚，译.上海：上海译文出版社，2005：67-68.

重述神话、重写历史也熔铸了巴斯对现代人的一种生存本体论的思考。

三、作为星座的珀尔修斯

从作为凡人的珀尔修斯到作为星座的珀尔修斯的转变，伴随着珀尔修斯与卡莱希亚之间特殊的爱恋关系而展开。卡莱希亚具有双重身份，既是珀尔修斯的情人，也是壁画的雕刻者。作品的开头是由卡莱希亚指引珀尔修斯观看浮雕而展开的，然而浮雕并不是按照故事发生的顺序而排列，而是需要观看者通过回忆昨天发生的事情和有可能发生的事情展开联想。这些浮雕是卡莱希亚按照雅典娜的指示雕刻出来的。“在我的一再追问下，她承认，神殿里的所有壁画都出自她手，这些年里，雅典娜不断派她的信使前来下达对壁画的具体指示。那时，她并不仅仅是神祇们、神庙，以及狂热信徒们的女仆，执行者，情人，她还是为他们编写历史的艺术家。”①如果把卡莱希亚的浮雕当作历史书写的重要见证，则可以说浮雕既参与了珀尔修斯作为英雄的纪事，也将参与珀尔修斯未来的人生。卡莱希亚作为浮雕的雕刻者，既是回溯珀尔修斯英雄之旅的书写者，也是珀尔修斯化为星宿的建构者。“你的目标怎么可能就是重新做回佩尔修斯（珀尔修斯）呢？因为，要想实现你的目标，你必须是佩尔修斯（珀尔修斯）。”②女妖美杜莎得到了雅典娜的宽恕，女神将她复活并恢复了她的容颜。珀尔修斯和美杜莎一起升入天界，化身为闪闪发亮的星星，在浩瀚无垠的天际永远相伴。

回到现实中，卡莱希亚告诉珀尔修斯：“你真正想要的是，重新回到二十岁，和安德罗墨达（安德洛墨达）在一起。”③深处中年危机的珀尔修斯，特别怀念和安德洛墨达在一起的美好时光，那段日子是他的高光时刻，他认为只要能和安德洛墨达在一起，就能实现一切，重回旧日美好辉煌的岁月。这便是回忆的目的。于是，珀尔修斯在寻找安德洛墨达的过程中离开了卡莱希亚。但珀尔修斯发现安德洛墨达对他已经完全失去了兴趣，他的寻找以失败告终。最终，他还是回到了卡莱希亚身边。“这种方法很老套。现在我敢说，整个故事都很老套。但就是这个样子，当时我们是原型，不是模仿；是现实，不是神话。你

① 巴斯．客迈拉［M］．邹亚，译．上海：上海译文出版社，2005：78.
② 巴斯．客迈拉［M］．邹亚，译．上海：上海译文出版社，2005：96.
③ 巴斯．客迈拉［M］．邹亚，译．上海：上海译文出版社，2005：103.

的石雕作品，当时是现实主义的，我敢打赌，现在它是具有传奇色彩的。”①由此可见，珀尔修斯的英雄历程实则是人类自身对生命历程的不断探索。在探索的过程中，珀尔修斯深切地体会着来自卡莱希亚的真实爱情。“我的爱人，这只是一个收场白，永远在结束，但永远都无法结束，就好像(我不道歉)壁画Ⅱ-G，在无尽的时空中绵延。我的命运就是能够从我无尽的爱情经历中想象出无尽的美。我能以非凡的想象开始，可以以此为源泉，那是一条无法想象，价值连城的证据：美杜萨(美杜莎)，在四等量英仙座流星之上，我手里握的是什么：我握于手中的不是毒蛇，而是女人漂亮的头发。我很满足。问题到此为止，我们的纯洁关系开始：我们已经变成，像我们舌尖涌出的乐符，这些默默无语，明亮闪烁的星辰；变成听众所能看见，所能明白，所能解析的故事；把你带上天空，永远高挂在那儿，知道我们的故事永远不会中断，只要男人和女人抬头仰望夜空，我们将永远重复我们的故事。我很满足。”②对于珀尔修斯而言，他是靠回忆讲故事，通过讲故事实践人生。

实际上，珀尔修斯和芸芸众生一样，一直致力于探寻人生的意义之所在，当找不到出路的时候又会重新开始。那么，这个探索与实践的过程既是人类创造历史的过程，也是人类创造生命的历程。“我只能告诉你，我们在故事的高潮时刻并没有死去，我们只是在这儿开始了我们神祇的生活，我们一起聊天。在下面的凡间，我们作为凡人的生活已经结束，或者说，早已完成——分分合合，亦喜亦悲，美或是丑。那都是另一回事，另一回事。”③因此，珀尔修斯的生命历程告诉人们一个道理，只有回到过去，才能获得生命活力；只有回到过去，才能成为星宿；只有回到过去，才能更好地开创未来。这又何尝不是对现代文明的反思呢！

第三节 “反英雄”神话的现实

一直以来，在西方文化传统中，神话英雄的崇高形象在文学史上熠熠发光，很大程度上影响了西方文学的演进与发展。自古希腊时期开始，英雄便被

① 巴斯.客迈拉[M].邹亚，译.上海：上海译文出版社，2005：126.
② 巴斯.客迈拉[M].邹亚，译.上海：上海译文出版社，2005：131.
③ 巴斯.客迈拉[M].邹亚，译.上海：上海译文出版社，2005：131.

赋予了坚毅的品格，他们崇尚真、善、美，他们骁勇善战、刚直不阿，成为崇高的代名词。随着社会的发展与文化的演进，英雄形象逐渐弱化，“反英雄”作为一个新型主人公形象登上文坛。“反英雄”（anti-hero）不同于“非英雄”（non-hero）。“非英雄”是指20世纪初期小说中主人公的性格特征，而“反英雄”是指后现代小说中的人物形象。“非英雄”与“反英雄”都不具备传统英雄高尚、伟大的品质，其自我常常处于一种分裂与异化状态，与现实社会格格不入。

与传统的英雄形象相比较，“反英雄”传达出一种与传统相悖的特征，它解构了传统英雄形象的文化功能，瓦解了英雄身上的光辉和崇高，表现出玩世不恭、消极堕落、精神苦闷、荒诞虚无等反叛情绪，并呈现出极其复杂的矛盾心理。如《烟草经纪人》中的埃比尼泽·库克、亨利·伯林盖姆、约翰·史密斯，三个人物身上折射出人的存在的普遍性问题，即人的价值观念与信仰危机。诚然，这也从侧面烘托并反映了整个现代社会的大环境以及重压下的人类境遇，既是对现代人灵魂的拷问，又表达了一种深刻的荒诞感。就其实质而言，“反英雄”是对英雄品质、行为乃至性格的改写，一方面是对源文本中的英雄进行重塑；另一方面强调了“反英雄”与崇高的对立。他们身上体现了强烈的反叛性、悲剧性与荒诞性。

一、“桂冠诗人”埃比尼泽·库克

库克是一个在充满尔虞我诈的境遇中遭遇不幸的天真的烟草经济人，这一形象与《尤利西斯》中的布鲁姆相仿。库克性格幼稚、愚笨、自负、无知，淋漓尽致地展现了现代人精神与肉体的流浪，表现出与新世界格格不入。然而就是这样的一个人，在艰难时世中企图通过文学创作将自己塑造成“桂冠诗人”，以夺回失去的领地，结果却成为名副其实的“反英雄”，体现了其深刻的反叛性。

库克与安娜是一对孪生姐弟，出生于殖民地时期的美国马里兰州烟草种植园家庭。其母亲分娩后便抛下两个孩子离开了人世，姐弟俩在父亲安德鲁的安排下跟随家庭指导教师亨利·伯林盖姆学习。后期父亲怀疑伯林盖姆对女儿安娜图谋不轨，并认为儿子库克一事无成皆为伯林盖姆所害，随即将伯林盖姆赶走。自幼姐弟二人共住一室，彼此陪伴，难以分开。即使到了青春期，差别也仅呈现为各自性别与生理表现的不同。这期间，只要提到让他们姐弟二人分房间居住，就会遭到他们强烈抗议。童年朝夕相处、亲密无间的生活经历给后来库克和琼的姐弟恋埋下了伏笔。库克对自己的人生举棋不定，对未来缺乏明确的目标。奉父亲安德鲁之命，他赴美洲莫尔登管理种植园，路途中历经坎坷。于1670年来到剑桥，结识了莫尔、牛顿等大学者，并在与伯林盖姆的交谈中感慨自己没有珍惜学业。“你讲的事情多么叫我感动，多么叫我羞愧，你这么努力而没有实现的东西，我却在无所事事当中让它溜掉啦！但愿上帝再给我一次机会！”①伯林盖姆劝说库克要树立人生的方向，不能混沌度日，虚度光阴。库克接受劝告来到伦敦，靠做家教来糊口。父亲安德鲁得知这一情况后，将儿子送到彼得·佩根的店铺当学徒，以待其接手莫尔登的烟草生意。库克对学徒生活毫无兴趣，自然也就一无所成，他花一个礼拜的时间趴在写字台上写诗。对于库克作诗一事，库克是诗人与否，充满了争论。麦克沃依曾微笑着说：“不管怎么说，由于他所作的诗我连一行都没有听到过，我没有证据说他是一个诗人。”②琼补充道：“我也没有别的证据说他不是个诗人。”③库克对琼起誓，自己将成为英格兰的桂冠诗人。满怀对琼的爱恋，库克拿起鹅管笔，没有费什么力气，写下了一首诗：

“无论是普里阿摩斯对特洛伊颓城，
安德洛玛刻对自己活泼的子嗣，
还是尤利西斯对他贞洁的珀涅罗珀，
都没有我对您所怀抱的爱，亲爱的琼儿！

正像冷若冰霜的塞墨勒珍视恩底弥翁，
菲德拉爱上醉人的继子希波吕托斯，
热恋着您的他呀，还是童身，所以，
乞求您，就爱我白璧无瑕的童贞。

我的浑然无知，绝不是吝啬的天赋，
而是上天赐予，无法赔偿；
不是金碧辉煌珍藏里撷取的珠宝，
一旦失去，将万劫不复。

① 巴思.烟草经纪人[M].徐朝友，李自修，译.南京：译林出版社，2015：37.
② 巴思.烟草经纪人[M].徐朝友，李自修，译.南京：译林出版社，2015：67.
③ 巴思.烟草经纪人[M].徐朝友，李自修，译.南京：译林出版社，2015：67.

保存童贞，童贞就保存了我，
不受生与死、时间与历史的折磨；
没有它，必将沦为凡人度日，
开始生活，也开始死亡。”①

他在稿纸上写道：埃比尼泽·库克，绅士兼英格兰桂冠诗人。他得意地宣称，这首诗真是精巧、完美的作品。这是人们第一次见到库克的文字和桂冠诗人的字样。自此，库克便成为人们口中的“诗人”。收到父亲安德鲁的一封家书后，库克与老仆伯特兰赶赴莫尔登，途中写了几节忧郁悲切的诗，并署名：埃比尼泽·库克，绅士兼桂冠诗人。库克第三次以诗人的身份自居则是上书给巴尔的摩勋爵三世和马里兰第二任领主查尔斯·卡尔弗特。书信内容如下：

“几天后，我拟乘‘波塞冬号’船赴马里兰，目的在于经营家父在多切斯特郡被称为库克岬之田产。登船前，倘蒙阁下召见，于阁下或许并无大碍，而对我则不胜荣幸。如此，一则可以进一步探究在下之某些计划(冒昧说一句，这些计划绝不会使阁下全然不悦)；一则可以从阁下处得悉(完全值得这样说)，在贵地何处方可觅到高贵华胄、旨趣相投之人，以便切磋诗歌、音乐和谈锋等最为风雅之韵事，伴我度过闲暇时光。无此，生活将了无趣味，鲜能忍受者耳！匆此恭候阁下之回音。您的，

最最谦卑恭顺之奴仆
埃比尼泽·库克”②

库克在反复思忖之后，把“诗人”二字加在姓名的前面。此时，库克认为没有必要为了无谓的谦虚去否认或者隐瞒自己的身份，把自己的名字前冠以“诗人”称号，原因根本不是虚张声势或者爱慕虚荣。库克说不要在意他干了什么，记住他是诗人。诗人是人类重要的朋友，是诗人将特洛伊的故事和阿伽门农的功绩谱写成诗歌，让世人千秋万代地吟咏歌唱，让无数次重要的征战没有掩埋

① 巴思.烟草经纪人[M].徐朝友，李自修，译.南京：译林出版社，2015：85-86.
② 巴思.烟草经纪人[M].徐朝友，李自修，译.南京：译林出版社，2015：100.

在历史的尘埃之中。也只有诗人，能在诗歌中尽情容纳一个大家族的兴衰和一段光辉灿烂的历史，让后世铭记并从中获得精神的愉悦和前行的力量。因此，库克决心将他们谱写成诗歌，写一部《马里兰纪》讴歌民族的奠基者、光明的携带者、蛮荒的征服者。其请求得到了巴尔的摩勋爵的批准，1694 年，库克被正式授予马里兰桂冠诗人的称号，获得委任状，并以此身份撰写马里兰的史诗。老仆伯特兰郑重地告诉库克："历史多半是由幕后握手写成的，而不是由打仗、议案和公告写成的。"①"历史是在卧室里创造的，不是在朝廷上创造的。"②初出茅庐的库克对于历史、对于这个世界充满着天真的幻想，直到他在美洲历经艰险，几次遭人陷害险些丧命才逐渐认清人世的真相。许多人认为巴尔的摩勋爵想策划以清教为主的马里兰殖民地皈依天主教，而作为撰写《马里兰纪》的库克恰恰成为其代言人。库克在这片光辉的土地上看到的是对待黑人与白人的双重标准，滑稽而又虚伪的法律，白人嫖娼、强奸、欺诈、谋杀、亵渎神灵、走私烟草，黑人无知地吸食鸦片、被操纵、被凌辱。在马里兰，残酷的现实连"基督"也无能为力。库克天真地以为法庭有庄严的标准和程序，法庭能赋予人们公平与正义，最终就是这样的法庭让库克倾家荡产。"'我们效忠的不是教皇的事业，而是巴尔的摩的事业：正义的事业。''千真万确。'诗人表示认同，'可谁又能说得准，哪一项事业才是正义的事业？正义是盲目的。'"③库克由衷地感慨，正义、真理和美不存在于世界上，而是脱俗的实体，本位纯真。友谊只不过是人与人之间的一场闹剧，人除了背信弃义，别无所长。人性里美好的东西并不多。就库克对马里兰的认识以及库克对世界的了解，试比较以下三首诗歌：

巴尔的摩勋爵接见库克的场景：

"马里兰美德绝世无双，
她的居民最仁慈，
他们的教养盖世无双；
她的住所最宏伟；
她的客栈最殷勤、最舒适；

① 巴思. 烟草经纪人[M]. 徐朝友，李自修，译. 南京：译林出版社，2015：149.
② 巴思. 烟草经纪人[M]. 徐朝友，李自修，译. 南京：译林出版社，2015：333.
③ 巴思. 烟草经纪人[M]. 徐朝友，李自修，译. 南京：译林出版社，2015：522.

她的田野最富饶；
她的法庭最威严；
她的商业最旺盛……
——埃比尼泽·库克，绅士，马里兰桂冠诗人。"①

经历坎坷后，悲哀与愤怒交加的库克：

"命运多舛，举步维艰，
朋友无义，钱财骗完，
重重罹难，潘多拉的盒子也嫌小，
我离开了阿尔比恩的岛，
心情忧伤，
无奈离开故土，远走他乡，
与这熟悉的旧世界说再见。"②

库克用烟草经济人之构想写下的一首讽刺诗：

登上船，等待着风起，
抛开这等苦难的记忆。
愿漂洋过海的杀人越货者，
惩罚这些蛮人，就像他们对待我一样的制裁；
愿船只不要来马里兰，
挨近这片无情无义的海岸，
就让他们去饿死完蛋，
愿他们总是这样活该受难：
愿他们变成奴隶，或者印第安野人，
杜绝贸易，脱离交流，也没有幸福可寻；
不知道上帝，愿他们去敬仰太阳，

① 巴思. 烟草经纪人[M]. 徐朝友，李自修，译. 南京：译林出版社，2015：613.
② 巴思. 烟草经纪人[M]. 徐朝友，李自修，译. 南京：译林出版社，2015：613-614.

陷入异教徒迷信的恐慌，
惶惶不可终日——
愿上帝发怒，把这片土地夷为蛮荒，
因为这里没有男人的忠诚，
更没有女人的贞洁！①

后现代语境下的“反英雄”是对英雄的改写，更加注重对主人公“反英雄”特质的刻画，诸如逃离崇高、回避伟大、躲闪庄严。“反英雄之‘反’代表了一种崇高的反方向滑动。《夏》中的反英雄形象既源于一种对英雄的重构，也强调了反英雄之‘反’是如何运动的过程。”②决心记载马里兰州光辉历史的“英雄”库克，在经历了世事沧桑之后变成了一个新的英雄，即“反英雄”。在精神的碰撞与肉体的绞杀中，他陷入种种困惑矛盾之中，不得不通过文学创作摆脱精神危机。“在所有艺术和科学中，只有文学才把人的经验和行为——由出生至死亡，自帝王到下等妓女，从城市的毁灭到放屁——的方方面面，以轻重缓急不同的种种人类问题作为自己的领域。只有在文学当中，才能发现诺亚的祖先，亚该亚人的船只，等等，都同样给小心翼翼地罗列了下来。”③可是相对于库克而言，文学并不产生特别实际的作用。尽管文学能在某种程度上帮助人们在精神上获得一定的解脱，但却不能从根本上解决问题。他思索的是一个比文学更为复杂深刻的问题，文明与野蛮之间的较量是促进了人类历史的进步还是倒退？“桂冠诗人”埃比尼泽·库克最初创作了一首以歌颂马里兰州为主题的诗歌《烟草经纪人》，但是该诗却演变成一首有关政治腐败的讽刺诗。1708 年，库克发表了《烟草经纪人》的续篇，全面描写了马里兰州的市井生活。次年，《烟草经纪人》再次被重写，其主题实现了回归，为马里兰州人民的光辉业绩与奋斗历史大唱颂歌。《烟草经纪人》的内容吸收了大量的史料，有些资料在马里兰州档案馆可以得到查证，有些资料的记载也出现了多个版本。巴斯借“桂冠诗人”埃比尼泽·库克的作品向我们揭示一个深刻的哲理：历史文献的虚构性，即历史记录无法提供对历史事件的准确解释。库克创作的诗歌本质上是对历史的扬弃，这种扬弃又以真实与虚构结合的方式体现出来。依《烟草经纪人》内容所示，历

① 巴思. 烟草经纪人[M]. 徐朝友，李自修，译. 南京：译林出版社，2015：619-620.
② 郑永旺.《夏伯阳与虚空》：一个反英雄的神话[J]. 外语与外语教学，2008(7)：42.
③ 巴思. 烟草经纪人[M]. 徐朝友，李自修，译. 南京：译林出版社，2015：243.

史与小说同源，所有的历史都是虚构，而所有的小说都包含历史。历史的真实究竟在哪里？这便是“桂冠诗人”要探寻的真相。

二、“优秀教师”亨利·伯林盖姆

伯林盖姆是一个年纪二十出头、眼睛棕黄、皮肤黝黑、充满活力、待人热情的年轻人。由于某些原因他没有得到学士学位，但他才华横溢、知识渊博，文中记载其才赋不亚于亚里士多德。起初，他在安德鲁家给安娜和库克做家庭指导教师，善于发挥自身所长，因材施教。伯林盖姆酷爱演戏，教授历史时便引导孩子们通过演戏了解历史事件，教授地理时便拿出几卷附有异国情调插图的冒险故事集，提高姐弟二人的逻辑思辨能力，甚至还用笛卡儿的怀疑主义理论演示悖论。在他的教导下，这对孪生姐弟对这个世界产生了强烈的迷恋和求知欲，伯林盖姆因此成为“优秀教师”的典范并深受库克一家爱戴。但这位教师与姐弟二人之间渐渐形成了一种畸形变态的爱恋倾向，他既爱安娜，又爱库克。安德鲁发现这其中的端倪之后，果断辞退了伯林盖姆。于是，小说中多次记载伯林盖姆流离辗转于多个城市之间。但有趣的是，每一次库克遇到险境时，伯林盖姆便像上帝一样即刻出现在库克面前。而当库克脱离险境后伯林盖姆又消失得无影无踪。伯林盖姆作为库克的精神导师、生活导师，其时隐时现的身份，使小说情节更加扑朔迷离。

伯林盖姆的教育理念和授课方法灵活多变，但也并非十全十美。在他的指导下，库克对史诗、历史和希腊神话产生很大兴趣，但却弄不清楚童话和地图中的地理概念之间的区别，无法以严肃认真的态度对待知识与历史。加之其自身性格的缺陷，库克并不能在枯燥的学习中做到自律，对这个真实的世界既抱有幻想又心存怀疑。伴随着库克的学习与成长，伯林盖姆的身世之谜也渐渐随着情节发展不断浮动。被辞退后，伯林盖姆消失了整整三年。在库克学业最糟糕的阶段，伯林盖姆出现了并给予库克一些忠告，忠告的本意在于鼓励，但是却起了相反作用，令库克丧失信心，陷入绝望之中。“‘无论在什么重要的事情上，我都没有办法下定决心。咳，亨利，我当时多么需要你的忠告！你本来可以免除我的多少痛苦啊！’……伯林盖姆断然说，‘我爱你，这你很清楚，埃本，我把你的苦恼当成自己的苦恼。但是，用忠告来治疗你的疾病，我敢说，却是用错了药。”①重逢之后，伯林盖姆讲起了自己的身世经历。“我是哪儿生人，什么时候出生——想必是生在一六五四年——我没有丝毫印象。更不知道是哪个女人怀上了我，或者说是哪个男人叫她怀上我的。我是由一个布里斯托尔的商船船长和他妻子抚养大的，他们没有孩子。我猜想，自己不是出生在美洲，就是出生在西印度群岛，因为我不过三岁时，最早的记忆是一条海洋航道。夫妇俩名叫撒尔芒——艾弗里和梅丽莎·撒尔芒。”②安德鲁认为库克在伦敦一事无成系伯林盖姆所害。于是，伯林盖姆又一次消失在库克的视野中。库克为了料理房产并执行巴尔的摩勋爵的命令乘船前往美洲，再次巧遇伯林盖姆，并随伯林盖姆一同寻找身世线索。据伯林盖姆回忆，当他还是两三个月大的婴儿时，不但身体赤裸着，手脚还用生皮绑着，而且身上还有水手一样的文身，用红色的小写字母写着“亨利·伯林盖姆三世”。这是有关伯林盖姆身世的最初记录。伯林盖姆试图翻遍海关和其他州的所有档案，找出马里兰州所有姓伯林盖姆的人。有人说，伯林盖姆是个私生子，有人说伯林盖姆一家是第一批移民并且还是骑士，还有个姑娘发现了亨利·伯林盖姆手写日志上的几页纸头。在日志第一页上方赫然写着：亨利·伯林盖姆爵士私人日志。而后我们得知该日志是残缺的，且标题也是伯林盖姆后添加上去的。约翰·史密斯船长在《通史》中没有找到一处提到伯林盖姆的文字。因此，亨利·伯林盖姆究竟是不是亨利·伯林盖姆三世或者亨利·伯林盖姆爵士还有待证明。通过前文我们得知，伯林盖姆酷爱演戏且擅长篡改文字内容，他不仅私自篡改日志内容，为自己虚构了亨利·伯林盖姆爵士这一身份，且在寻找真实身份的过程中呈现了多变的身份。伯林盖姆曾冒充过库克，在布拉格书店里伪装成彼得·塞耶，冒充过巴尔的摩勋爵的朋友和他的对手。在佩里·布朗的“贝利号”船上，为了拦截信函，伯林盖姆还在本·里科那个呆子面前装成过库德，甚至还伪装成巴尔的摩勋爵委托库克写马里兰州颂。“伯林盖姆叹了口气，稍一沉吟，答道：‘出于种种原因，我习惯了用别的名字，或者是借用的，或者是杜撰的，而不用自己的名字行事。让库德知道我的名字，甚至我的存在，没有什么好处。再说，我也想迷惑他和他的密探。……事实上，埃本，自从一六八七年我开始玩弄权术以来，除了理查德·希尔、巴尔的摩勋爵，还有你自己外，谁也不知道我的姓名；而权

① 巴思. 烟草经纪人[M]. 徐朝友，李自修，译. 南京：译林出版社，2015：20.

② 巴思. 烟草经纪人[M]. 徐朝友，李自修，译. 南京：译林出版社，2015：22.

术本身又大大改变了我，以前认识我的人，如今谁都不认识我，我自己也不想让他们认识我。叫他们以为我失踪了倒好。’”①

伯林盖姆虽是“优秀教师”，但摆脱不了对世俗利益与个人荣誉的追求，这与古希腊时期人们执着追求的个体生命价值与意义相悖。传统的价值抑制了他的自由与远大理想，伯林盖姆陷入了对自我身份探寻的怪圈之中，在没有彼岸世界的精神海洋中漂泊，不再给现实世界任何意义，任由自己被现代文明异化，其命运的悲剧性深刻体现了西方现代文学作品中的“反英雄”的现实。在之后的身份探寻中，伯林盖姆发现自己是一个印第安酋长失散多年的儿子。然而史料中并没有伯林盖姆的相关信息记载，因此亨利·伯林盖姆的真实身份始终是个谜。他认为这样更好，可以自由地创造历史和身份，并以自己的身份证明了历史的两重性，历史事件不一定是完全真实发生的，其中肯定有虚构和加工的成分。人们代代相传的记忆也未必是真实的，因为只要是人，头脑中就一定充斥着一定的矛盾和偏见。在这个意义上，历史总是夹杂着历史史实和作者的情感认知。巴斯正是通过伯林盖姆进一步阐释了自己的历史观。

三、“伟大船长”约翰·史密斯

约翰·史密斯(1580—1631)是一位传奇的人物，其传奇故事与多变的身份给人留下深刻印象。开发殖民地时期他任职于理事会，探索新英格兰时期被授予“新英格兰大元帅”头衔，定居英国后成为作家，而后热衷航行成为一名船长。史密斯从一名普通人成长为“伟大船长”的过程，不但讴歌了早期殖民者的开疆拓域、征服蛮荒的探险精神，也揭露了殖民地开发过程中最为血腥丑陋的历史真实。印第安人渴求的乌托邦图景的破灭不得不让人重新审视殖民时期这段特殊的历史，尤其是作为“伟大船长”的约翰·史密斯，其荒诞的存在与荒诞的人生也在这段特殊的历史时期构塑了一个“反英雄”的形象。

据史料记载，史密斯16岁时便离家当兵，在欧洲地区和低地国家作战，他宣称由于自己屡立战功，被授予一套纹章外套。他在之后的战争中不幸被俘虏到康士坦丁堡，被作为贺礼送给了土耳其帕夏的妻子，而后又被送给黑海东部王国的统治者。他几经挣扎逃跑，终于在1604年冒险回到英格兰。26岁的史密斯积极参与弗吉尼亚公司组织的开发殖民地等活动，于1607年正式在理

① 巴思. 烟草经纪人[M]. 徐朝友，李自修，译. 南京：译林出版社，2015：231.

事会任职。史密斯热衷探险，勇敢无畏，历经坎坷，命途多舛。其几次被控告挑动叛变，被判处死刑，命悬一线之时被营救，侥幸逃生。在任职期间，他一边积极为殖民地居民筹集生活物资，一边在切萨皮克湾和波托马克河开展探险活动，最终凭借智慧与英勇被选为总督。后来在夺权的混战中被火药炸伤，于1609年被迫返回英格兰。此后，史密斯并未中断探险活动。他受雇于伦敦商人寻找金矿，返回途中却只带回了一般的鱼类和皮革，因此得到了"新英格兰大元帅"的空头衔。此后，他获得资助的希望成为泡影，定居伦敦，开始撰写自己的人生故事。先后著有《弗吉尼亚自建立第一个殖民地以来大事记》(1608)、《弗吉尼亚地图及其描述》(1612)、《新英格兰记》(1616)、《新英格兰磨难》(1620)、《弗吉尼亚、新英格兰、萨摩群岛通史》(1624)、《年轻海员必读》(1626)、《航海入门》(1627)、《1593至1629年史密斯船长欧洲、亚洲、非洲、美洲探险真实记录》(1630)、《致新英格兰及任何地区的新定居者；或建立殖民地的道路》(1631)等。其有一部作品《导航标志》与巴斯的《烟草经纪人》有很多相似之处。此后，史密斯再次开启了探险活动，做了一名船长。史密斯在航行中始终坚持写作，记录船只经过的每一个地方，也虚构一些故事。"'你指的是《切萨皮克湾航行秘史》吧？怎么啦？'……这恰巧是造反者藏在詹姆斯敦时得到的一本旧日记。'是个叫史密斯的人写的日记——是你看到的最见鬼的东西！——他们为了安全的缘故，管它叫"史密斯之书"，天主教徒也好，造反者也好，都这么叫。虽说他们没有几个人见过。'"①他杜撰自己被波卡洪塔斯营救的场面，而后证实这段"美女救英雄"的故事纯属主观臆造。而且无论是史密斯的日记中还是伯林盖姆的日记中对史密斯为人的记载都是相同的，他一意孤行、刚愎自用、诡计多端。"史密斯船长足智多谋，这一点无可置疑，没有哪个人可以在他手下平安无事地要小动作。"②

巴斯对史密斯这一"反英雄"形象的刻画，展示了现实生活中人与社会、自我意识与现实之间难以调和的矛盾。史密斯的存在是荒诞的存在，他的经历是滑稽幽默式的喜剧，既不崇高，也不悲壮。他以一种小丑式的角色游弋于社会各个阶层，努力寻找生命的自由与存在的意义，与命运进行抗争。巴斯对史密斯这一人物的解构，带来的是对美国殖民地时期历史的揭露，给人巨大的心理

---

① 巴思.烟草经纪人[M].徐朝友，李自修，译.南京：译林出版社，2015：339.

② 巴思.烟草经纪人[M].徐朝友，李自修，译.南京：译林出版社，2015：498.

震撼。“反英雄”形象的塑造也蕴含了与传统审美相对抗、反异化的一种后现代意识，激发了现代人对社会发展与个人前途命运的深刻反思。史密斯的荒诞存在，既宣告了人类对改造自然以及美好理想的执着追求，也预示着对人类社会走向美好未来的希望之所在。

本章小结

巴斯神话重述实践为后世文学创作提供了一种典范与借鉴，即当代文学创作可以跨越时间的界限，通过追溯前人的智慧和文明，抒发情感、缓解焦虑，这在一定程度上体现了现代人彰显自身、拯救自我的期许与尝试。本章从文本阐释角度出发，以巴斯的三部经典作品为主要研究对象，以历史思维解构历史，剖析现实与想象之间的张力，对英雄模式进行探讨与反思，关注“反英雄”神话的现实，进一步揭示文本中蕴含的古代神话与当下现实、历史意识与现代观念之间的张力，对巴斯的神话重述观念与意图进行多维考察。

“反英雄”形象在现代西方文学作品中触目可见，且具有鲜明的时代特征。这些“反英雄”的形象昭示着西方文化的现代转型，并引导西方文学将人文精神进行延伸与演进。其作品内部之间的联系性与整体性特征为我们探究现代人的生存价值以及探索“反英雄”形象的文化成因与审美意蕴提供了充分条件。自古希腊时期开始，神话英雄人物遍布西方传统文学的画廊。英雄崇拜与文学中的“巨人形象”成为西方人文精神的内核。然而众所周知，西方神话乃是人话，神话模式是远古时期人们对自然、世界、社会与人生的认识与体悟。因此，在广袤的欧洲大地上，源远流长的神话与传说奠定了西方人独特的民族文化心理，他们对生活中的一切事物的认识也折射出独特的文化观念。自文艺复兴运动以来，欧洲逐渐从中世纪向近代社会转型，人本主义取代了神本主义的位置，人成为命运的主宰并成为推动历史进步的中坚力量。随着启蒙运动的发展，自由、平等、博爱的观念成为时代的特征。到尼采宣称“上帝死了”，上帝作为旧有文化价值体系的象征在新文化的形成与发展中逐渐被代替。直至 20 世纪，反传统、反理性的浪潮高涨，传统小说中英雄形象表现出“非英雄化”特征。就其实质而言，“非英雄化”反映了社会发展过程中文学的转型与文化观念的变化，从关注崇高，颂扬真、善、美，向非理性主义转变，作品中的人物集中体现了迷惘、癫狂、堕落等“反英雄”的特质。“反英雄”形象的出现，代表了西方人文思潮的又一次革新，是西方现代社会发展的产物，涉及戏剧、绘画、音乐等诸多领域。“反英雄”形象不再单一地表现美丑，而是通过癫狂、堕落、病态等方式反叛一切、怀疑一切，突出表现人类社会的意识形态和价值体系，将现代人性格中的矛盾性、复杂性通过善恶、美丑结合的载体呈现在读者面前。从更为深远的意义上讲，“反英雄”形象是人类经历两次世界大战后对于生存境遇与生存危机的深刻拷问。面对现代社会的精神危机，人的发展趋向何方？

第四章　约翰·巴斯神话重述的艺术阐释

从古至今，人类创造了无数个与本民族、同时代相关的神话，如若我们将这些神话依据时间顺序排列，则构成了具有历时性质，同时兼具共时符号系统的完整的神话体系。用列维-施特劳斯的话来说，神话就是一个结构。列维-施特劳斯认为，神话乃人类语言的一部分，人类凭借语言抒发内心的想法，表达自己的观念。神话是人类用语言创造出来的一种特殊的文化产品，语言、神话和文化是三位一体的，人类的全部文化现象都是与语言相似的符号系统。“无论我们对产生神话的哪种语言和民族的文化缺少了解，神话仍然被世界各地的读者体会到是神话。”①因为，神话的共时结构是全人类共同的，我们可以从中体会到神话的普遍本质。神话的意义也只有超越了它的普遍本质，才能被全人类所理解。

巴斯的神话作品不同于一般意义的神话作品，他以其丰富的想象力和创造力打破了传统小说创作模式，更新了创作理念，在现代主义小说的基础上，不断革新艺术创作的方式，使其作品成为具有先锋意识的后现代文学扛鼎之作。巴斯的作品以戏仿、元小说、迷宫意识、互文性等艺术手法对古老的神话故事进行重述，以此揭示现代人的苦闷与彷徨。巴斯的神话重述实践不仅解构了既有的、稳定的神话框架，同时也在解构的过程中展开了新一轮的语言游戏，在现实世界与神话世界中展开对当代社会存在空虚与荒诞的探讨，体现了对当下人类存在本质的现代性反思，体现了“诗性神话”的张力。在世界文学走向多元文化融合发展的历史新时期，巴斯的神话文本也随之呈现出多元文化特征，即指涉性、开放性与虚构性。指涉性是其文本具有元小说自我指涉的特征，同时又蕴含多重寓言指涉。开放性代表了巴斯后现代创作的迷宫意识及由虚构和现实混合所构成的狂欢世界，为读者营建了一个独特的审美空间。虚构性体现了

① 陈连山．结构神话学：列维-斯特劳斯与神话学问题[M]．北京：外文出版社，1999：90.

多重作者身份，即模糊的读者与作者的界限，文本中呈现多重作者的写作特征。本书基于列维–施特劳斯结构神话学的视角，来阐释巴斯作品中折射出的神话重述的概念与神话重述的艺术手法，以揭示普遍存在于人类一切神话之中的神话结构，进一步探究这些神话的共同原理。

第一节　元小说与戏仿：历史的文本性

20 世纪 60 年代是美国有史以来经历的一段特殊时期，妇女解放运动、反文化运动等事件作为历史真实地发生着，但也以虚构的形式出现在后现代的文本中，并充斥着文学家们的想象力。任何时期的文学作品一定体现着特定的历史背景与特点，体现着特定的社会风貌。文本、历史，作为语言的建构物，并不能如实地反映现实人生，文本世界里触手可及的是断裂、碎片化、拼贴、非中心化等亟须被重新思考和诠释的元素，历史编纂元小说便是其中的一种。加拿大文学理论家琳达·哈琴率先提倡并应用了历史编纂元小说这一体裁，这类小说具有鲜明的自我指涉性，一方面在形式上保留了历史语境，把历史知识的可能性进行问题化处理；另一方面又同时宣称所写内容为真实的历史事件和历史人物。众所周知，元小说是关于小说创作的小说，即作者在作品中介绍写作意图并谈及自己如何创作、构思小说。威廉·盖斯在《美国后现代主义批评论文集》中阐述了对元小说的看法，认为元小说作家已不再把反映世界当成其任务，而是用语言创造一个世界，从而引导读者对虚构与现实的关系进行深入思考，用语言的存在代替人物的社会属性。由此，读者陷入作家用语言制造的迷宫之中，文本与外部世界已经融为一体，历史与现实在被体验的同时逐渐被文本化。《烟草经纪人》是一部“解剖”历史的元小说，它以殖民地时期的历史为创作背景，在“解剖”与编撰历史的同时混入真实的事件和历史文献，围绕着主人公“桂冠诗人”埃比尼泽·库克的成长经历与传奇故事展开，内含诸多虚构的人物和情节，再造了殖民地时期马里兰州的历史图景，以魔幻现实主义手笔展开了中国套盒式叙事，从而揭露历史书写的虚构性，并在历史与小说、真实与虚构之间引发读者的质询。

一、被编撰的历史

巴斯采用了神话创作手法，以神话故事为基础题材，编织了精巧繁复的叙事框架，以实现他的后现代主义文学理想，这一点是他和现代作家的最大不同之处。巴斯早期作品体现了元小说与拼贴的叙事特征。众所周知，元小说是关于小说的小说，经常以“作品中的作品”“文本中的文本”的形式出现，以小说语言表面的混乱和荒谬折射当下的价值观念和意识形态，从本质上解构、颠覆现有的传统写作模式。传统小说及其叙述方式的解体是由叙事手法和语言运用导致的，通过恢复大众的自由选择与判断，确定自身的合法化。巴斯以一种元小说式的叙述方式，解构了人物的自我同一性，使之自我指涉、自我相关而形成一种张力，同时运用拼贴的手法将神话故事中的片段与所讲故事有机结合，由此联结起古代与现代、神话与现实世界、英雄与普通人，从而完成书写历史的命题，促使被编撰的历史事件与历史文献呈现出文本化特征。

在创作《烟草经纪人》这部作品时，巴斯曾亲自在马里兰州档案馆查阅殖民时期的档案材料和历史记录，因此在该作品中读者可以全面客观地了解到殖民统治下的马里兰州真实发生的历史事件和人物活动。在写作过程中，巴斯结合18世纪英国小说的创作形式和主题，同时刻意模糊了历史文献的相关记载，将虚构的人物和情节引入历史与小说，从而建构一个真实与虚构交织的框架故事，引发读者对历史真实性的质询，并赋予历史陈述与历史事件深度的哲学思考。历史是一种叙事，它并不能重新再现真实的体验。《烟草经纪人》在探讨历史的真实与虚构的主题上，渗透着作者对历史真实性的疑惑，因此该小说中充满作者自相矛盾的史学观。巴斯认为，唯一正确的书写和阐释是绝不存在的，历史具有主观性和相对性，其中充满了神秘的想象和虚构。因此，《烟草经纪人》中库克的存在只有通过他所创作的诗歌得以证实。在此之前，该小说的序言中隐约透露了库克的一些相关背景信息，但由于1731年《烟草经纪人法案》修订，我们无从查找库克从出生到死亡的任何记录。由于殖民地时期历史记载的局限性，只有在长诗《烟草经纪人》中，我们可追溯到库克在种植园发展烟草业的蛛丝马迹。巴斯为避免小说中人物角色与历史记录产生冲突，刻意颠覆了库克“桂冠诗人”的光辉形象，并将其塑造成了一个没有天赋的诗人、一个自封的诗人形象。巴斯运用戏仿的手法，使历史记录中的库克与小说中的库克呈现两种截然不同的形象。如果说小说中的库克是戏仿历史记录，而历史又具有相对性与模糊性，充满了断点，那么，历史记录是不是被编撰的结果呢？存在于历史记录中的长诗《烟草经纪人》究竟是真实的记录还是被编撰的？这些问题值得我们深思。《烟草经纪人》中除了对库克的戏仿，对牛顿和莫尔这两位受尊重和敬仰的科学家也进行了戏仿。巴斯对两位伟人的戏仿旨在告诉读者，历史的真实都是相对的，同时他也提醒读者，在一定程度上而言美国历史只是讲故事的结果。

从上述论证中可见，戏仿的运用构成了巴斯对历史进行编撰的一种手段。《烟草经纪人》中除了对历史人物的戏仿之外，还对历史事件进行了戏仿。据马里兰州档案馆的史料记载，殖民地时期的社会状况极其复杂多变，不仅革命浪潮风起云涌，党派之间的争斗使得整个北美大陆充满暴动与政治阴谋。巴尔的摩勋爵和约翰·古德多年的党派斗争和多年来的宗教冲突使普通民众困苦不堪。党派之争与宗教冲突导致矛盾达到了顶点，于是在1689年新教领导者率队引发暴动，势必推翻马里兰州政府的统治。同时，古德叛变，发动保卫新教联合部队革命并执掌政权。这场声势浩大的运动被称为“古德叛变”和“马里兰州光荣革命”。该事件历史影响重大，不仅标志着新政权的建立，而且确立了英国国教作为马里兰州的唯一宗教。从此，马里兰州彻底结束了罗马教皇的统治。

针对这段有史料记载的真实历史事件，巴斯将其戏仿为两个阴谋贯穿小说的全文，不仅丰富了小说内容，也增加了文本叙事的历史厚重感，让人们相信这阴谋并非巴斯主观臆造而来，而是历史的一部分。第一个阴谋关乎宗教。天主教一方试图将鸦片源源不断地运输到殖民地以腐化和削弱新教政府，从而篡夺政权，确立天主教在殖民地的控制权。第二个阴谋关乎人权。殖民地土著居民与非洲黑奴联合行动，预谋将英属殖民地的白人逐出美国，以获得该地区的控制权。这本应该是一段严肃的历史，但滑稽的是，在小说结尾，两个阴谋在实施过程中都被伯林盖姆和库克等人阻止并捣毁了。由此可见，历史并不能真实地记录事件的发生，巴斯通过戏仿历史事件编织了两个阴谋，使之成为历史记载的一部分，由此重新创造了历史真实。在这段被编撰的历史记录中，巴斯在颠覆历史真实的同时，又竭尽所能地使其与历史事实相符。

二、历史与文本的联姻及分野

传统意义上文学被划归为想象的虚构作品，而今就历史和文学两个领域的区分问题始终存有争议。在《诗学》中哈琴援引了这样一个观点，认为“历史和文学是同一棵知识树上的分枝，都是通过对经验的解释引导和启迪人们”①。然而，兰克相信真实书写可以观察到现实的可能性，主张描写真实的历史，从而激化了历史和文学的分歧。在最近关于历史和小说关系的评论中，二者之间共同点的关注度越来越高，它们都被认为多数源于逼真成分而非客观事实。由于历史和小说都属于作者语言的建构物，二者之间形成了文本互文的关系，其区别在于，在后现代语境中二者在语言和结构上呈现明显的不同。

历史学家用虚构方法编写历史。历史学家之所以这样做，乃是实际情况使然。许多历史文献残缺甚至丢失，造成大量的历史空白和历史疑点。历史学家秉持严谨的态度，依据现存的真实史料，将其完整地拼接在一起，形成一部相对完整且有逻辑的历史。在这个过程中，历史的逻辑往往是由历史学家所赋予的。因此，某种意义上说，历史就是被呈现的小说。正如朱利安·巴恩斯在一次访谈中所说，历史，如果不仅仅是文献的描述，那么它必然成为一种文学类别。通常情况下，最伟大的历史学家的叙述和最好的小说家一样好。海登·怀特曾指出，历史与文学密不可分，二者有很多共同点。无论是历史还是文学，都有事实与虚构的成分。诚然，历史同文学一样，在叙事层面上都有虚构的本质。如怀特所言，历史，联结一定的资料，并对其解释，采用叙事结构再现过去。此外，他们包含一个深层结构内容，这个结构内容一般来说是诗意的，本质上是语言的。怀特认为小说和历史的区别在于，小说能够再现想象，而历史能够再现真实。至于小说与历史哪一个更真实的问题，恐怕我们只能通过想象进行对照比较才能知晓。

《烟草经纪人》内含大量真实的历史事件、历史人物和历史文献，小说在17世纪美国马里兰州一段鲜为人知的历史中融入了虚构的人物和情节，渗透着作者矛盾的历史观，让读者透过纷乱的历史陈迹隐约窥见其历史动因。因此，可以称作一部典型的元小说。读者不但要从迷宫般的史料中理出头绪，同时，主人公库克也需要梳理杂陈无章的历史事件，还历史本来面目，展现马里兰州的真实历史。但问题是，真实的历史在哪里？在巴斯看来，事实本身已包含分类、解释、评估、判定的成分。他认为，模糊的历史事实充满了太多的不确定性，夹杂着主观臆测的成分。伯林盖姆认为，世界的出发点是人类的思维和想

① HEUTEHEON L. The Politics of Postmodernism[M]. London: Routledge, 1989: 105.

象。到底什么是历史事实？库克的仆人伯特兰认为，历史不过是居心叵测的阴谋记录，马里兰州的历史不是进步、协议、文明的自然产物，而是一种秘密交易。库克的母亲认为，整个世界的历史充满了荒诞和邪恶，书写历史应当是一种创作，向全世界讲述从未成文的历史故事。在《烟草经纪人》中，历史事件与虚构故事之间的界限总是很模糊，伯林盖姆的真实身份是个谜，他究竟是伯林盖姆，还是托马斯·朱迪、约翰·库迪、彼得·塞耶、尼克鲁·洛威？哪个才是他的真实姓名？巴尔的摩勋爵对殖民地的看法如何？莫尔顿·琼托尼又是谁？小说中设置了诸多悬而未决的疑问与身份问题待明确。库克发现，事件几乎都含有虚构的成分，普通人依赖感觉、记忆和经验，而史学家们则更需要超凡的想象力和领悟力。

巴斯在创作中也反映了同样的矛盾。一方面他经常引用一定的历史文献去揭示和印证历史哲学的悖论，但另一方面他却提醒大家这些历史材料的不确定性。更进一步，他在搜集了大量史料文献的同时，却质问读者到底哪一本真实地描绘了马里兰州的社会境况？从这个意义上说，他揭示了历史文献的虚构性。而桂冠诗人库克的长诗《烟草经纪人》原本是一首以歌颂马里兰州为主题的诗歌，但出版后被误解为马里兰州人民批判政客的讽刺作品。1708年，库克又发表了《烟草经纪人》的续篇，描述了马里兰州落后的经济状况和艰难的市井生活。一年后，库克又重新改写，为马里兰州人民与历史歌功颂德。文学评论家爱伦·霍德林说巴斯试图证明一个简单的悖论，历史记录无法提供对历史事件的准确解释。而巴斯本人则再次指出："既要以史为鉴，强调历史的必然性和偶然性，又要揭示它的模糊性和欺骗性。"①巴斯尝试通过将鲜活的个体经验与固化的历史文献融合的方法重新界定历史。罗兰·巴特认为《烟草经纪人》是一部特殊的历史符号。伯林盖姆以自身经历证明了历史的双重性，他所谓的超越历史不过是历史相对论的翻版，因为历史总是充满了事实与作者的想象。而库克认为，不能通过肯定历史进程来解决历史本身的问题，因为神话、传说、故事本身也有真实性的因素，它们始终与事实交杂在一起，无法完全分辨和分离。巴斯通过伯林盖姆和库克阐明了自己的历史观。最后，巴斯在文本中也重申了历史观：历史是想象的产物。因此，巴斯在《烟草经纪人》的创作中找到了历史与文本的切合点，完美地阐释了历史与神话的共融性。如此看来，《烟草

① 王建平.约翰·巴斯研究[M].上海：上海外语教育出版社，2007：91.

经纪人》真正实现了对历史真实的一种扬弃。

三、对历史真实相对论的哲学探索

历史事件与虚构故事之间的悖论引发了读者的深度思考，什么是真实的历史？通过阅读历史文献与史料，我们能在若干年的历史残骸与陈迹中洞察其历时与共时发展的轨迹，找到历史发生与发展的动因。一方面，读者要追随库克的成长轨迹一同了解马里兰州的真实历史事件与历史人物；另一方面，作为主人公的库克还要体验如何在这纷乱无章的历史中寻找自己真实的存在。因此，无论是小说中的主人公库克还是作为读者的我们都被赋予了新的使命，那就是在真实与虚构相互交织的迷宫里，还历史本来面目，展现马里兰州真实的社会现实。但问题在于，历史本身在被记载的过程中有时也是模糊的，难免有编撰的成分。历史的真实与意义诞生在相对特定的文化和社会群体之中，然而小说中的伯林盖姆却认为事实之所以成为事实是因为事实本身已包含评估与判定的成分。

究竟什么是历史事实？用伯特兰的话来说，历史乃阴谋。伯特兰——库克一家忠实的老仆，认为历史不过是居心叵测的秘密交易，而所谓的马里兰州的文明史只不过是华丽外衣包裹下的一桩桩阴谋记录，充满邪恶与荒诞。此时我们似乎又回到了上述谈及的问题上，历史是什么？什么才是真实的历史？真实的历史又在哪里？过去、现在与未来就犹如被串联在一条线上的结点，而历史就是那条绳索，将三者紧密相连，每一个事件都酷似一个结点，被历史学家一一记录下来，成为被固化的、被封存的事件。美国历史学家卡尔·贝克尔说过，过去就像一块银幕，我们在它上面投下了对未来的幻想。贝克尔的比喻形象地表述了过去、现在与未来三者之间的关系。因此，书写历史被视为一种创作，在记录人类社会发展的过程中填充了想象与虚构的成分，记录历史犹如编织历史故事，使历史体现出强烈的文本性。巴尔的摩勋爵请库克撰写一部真正的马里兰州殖民史，并赋予库克桂冠诗人的头衔，其目的在于重新书写马里兰州的历史，歌颂马里兰州辉煌的历史。库克是如何书写这段殖民历史的呢？经历几番灵与肉的斗争，库克最终创作了一部任凭时间与阴谋都无法更改的马里兰州讽刺诗，揭露其残暴、黑暗与潜在的权力斗争的同时，通过塑造虚构的人物与事件，记录了一个时代的发展与变迁。

那么，巴斯在《烟草经纪人》中又是怎样书写具有历史性的文本的呢？在巴斯的故事架构中，历史事件与虚构故事之间的界限总是模糊不清，每一个真实的历史事件中几乎都含有虚构的故事，每个虚构的故事背后又体现了真实的历史事件。巴斯在创作中揭示历史事件与虚构故事悖论的同时，也从另一方面证实了文本的历史性特征。文本中收入了大量的史料文献，如库克在英国与莫尔、牛顿等伟大导师之间的交往，库克家族种植园失而复得的全过程。此外，大量“身份之谜”贯穿文本的始终，随着情节的推动，透过一本本日记和留存的史料记载，伯林盖姆、琼、史密斯船长的真实身份之谜一步步逼近答案的同时，也让接近事实的答案变得更加扑朔迷离。巴斯试图告诉读者，他所引用的历史文献有据可循，但似乎又让读者对他提供的历史依据疑信参半。巴斯试图对历史重新界定，超越历史的文本性，以期实现对历史的再审视。作家罗兰·巴特曾说过，《烟草经纪人》是一部史诗级的巨著，它不仅内含一段特殊的殖民史，也见证了殖民地时期的美国走过黑暗、走向光明的历程，从这个意义上说，《烟草经纪人》承载的不仅仅是历史的重量，同时它也代表了一种独特的文化符号，具象为充满矛盾的美国文化。伯林盖姆以自身经历证明了历史事件中的虚构成分，断定历史是事实与想象的产物。因此，历史具有两重性，即模糊性与相对性。区别于伯林盖姆的说法，库克则认为由于神话故事本身具有一定的真实性，仅从历史事实的相对性这一视角并不能从根本上解决历史本身的问题，因为历史总是处于动态发展之中。巴斯则借库克与伯林盖姆之口阐述了自己的历史观，“历史乃想象的产物，既要以史为鉴，强调历史的必然性和偶然性，又要揭示她的模糊性和欺骗性”①。这也在一定程度上对文学本质进行了深度阐述，即文学是想象性的虚构作品。在《烟草经纪人》中，事实与虚构相结合，历史与文本互为补充，历史与神话共融共通，史诗的真实扬弃历史的真实。因此，所有的历史都是大写的历史，所有的小说都包含历史，而所有的历史都是虚构。《烟草经纪人》中历史事件与虚构故事之间是相辅相成、相得益彰的关系，二者的结合既超越了历史陈述的局限性，又超越了文学虚构的现实性，只有不断追寻历史本身和历史的真相，才能保存文化记忆。

① 王建平.约翰·巴斯研究[M].上海：上海外语教育出版社，2007：91.

第二节　虚构性与事件：文本的历史性

虚构，是文学作品的本质。文学的真实不同于现实的真实，文学文本中总是充满着语言游戏，是想象性的虚构作品，然而作家虚构作品的目的不尽相同。一些作家想通过虚构达到游戏的目的，也有一些作家欲通过虚构阐释并揭示生活的本质。诸如，伽达默尔从本体论的视角揭示游戏是一种在运动中的艺术创造，其结果是一件艺术品的诞生。德里达则把游戏作为颠覆文本、意义和真理的策略。根据伊塞尔的文本空白理论，虚构为文学作品阅读与鉴赏提供了无限想象的空间，这个空间表现为开放性的结构，在此读者与作者思想产生交流，读者与文本产生互动，自此读者的建构活动与文本的意义在读者的想象中活跃起来。文本的空白持续中断阅读想象的连接性，提供了联系的可能性，并构成阅读的悬念，这种被伊塞尔称为召唤结构的文本为阅读和接受提供了不断增长的可能性，通过虚构推动整个文学事件的发生并对文学虚构给予回应。在整个过程中，事件产生的影响与效果，直接关系到文学语言的建构，关系到文本的生成过程，甚至关系到文学与现实的双向互动。因此，文学效果成为衡量事件是否具有文学性的关键因素。德勒兹在《意义的逻辑》中阐述了事件的主要特征：不确定性、非物质性、中立性。首先，事件既指向过去，也指向未来，并非单一方向的生成。其次，事件不是某件事情或者事实，而是事物之间的逻辑关系。“事件也不是历史上真实发生过的具体事实，而是体现为它们之间的内在关联性。事件这个词并不是指真实发生的事件，而是指潜在区域中一种持续的内在生成之流影响历史的呈现，这种流溢足以真实地创造历史。”[①]再次，事件中包含创新力量。“事件总是某种以出人意料的方式发生的新东西，它的出现会破坏任何既有的稳定架构。”[②]虽然文学事件受具体时间与空间、历史语境与文化传统的限制，但通过与虚构手法的结合又超越了历史与时空限域，其内部的各要素相互作用，共同驱动文学事件的发生与发展，既丰富了文本的历史性特征，又赋予了文本独特的文学性内涵。

---

① ROWNER I. The Even: Literature and Theory[M]. London: University of Nebraska Press, 2015: 141.

② 齐泽克. 事件[M]. 王师，译. 上海：上海文艺出版社，2016：6.

一、历史事件与虚构事件的并置

在一部文学作品中，历史事件与虚构事件难免发生碰撞与交叠，真实与虚构之间不断地交叉融合、相互作用，串联起整个文本世界并展开过去、现在与未来之间无休止的对话。然而，历史事件、历史事实、历史记录本身就包含模糊的成分。巴斯以其丰富的想象力将历史事件与虚构事件并置，实中有虚，虚中有实，营造了虚实相生、亦真亦幻的氛围。巴斯曾在《星期五书》中说道："很早以前，文学批评中的验尸官就已宣布书信体小说寿终正寝。《书信集》是对这种最古老、最冒险的小说形式之一进行改编。我虽然作曲令人失望，却是个地地道道的名誉文学博士/文学医生(honorary Doctor of Letters)。我愿意用这个词的医学意义(毕竟，约翰斯·霍普金斯大学既是我的母校，又是我现在的雇主)。这个医生的一部分职责是给看起来死亡的病人进行人工呼吸，不管这位病人是古典神话还是某些枯竭的小说传统。"①很大程度上，巴斯通过虚构事件并将其引入历史，一方面给文本注入了历史的动力，改变了文本的静止状态；另一方面解构的文本一直处于不断的变动之中，增强了其开放性特征。《书信集》在时间上跨越了几个世纪，最终将落脚点放置在当代。巴斯从构想这部小说到完成最后一封信间隔 10 年之久，他感慨通过写书信回到了哺育自己的故乡，回到了孕育自己梦想的沼泽地，他的所有灵感伴随着回忆在历史和现实之间往复跳跃。此时作为读者的我们也随即产生疑问：我们能够感受到真实历史的存在吗？如果能，那么我们又是通过何种渠道或者何种方式获得真实的感受呢？

时值美国独立战争期间，英国陆军少校安德烈于 1774 年到达北美，从事信息情报搜集和间谍活动，由于军功卓著在独立战争期间被晋升为少校。据史料记载，1780 年，安德烈与背叛西点军校的阿诺德在密谈时被捕，并以间谍罪处以绞刑。《书信集》中详细记载了有关安德烈被俘的信息。安德烈携带假的通行证与父亲会面，不巧父亲遭遇两个执勤民兵的盘查，为掩盖身份，安德烈将自己伪装成纽约州的民兵。而后不久，民兵在安德烈的袜子里发现了足以使他获罪的战略部署文件。事件的结果是安德烈的父亲和阿诺德将军一起逃到英国"秃鹫号"军舰上，无法营救安德烈。安德烈从事间谍活动和阿诺德的叛逃是事

① BARTH J. The Friday Book: Essays and Other Nonfiction [M]. New York: G. P. Putnam's Sons, 1984: 149-150.

实，二人最终被处以绞刑。巴斯对历史事件的描述与史书记载大体相同，但有关安德烈父亲的记载却始终是个谜题，作品中的父亲形象扑朔迷离，在文本中若隐若现，在史料中更是处于灰色地带。巴斯也曾表示，他自己也不能完全肯定什么是历史事件，什么是虚构的事件，诸多历史小说过分依赖于历史文献或者是历史档案的记载，其结果往往是丧失作者的想象与艺术的天真。正因为文学本身具有虚构性特征，赋予了作者无限的想象空间和虚构的权力，使得作者可在历史事件的真空地带填补其空白。依据列维-施特劳斯的结构神话学理论来看，一个神话的真正构成单元并非孤立存在，而是彼此相连形成特定的"关系束"。所谓关系，指的是神话中不断出现的重复单元，并且只有这样的关系束才能联结神话中最基本的构成单元，以产生一种意义。一个完整的神话，就是一串串关系束，一束束事件。这些事件在故事中反复出现，而这些反复出现的关系形成了关系束，它们共同构成了神话的共时系统，即历史事件与读者的想象相互作用，形成了反复出现的关系束，从本质上说，这既是神话原始思维的结构，也是我们全人类思维的结构。而巴斯将历史事件与虚构事件并置在文本中，也从一个侧面表达了其历史观，即历史不等同于历史上记录的事件，历史的框架并不稳定，事实也不固定，而是一个自身不断被阐释的文本。这一点巴斯在《路的尽头》中借助霍纳之口表达了自己的观点："已经做过的事情无法挽回，但过去毕竟只存在于现在对它思考的人的头脑之中，存在于加于其上的阐释中。从这个意义上讲，挽回过去，永不为晚。"①

同时，历史事件与虚构事件的并置造成了语境的转换。多米尼克·拉卡普拉指出，语境转换在某种程度上可以强化和颠覆传统。正如《书信集》中的安德鲁斯，他仿佛看见自己的生活就像演电影一般，一会儿他感受到自己真实地存在于现实生活中，一会儿又在电影《漂浮的歌剧》中看见自己的影子，仿佛自己就是那个主角，但最终又不得不放弃主角这一角色，让他亲手创作的角色游离于创作主体，自由体验生活。而后，安德鲁斯在书信中就像拍电影一般把过去发生的一系列事件一一列举出来，他发现回忆与历史是一对矛盾体，因为人的记忆总是充满断点，对历史的还原很大程度上意味着压缩、肢解甚至扭曲。然而，安德鲁斯却对历史书写给予极大的热忱与关注，对历史再叙述的热情近乎疯狂，只有不停地书写才能让他保持理性、冷静。他曾尝试各种方法逃避生活，最终借助对历史事件的虚构保持生命活力。想象与虚构成为他艺术性地整

① BARTH J. The End of the Road [M]. New York: Bantam Books, 1978: 112.

合现实并驾驭精神世界的一个出口。因此，巴斯借安德鲁斯对历史与虚构的观点揭示了一个真理：过去一旦消失便不复得，虚构是对历史再现的再现，唯有历史与虚构的融合才能让艺术走向自由王国。如果把历史比喻成一个噩梦，那么安德鲁斯醒来时会发现，重述历史的唯一方法就是重新梦想历史，走向神话。

二、真实人物与虚构人物的混同

《书信集》是巴斯的一部书信体小说，这部作品以当代美国历史为背景，巴斯围绕真实的历史人物杜撰了七个不同类型的人物角色。巴斯将这七个角色植入新的文本中，但每个人物角色都遵循先前真实的历史记录和前文本以还原和再现历史，通过新文本的书写延续他们的生命，同时重温这段历史。例如阿默斯特，她是一位英国籍女教师。身为中年知识分子，承受着校园霸权与身份的双重压力，环境的胁迫与他者言语的攻击常常使她对生存与未来感到绝望。从个人成长角度和政治角度来看，她的个人意志被周遭环境乃至周围人群所忽视。从某种程度上讲，她就是帕美拉的现代翻版。因此，《书信集》俨然已经成为《帕美拉》的续集。《帕美拉》中塑造了六个不同的人物角色，其作者理查逊也别出心裁地运用了六个不同的视角写信。从人物角色的设定视角看，《书信集》中七个性格迥异的人物也大抵与《帕美拉》相同。这七个人物都是历史上真实存在的人，包括安德鲁斯、霍纳、库克四世、门什、阿默斯特、布雷、作者本人。读罢巴斯的作品我们发现，安德鲁斯曾在《漂浮的歌剧》中扮演律师一角，但在《书信集》中他已经是一位 69 岁的老头，他仍隔空给自己已经去世的父亲写信。我们最为熟悉的库克四世来自《烟草经纪人》，是殖民地时期经历历史沧桑变化的库克家族的一员，他也见证了《书信集》中谈及的一系列重大历史事件，比如历史上记载的发生在 1812 年的英美战争。布雷，全名杰罗姆·布雷，其先祖来自《羊孩贾尔斯》，布雷继承了其祖先的衣钵，不仅言论怪诞，而且一味号召文学革命。现如今《迷宫》中的天真少年安布罗斯已然长大成人。霍纳身患重病，曾在《路的尽头》的结尾与读者会面并作别，然而《书信集》中再次提及他的病情并没有好转。《书信集》中还诞生了两个新的人物——“作者”与阿默斯特。作者乃是巴斯的化身，而阿默斯特是一位具有双国血统与背景的女士，称自己是阿默斯特将军的后裔。巴斯复活了前文本中人物的生命，并在新的文本中将人物的生命延续下去，每个人物似乎都遵循各自的发展轨迹，造成了语境的解体与转换。然而，任何人都逃脱不了所谓的命运的束缚，新一轮的精神困惑与生存危机仍然困扰着他们。对于这些历史人物而言，曾经被记载的历史在今天又一次被更新，历史人物的生命在新的语境中又一次被激活。可以说，《书信集》从体裁到文本内容都为巴斯走出文学枯竭奠定了基础，并为巴斯实现文学观念的更新和跨越迈出了重要的一步。

《书信集》中七个人物在 7 个月内的 88 封书信往来，既是他们追寻个体生活与历史事件的重述，同时真实人物与虚构人物的混同也暗示了后现代主义作家历史书写的艰难处境。《书信集》中人物语言与行为的怪诞和荒唐被放大几倍甚至几十倍，无论是时间上还是空间上，都与当代历史形成巨大反差。这与尼采笔下的现代人有很大相似之处，即真实的人物与虚构的人物同样游走在虚幻的世界里并纠结于各自的历史与宿命。《书信集》作为一部书信体小说，为巴斯弥合历史与记忆裂痕搭建了一座桥梁。巴斯通过书信回到过去，回顾美国的历史与自己的过往，其目的既非重建，也非反抗，而是把历史与现代性这两个矛盾体并置于一个平面之中，把历史当作文本解读，乃至把历史当作已读文本书写，一方面实现对现代主义创作的解构，预示文学的枯竭不只是因为语言或文学样式的枯竭；另一方面也预示了后现代主义语境下历史学的危机，指出了后现代小说演进的逻辑与方向。

三、现实语言与虚构语言的交汇

海德格尔曾说过，语言是存在的家园。如若我们改变了说话的方式，也就意味着我们改变了对这个世界的理解与认知。巴斯是一个执着于语言研究的作家，其作品有如奇幻语言编织的一座座迷宫，不仅体现了复古主义的风格，而且各种语言汇集在一起，形成了一个能量场，让几乎穷尽的文字得以更新，焕发生机，呈现出斑驳陆离的魔幻色彩。巴斯的语言虚构主要表现在误用词汇、滥用词缀，根据语境的变化不断创造新词，以致主谓颠倒、生词连篇、语序混乱，无语法规则，形成了虚构性语言的基础。语言的虚构一方面丰富了巴斯作品的文学性特征，另一方面也奠定了巴斯后现代主义创作的新风向。按照海德格尔对艺术的定义，这种新风向可被视为一种高于技术的艺术创造，但这种艺术又不仅仅是一种创造，还是一种保存。

《书信集》中最具有代表性的虚构语言体现在布雷的信件中，布雷分别给 8 个人写信，这 8 封信件对于读者而言阅读难度非常大，其写作内容不仅有字母和数字的组合、奇特的符号、缩略语，还有多国语言的混合。

"' Sir' : (Oh that's good, LILYVAC, a hit, a palpable RESET Your letter of July 6, 6th Sunday after Pentecost, 555 die in weekend traffic accidents-same # as height in feet of Washington Monument, Washington, 4. 3. Oh that's sly LILYVAC thats RESET Dont forget punctuation. Right. Resume.

"In the lull between the end of our Spring Work Period (and of Year 3, a. k. a. T, a. k. a. V of our 5-Year Plan) and the Mating Season which will commence Year 4(a. K. a. E etc.); in the afterglow of the ' Godfty(whoops) Illuminations'of July 4; in the pause at the Phi-point 618(e. g. 3/5ths, 5/8ths, 54/88ths)-your letter reaches us proposing that we participate in your fiction! Oh ha phi on you! (Tell him, LIL.)"①

这是布雷写给作者的一段书信片段，这段文字包含了新词、不规则的语法，还有缩略语与数字的混合搭配，突兀的语言造成一种强烈的陌生感，甚至有些荒诞。切斯特顿曾说过："荒诞小说让河里流淌着酒，只是使我们在这一不同寻常的时刻记住，河里流的是水。"②当然，虚构语言造成的陌生化与荒诞感还远不止上述提及的内容，《书信集》中不断涌现出各种奇特的图形与数学公式，这些内容给读者理解语义加大了空前的难度，设置了巨大的障碍。

"By the 5th day of the 5th month of that year(the anniversary, by no coincidence, of the Emperor's pretended death on St. Helena), LILYVAC generated its 1st trial model, a simple schema for the rise and fall of conventional dramatic action, sometimes called Freitag's Triangle—

"-in which AB represents the ' exposition' of the conflict, BC. the ' rising action,' or complication, of the conflict, CD the climax and denouement, DE the

① BARTH J. Letters[M]. New York: Putnam, 1979: 439.

② BARTH J. Further Fridays: Essays, Lectures and Other Nonfiction[M]. Boston: Little Brown Company, 1995: 140.

'wrap-up' of the dramatic resolution. You can supply for yourself the revolutionary 'allegory' at the heart of these ostensibly literary concerns. By May 18, the Emperor's coronation day, we had already progressed to 'Right- Triangular Freitag' —

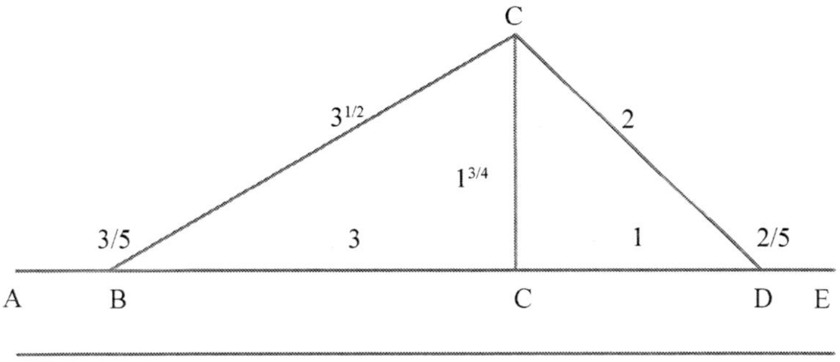

"—and by George III's birthday to a 'Golden-Triangular Freitag' —

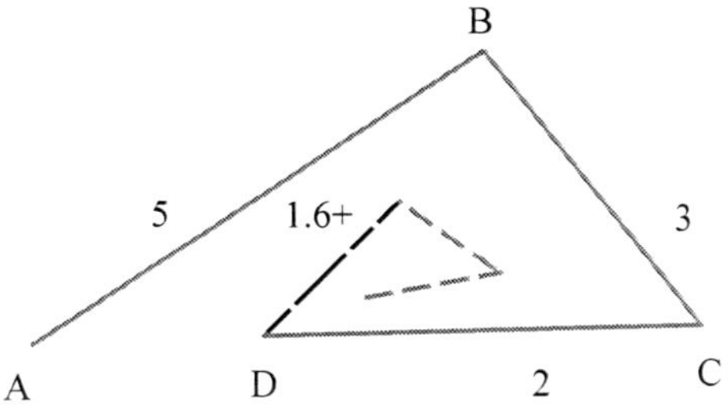

"-which prescribed exactly the ideal relative proportions of exposition, rising action, et cetera, the precise location and pitch of complications and climax, the RESET June 18, the last week of the spring work period, we had our perfected model, which of course we cannot entrust to the mails."①

该片段节选于布雷给安德鲁斯的一封信，书信内容围绕如何完成小说的虚构而展开，第一幅图是 LILYVAC 制作的第一个试验模型，这是一个关于传统戏剧动作兴衰的简单模式，被称为"弗雷塔格三角"。第二幅图 AB 代表戏剧矛盾冲突；BC 代表矛盾上升的行动，或复杂的冲突；CD 代表高潮和结局；DE 是对戏剧结局的总结。第三幅图明确阐述了"弗雷塔格三角"中戏剧上升运动的

① BARTH J. Letters[M]. New York: Putnam, 1979: 116.

理想相对比例、高潮的精确位置和间距。

在《文学的枯竭》一文里，巴斯认为所谓的枯竭只不过是文学样式的枯竭、文学状态的消耗殆尽，以及作者想象力的枯竭。在该文中，巴斯还提及了博尔赫斯与贝克特面对文学极限境况时所做的种种尝试，其中博尔赫斯通过语言的演进来说明语言对声音、记忆与自我的驱逐；而贝克特则用哑语和无声来揭示当代人的虚无状态。因此，面对后现代的文化危机与文化问题，求新图变，把时代的危机与极限变为写作的素材才是文学更新的出路。《书信集》的书信体写作模式与虚构的运用为文学创新提供了种种可能性。巴斯曾在接受采访时明确表示，他是通过虚构的文字和戏剧的悬念构建了一个理想世界。巴斯认为在这个新的时代，当观众与读者的审美变了，文学的语言和形式也要随之改变。诚然，正如一部作品中有真实的人物，也有虚构的人物。同样，文本中既有纯粹的虚构，也有虚构的真实。当现实语言与虚构语言水乳交融，那么这种文学新形式必将为文学的快速发展与再现生活给予更多启示。当大众与读者在小说的世界里找到了虚构与现实的某种必然联系，了解了作家的作为与理念，此刻小说中的现实将被照亮，小说也开始展现它的真实品质。

第三节　神话原型与拼贴：主题的多样性

巴斯作为后现代小说的领袖，深受弗莱、荣格等批评家的启发，以戏仿、拼贴、寓言等形式展开结构主义的语言游戏，打破了传统小说创作模式和创作理念，以带有实验性质的叙事手法重述古老的神话，形成了诗性神话。借此揭示现代人深刻的精神危机以及对传统、对历史的质疑与探寻。巴斯重述神话的目的，即穷尽一切可能，恢复小说潜在的和原始的魅力，以摆脱人们对他“文学枯竭说”的误解。巴斯用戏仿、神话改写、文字实验、人物降格、神话重建等一系列风格演变进行神话重述，他的小说因此被称为艺术家的成长小说。弗莱在《神话——原型批评》一书中提到，文学作为一个有机整体，植根于原始文化，最初的文学模式必然要追溯到远古的宗教仪式、神话和民间传说中去，文学发展演变规律的线索在于原型的置换变形，这样看来，探求原型实际上是在文学研究的意义上对人类学的探究。受弗莱思想的影响与启发，巴斯的文本世界充满了大量神话原型、寓言、拼贴以及后现代主义小说的诸多元素，展示了一个虚构与现实交织、时间和空间错乱的神奇世界，对传统小说进行了颠覆式解构，构建了后现代神话重述多样性的主题，既包含对古典神话框架模式的现代演绎，又包含对神话叙事形式的改写与文字实验，以实验的手法实现对现实世界的想象性建构。

一、古典神话框架模式的现代演绎

弗莱认为，文学起源于神话，神话中蕴含着后代文学发展的一切形式与主题。文学作为一种精神产品，它深切关注人类从何而来、命运如何、最终愿望是什么，因此很难找到与神话不一致的文学主题。正是在这个最一般的意义上，弗莱将神话称为文学的原型。而荣格对于原型的界定一直采取了诗性的态度，通过揭示原型和神话以及神话与艺术之间的关系把原型理论扩展到文艺领域。原型是作为潜在的无意识进入创作过程的，但它们又必须得到外化，最初呈现为一种“原始意象”。原始意象及原型很大程度上得益于文艺这个载体才得以保存下来，并不断地以本原的形象反复出现在艺术作品中。巴斯称《羊孩贾尔斯》是一部圣经作品，其副标题是“我们伟大的导师乔治·贾尔斯新修订的教学大纲”，同时也是一部寓言小说，充满大量的滑稽模仿。小说着重表现的科学技术发展到极端，以计算机为代表的科技成为新的神话，在满足人类种种欲望的同时，也不断将人类格式化、非人格化，人类难逃混乱的困境。巴斯对人类困境的反映不是现实主义的描述，而是对神话和历史进行的滑稽模仿。

巴斯曾在序中详细谈到《羊孩贾尔斯》的创作，并在纽约州立大学的一次学术讲座上对此做了专题报告。神话英雄所经历的一系列事件的模式是“个体重述群体”的过程，把这个模式应用于单一神话意味着神话中主人公需要经历或重述一系列类似事件，最后达到自我成长。因此，巴斯戏仿了学院小说，把这个模式放置在20世纪五六十年代的美国大学校园中，为《羊孩贾尔斯》的故事提供了框架，且语境的错位带来滑稽讽刺的效果。这部小说描写了一个半人半羊的青年贾尔斯的成长经历，时值校园被分成东西方意识形态两大阵营，按照神话英雄的历险模式，最后贾尔斯成为大学校园(世界)的救世主，超越东方与西方、羊性与人性的对立，并最终完成了坎贝尔在《千面英雄》中规定的任务。在创作《羊孩贾尔斯》时巴斯正处中年，个人的人生经历具有文学隐喻意义，羊也是巴斯的想象。贾尔斯的历险、成长、流浪、英雄探索和追求与神话在内容和形式上都紧密相连，巴斯称贾尔斯为神秘悲剧、喜剧的三岔路口。贾尔斯是一个羊孩，也让人联想到潘神。神话学家帕特丽夏·梅尔维尔称贾尔斯为“现代牧羊之神”，且潘处在半人半羊的矛盾之中，在他身上邪恶与仁慈的品行交织在一起。从贾尔斯的成长轨迹上看，他的原型实则印证了荣格关于原型遗传性的说法，这种遗传性被称为“生物性继承”，即所谓原型模式并不能看成某种遗传信息的载体，同语言符号一样，它是文化信息的载体形式，在重构人类情感经验方面，有着不可替代的作用。如此看来，贾尔斯的单一英雄原型，构成了现代社会的单一神话，成为人类不断探求真理的化身。

贾尔斯是人类的后代，是不同基因组合的结果，WESCAC 在 3 月 21 日午夜怀孕，贾尔斯在 275 天后的同一时刻出生。这个人物角色前十三年以羊的身份长大，是自然界三个部分，即机械科学世界、人类世界以及自然世界的综合。贾尔斯从最初不能以整体角度观察现实世界到开始了解人复杂的伦理关系，就像经历一段青春期。用荣格的话来说，他萌生了意识。“这就是麦克斯所说的成长，完全不同于我自己的成长……他曾经有一段时间和我一样是个人。我对他所处的世界感到恐惧，而处于那个世界的我并不是真正的我……在理解了事物古怪、不解的矛盾以及瞬间的不满之后，我心中充满了成就感。”① 贾尔斯很快就超越了时间与空间的限制，历经了所有作为英雄该经历的苦难与考验，成为英雄，最后化作神。因此，他便获得了真正的身份。坎贝尔指出：“这个英雄，唤醒了自己的灵魂，并且昭示了自己的灭亡……随着肉体的死亡，神——灵魂的唤醒者便出现了……灵魂是承载在人的生命之中的，人的死亡使灵魂从肉体中释放出来……两者互相依存。”②《羊孩贾尔斯》不是关于世界的故事，而是关于我们对于世界的讨论方法。

贾尔斯的原型就是 7 世纪法兰西的希腊隐士圣·伊莱斯，他是残疾人、乞丐和社会遗弃者的主保圣人。贾尔斯在羊圈时，麦克斯是他的看守人。而麦克斯身上突显了弗洛伊德的影子。这一点可以从他用弗洛伊德理论给贾尔斯解梦中体现出来。由于外界原因人的愿望无法得到满足，于是就在夜间以乔装打扮的形式在梦中得到满足。麦克斯除了扮演弗洛伊德的形象之外，还与物理学家阿尔伯特·爱因斯坦有对应关系。“齐格弗里德”的德语意思是“胜利的和平”，是德国民间史诗《尼伯龙根之歌》中的英雄人物。齐格弗里德学院指德国。据史

① 王建平. 约翰·巴斯研究[M]. 上海：上海外语教育出版社，2007：110.

② CAMPBELL J. The Hero with a Thousand Faces [M]. New York: New York Press, 1949: 162.

料记载，爱因斯坦出生于德国乌尔姆镇，少年时期在慕尼黑受教育，喜爱音乐。而《羊孩贾尔斯》中的麦克斯曾多次拉小提琴。麦克斯所在的天照学院实际上是日本。天照大神是日本皇室的祖先。麦克斯所提到的“被活活吃掉”实指广岛原子弹爆炸。1945 年 8 月 6 日美国在此投下原子弹，广岛损失惨重。而麦克斯一直为自己研制大规模杀伤性武器感到内疚。后来他又以强杀纳粹分子的罪名被处以绞刑。此时，麦克斯又是罗伯特·奥本海默的化身。奥本海默是美国的物理学家，1943 年被任命担任“曼哈顿计划”的负责人。战后担任原子能委员会的主席，由于反对试制氢弹，被美国政府指控为可能危害国家安全的人物。从神话上讲，麦克斯是坎贝尔谈到的导师这个角色。故事情节中，贾尔斯听取新坦慕尼学院院长卢舍斯·雷克斯福德的开学致辞，此时校长的原型是美国前总统约翰·肯尼迪。雷克斯福德的演讲与肯尼迪总统竞选词开篇极其相似，洋溢着胜利的喜悦。贾尔斯还遇到了一位老人，这位老人能说出一天准确的时间，并且可以精确到秒。这个老人名叫艾拉·赫克托，他的原型是时间老人。但从历史角度看，他是伯纳德·巴鲁克，曾担任美国前总统威尔逊和罗斯福的经济顾问。他的哥哥是金纳德·赫克托，是新坦慕尼学院的前院长，历史上他是德怀特·艾森豪威尔将军。文中还有诸多原型，羊孩贾尔斯如同《圣经》中的耶稣，最后被钉在十字架上。蔡斯曾在《神话的探求》一书中强调，远古神话曾经驯服过人性中的毁灭力量，现代神话作为一种新的艺术创造理应发挥同样的功能。那么，《羊孩贾尔斯》作为现代神话，通过提取远古神话的某种模式，并从传统中汲取历史的意识，使文学批评超越无意识，上升为具有强大理性透视力的文化批评。

《羊孩贾尔斯》是巴斯较早将高科技融入文本的学院小说，巴斯通过原型、拼贴、戏仿手法的运用，再现了 20 世纪 60 年代的社会历史，呈现出魔幻现实主义色彩。实际上，贾尔斯作为文学的原型，实则也代表了一种文化符号，其原型的普适性源于与人类感觉和联想的共通性。神被置换成了人，人被置换成了神，如此一来，原型通过置换变形演绎着文学的发展变化规律。“巴斯文章既有哲学深度，又有讽刺，同时带有喧闹粗暴的猥亵的幽默。”①巴斯戏仿别人，同时也成为“被戏仿”的对象。维达尔认为巴斯作品的戏仿印证了一句话，“戏仿大师被戏仿”，这大概是巴斯意料之外的事情吧。

① 杨仁敬、陈世丹. 美国后现代派小说选读[M]. 北京：外语教学与研究出版社，2009：66.

二、神话叙事模式改写与文字实验

《客迈拉》由《敦亚佐德》《英仙座流星》和《柏勒罗丰》三个中篇故事组成，这部小说分别对应着阿拉伯民间故事《一千零一夜》、山鲁佐德的故事和两位希腊神话英雄珀尔修斯和柏勒罗丰的故事。其中《敦亚佐德》这个中篇故事中提及了很多螺旋状的物件，如蜗牛、丝壳形状的金环、刻有山羊角和海螺图案的金戒指。巧合的是，这些酷似螺旋状的物件与魔鬼所设计的七个故事之间形成相互指涉关系。《英仙座流星》不仅与卡莱希亚的螺旋形壁画相互指涉，而且与《柏勒罗丰》也相互指涉。《柏勒罗丰》的开头与《英仙座流星》的开头遥相呼应，它的基本数字结构是五，它的几何样式是圆圈，且戏剧结构也一脉相承。在一定程度上，我们可以把《柏勒罗丰》视为《英仙座流星》的叙述模式的模仿与再现。然而巴斯在一次演讲中阐述了自己对英雄模式的运用，他认为创作符合神话原型的现实主义小说最好的方法就是直接涉及原型。荣格和弗莱都强调，艺术作品并非凭空臆造，它的特殊意义只有在历史积淀形成的文学总体和传统中才能得到真正透彻的理解。《英仙座流星》这部作品完成之后，巴斯便着手创作神话英雄柏勒罗丰的故事。在不断否定与突破的过程中，巴斯追求文学样式与神话叙事模式的更新，这一点与后现代科学的立法原则相契合，后现代小说家在打破了旧的平衡的同时，也为一个新的平衡的建立指出了方向。

神话作为一种特殊的符号系统，比普通的语言更为复杂，其本质不在于语言风格，而在于所讲述的完整“故事”。普通人类语言在言语方面是共时性的，时间上是可逆的，但《客迈拉》的时间维度更为复杂，它讲述了一个过去发生的事件，可是这个事件却一直延续到讲述神话的时刻，甚至还要永远延续下去。从这个意义上说，巴斯重述的神话似乎超越了时间。因此，列维-施特劳斯说：“……使神话获得操作价值的乃是，被描述的这种特殊的模式是不在时间中的；它说明现在和过去，也说明将来。”①一个书评家在评论巴斯时指出：“他最永恒的作品创作于滨州周立大学，最有趣的作品创作于布法罗，最昏庸的作品创作于返回约翰斯·霍普金斯大学之后。”②巴斯认为是 20 世纪 60 年代的布法罗的

① 列维-施特劳斯. 神话与意义[M]. 杨德睿，译. 郑州：河南大学出版社，2015：61.

② BARTH J. Final Fridays: Essays, Lectures, Tributes and Other Nonfiction [M]. California: Berkley Counterpoint, 2012: 103-104.

时代精神，才让他写出了《迷宫》和《客迈拉》这样的作品，费德勒是最能体现布法罗时代精神的人。

《迷宫》不仅受到费德勒的影响，同时也受到博尔赫斯的影响，其中迷宫意象反复出现。《迷宫》的副标题为“用于印刷、录音和朗诵的虚构作品”。巴斯说：“Fiction 这个词主要是像博尔赫斯的作品《虚构集》致敬。”[①]在《迷宫》中，巴斯时而讲故事，时而离题，并大谈文学理论：“只写首字母，留下空白，或者两种方法同时使用，在 19 世纪文学中常取代专名以增强现实感。好像作者觉得抹去姓名是出于策略或者避免承担法律责任。”[②]受博尔赫斯《虚构集》的启发，巴斯也启用了框架故事，故事中的人物模仿了神话中的原型。《文学的枯竭》和《迷宫》也成为巴斯对后现代精神的阐释。乔伊斯对巴斯的影响颇深，巴斯的《后来的星期五》中多次引用乔伊斯的话。他曾引用《一个青年艺术家的画像》中的名句：“在我的灵魂的熔炉中锻造我的民族尚未创造的良心。”[③]《一个青年艺术家的画像》和《迷宫》中都包含神话故事。斯蒂芬·戴达勒这个名字让人联想到圣·斯蒂芬——基督教的第一位殉难者，也是《一个青年艺术家的画像》的主人公，他准备将一切都献给艺术。神话中，戴达勒设计了著名的克里特岛迷宫，将怪兽弥诺陶洛斯圈在里面。思乡心切的他制造了翅膀，与儿子以蜡翼粘身，飞离克里特岛。不幸的是，蜡被阳光融化，他们坠入爱琴海而死。《迷宫》由 14 篇故事组成，呈现了环形结构。第一个故事简单，要求读者制作一个默比乌斯带。默比乌斯带是拓扑学的一种单侧曲面，将一长方形纸袋扭转 180 度，再把两端粘接起来，如沿中线剪开，它仍连成一片。巴斯的默比乌斯带上有几个字：从前，有一个故事，开始是。因为这十个字在一个无穷无尽的圆圈上，因此这个最短的故事也称得上世界上最长的故事。14 个故事首尾连接，形成一个轮回，构成了一个默比乌斯带。故事中充满了自言自语，巴斯很多场合都提到他对文字的兴趣，文字在巴斯作品中与文学形成自我观照，拓宽了写作路径。

实际上，巴斯对原型意象自觉与不自觉地运用，不仅拓展了作品“字面意

---

① BARTH J. Final Fridays: Essays, Lectures, Tributes and Other Nonfiction [M]. California: Berkley Counterpoint, 2012: 274.

② BARTH J. Lost in the Funhouse: Fiction for Print, Tape, Live Voice [M]. New York: Bantam Books, 1969: 69.

③ BARTH J. Further Fridays: Essays, Lectures and Other Nonfiction [M]. Boston: Little Brown Company, 1995: 27.

义”与“言外之意”，而且文内与言外之间相互作用，形成了一个“张力场”，从而深化了对其作品的现代理解。弗莱倡导用“远观”，即一种宏观的全景式的文学眼光考察文学作品，以阐释文学中反复出现的象征交际活动(文学仪式)。因此，当我们以原型批评视角去解读巴斯的创作及其作品时，我们并非要把巴斯的作品当成人类学或者心理学的素材，而是用理性之光照亮巴斯本人无意识地或者不自觉地表达出来的东西。

三、对现实世界的建构性实验

弗莱指出，神话和现实分别代表着文学表现的两极，就叙述方面而言，神话乃是对以欲望为限度的行动的隐喻性的模仿。然而，现实主义强调所表现的事物与现实的相似关系，实则是一种明喻的表现手法。如此一来，从神话世界到现实世界的建构，都建立在比喻这个共同的结构原则基础上。不同的是，神话的本体与喻体内容神似，而现实要求二者形似，以获取可信度和真实性。神话世界和现实世界通过想象完成置换，朝着理想化和程式化的方向完成了文学的整体运动过程，也实现了从虚构到写实的跨越。

巴斯的作品《客迈拉》是一部典型的元小说，也是巴斯重述神话和民间故事的经典之作，代表巴斯神话重述创作的高峰。重述如同一根红线贯穿巴斯作品的全部，《客迈拉》中的三个中篇故事不仅自我指涉而且相互指涉，作者巴斯也隐身其中。他曾在不同场合发表对《客迈拉》的看法与评价。其中在《星期五书》中，他谈到山鲁佐德和山鲁亚尔的关系就像美国当代作家与出版商的关系，后者对前者有生杀大权。甚至提醒读者，《敦亚佐德》与《珀尔修斯》的页数之和等于《柏勒罗丰》，形成每一个数等于前面两数之和的斐波纳奇数列。不仅《客迈拉》分为三个部分，书的第一部分《敦亚佐德》又分为三个部分。如何重述故事？巴斯认为，古希腊史诗作者一般用倒叙的方式，例如从特洛伊战争第9年或者奥德修斯返家途中开始，追述以前发生的事件，最后是高潮和结尾。巴斯解构了稳定的并被大家接受的神话版本，这正验证了利奥塔的想法，后现代科学研究实际上是对不稳定性的探索，巴斯解构并重述古代神话，同时也是对现实世界的建构性实验。

神话叙事并非永恒不变，重述给神话带来了无限的发展空间，不同时代的作者对神话进行加工和改编，致使一个神话出现了很多版本。巴斯也同样解构了原有神话的框架，用后现代的手法重述神话，被读者广为接受，打破了旧的平衡之后建立了一个新的平衡。神话人物降格也是幽默的一种表现形式。传统印象中的神话英雄具备古希腊勇士的特点。但是《客迈拉》中的珀尔修斯却失去了英雄的神性光环，他放任自流、大腹便便、昏庸无能，只有通过回忆才能捡起昔日的荣光。他曾感慨当国王不是易事，做王后的夫君更难，做一个骁勇的英雄的岳父更是难上加难。曾经轰炸索吕莫人的柏勒罗丰也失去了神话英雄形象，他陪情人喝啤酒，坐在广场的板凳上喂鸽子，去通宵店里吃碎肉茄子蛋。神话英雄降级为普通人物，巨大的落差也构成作品幽默的温床。巴斯将自己的思想付诸实践，将神话人物降格，体现出无逻辑、非理性特征，这也是对20世纪70年代美国社会的观照与反驳。

巴斯认为："艺术和形式于历史中存在，必定发生变化，最不重要的东西却至关重要，技术的落后是真正的缺陷。"①诚然，从整个文学传统的视角看其内容的更新，无不取决于每一个时代所特有的真、善、美的标准。神话经典为人类共有的宝贵财富，重温经典、重述经典，成为创作的源头活水。对现实世界的建构性实验也是巴斯走出创作焦虑，对美国当代文学尤其是后现代小说做出的巨大贡献。同时，神话重述的人文主义价值也在于对民间世俗文化的吸收与包容。

第四节　互文与反讽：话语的游戏与狂欢

互文性理论是20世纪60年代广受争议且饱受关注的一种文本理论，由法国的符号学家茱莉娅·克里斯蒂娃在她的论文《词、对话和小说》中首次提出，她认为任何文本都是其他文本的影子，其意义生发于和其他文本的相互参照与指涉中。文本互文正是在解构与建构的双向运动中，实现文本之间的对话，才使得文学文本成为一个无限开放的空间。随着互文性理论的不断发展，它不仅成为文学描述的工具，而且打破了传统自足文本的观念，成为文学批评的有力武器。每一个新的文本的诞生，都蕴含着互文与被互文的动态开放过程，也意味着在重复与差异的基础上对源文本的继承、置换、修正与批判。正如罗兰·

① BARTH J. Further Fridays: Essays, Lectures and Other Nonfiction[M]. New York: G. P. Putnam's Sons, 1984: 66.

巴特所说，文本与文本之间可以产生一系列的关联性，不仅没有规律可循，而且还会循环往复。如此一来，文本中的作者已经消亡，即巴特所说的“作者已死”，为文本活动提供场地，读者得到空前解放，在多个文本构成的空间中运动，给读者和作者的文学实践活动提供了无限可能性。互文性理论以其自身蕴含的动态特征为神话重述提供了思路，创造性地将民族与个体记忆有机融合起来，既丰富了经典神话在当下语境中的文学内涵，又为文学改写与批评打开了思路，使文本更具交际性、流动性和开放性。正因为上述特征的存在，封闭的文本在不定性的语境下兼具游戏与狂欢色彩，而这种游戏与狂欢的色彩不仅体现在文本的多重作者、模糊的作者与读者之间，还体现在人物的言语反讽上。

一、人物、语言与文字的迷宫

巴斯通过文本互文与元小说的写作手法透视了文学作品的虚构本质，并运用歌剧、自传体、书信等题材创作，既模糊了虚构和现实的界限，又使读者仿佛身处一座座迷宫。在这由作者语言编织的迷宫中，纷繁复杂的情节与人物，常常令读者困惑，不论是读者试图阐释自身身处的文本还是阐释人物所在的文本，似乎都是读者的体验，难以发现虚构与现实的界限，这就是一座循环往复的迷宫。

《曾经沧海：一出漂浮的歌剧》便是巴斯建构的庞大迷宫的一部分，这部作品以歌剧的形式展现在读者面前，包括序幕、间奏、三幕及尾声等几部分。不知不觉中，读者便会走入《一千零一夜》的故事中，踏入爵士乐、哲学等领域，过去与现在、历史与现实通过间奏与变奏紧密联结起来。与传统小说相比，读者在巴斯的作品里看不到丰满的人物形象，人物让位于情节，作者与人物互相走入彼此的世界并相互对话。巴斯本人是作品中的人物，还有另一个自我施赖德，也是作者本人。施赖德时不时走出文本世界，对巴斯作品进行一番评价，对如何设计小说的故事情节向巴斯提出建议。巴斯将自己设定为小说的主人公，记录了一生的奇遇与经历，也奠定了这部小说自传体的性质。人物塑造让位于故事情节也体现了后现代语境下元小说的特征。戴维·洛奇明确表示，元小说是关于小说创作的小说，它站在现实主义的对立面并表现出对现实主义的反叛，不仅突出反映了作者的创作意图与自我意识，还在很大程度上揭示了现实与文学的深层关系，并积极引导读者阅读的视角，这是对现实主义文学观念的进一步丰富和发展。

《书信集》是巴斯的一部书信体小说，展示了真实与虚构交织的世界。有趣的是，小说的文字包含 87 个字母和一个字符 &，分别代表了写作时间从 1969 年 3 月至 9 月的 88 封信。巴斯迷恋 LETTERS 的三个意义：字母、信件和文学。在 772 页的篇幅内，26 个英文字母的任意组合编织了一个梦幻的世界，小说不仅头绪繁多、页数分散、离心力强，且呈现多主题、多中心的状态，以其丰富的想象力和实验性写作手法将真实和虚构相结合，成功构建了真实的文本世界，给读者留下思考和诠释的空间。《书信集》实则是巴斯作品《客迈拉》的延续。后者有六个人根据自身不同的风格和视角写信，而《书信集》中有七个写信人，包括安德鲁斯、霍纳、库克四世、布雷和作者本人，等等。安德鲁斯是《漂浮的歌剧》中的律师，信件中 69 岁的他写信给自缢死亡的父亲。霍纳在《路的尽头》中与读者告别后，《书信集》中再次提及他并没有好转。库克四世的先祖来自小说《烟草经济人》，库克四世见证了包括英美战争在内的一系列重大历史事件。布雷祖先的栖身地是《羊孩贾尔斯》，如今布雷继承了他的衣钵。《迷宫》中的安布罗斯长大了。阿默斯特女士和作者是巴斯《书信集》中创造的人物，这位女士具有英国和瑞士双重背景。巴斯则延续了前文本世界人物的生命，将前文本的人物移植到新文本中。这样，作品中每个人都遵循前文本中的历史，形成了语境解体和语境转换，形成了多声部、全面对话的小说，呈现了文学狂欢的色彩。这种多声部、全面对话的小说被巴赫金称为复调小说。巴赫金曾指出，从某种程度上说，复调小说实际上是对狂欢体的某种再现，使得小说艺术具备了一种新的品格。狂欢化兼具内在统一性和无限创造力，它既是一个开放的体系，也是一种特殊的文学思维方式。巴斯神话文本的狂欢化更多是为更新和复生"枯竭的文学"提供机会。正如巴斯所说，很早以前，文学批评家就已宣布书信体小说寿终正寝。《书信集》改编了这种最古老、最冒险的小说形式。从最早的作品《漂浮的歌剧》到书信体代表作《书信集》，巴斯小说中的人物呈迅速增多的趋势，且叙事速度也逐渐加快。首先，巴斯虚构了小说中人物的存在状态，诸如哈里森，他是一个普通人，还是他自诩的英国国王乔治三世？他是否有妻子？其妻子是否是历史记载的王后夏绿蒂？上述疑问印证了一个关于巴斯小说创作的事实，即小说中人物混淆了虚构和真实的界限。其次，巴斯还将历史事件与虚构实践混合，真实的语言和虚构的语言交汇，虚实相生呈现了一个狂欢化的迷宫世界，在这座迷宫里，人物和读者都难以分辨自己是置身于小说世界还是现实世界，这无疑是巴斯给文学增添活力的新举措。博尔赫斯和卡尔维诺的迷宫意识与激情创作对巴斯的影响深远，他们让巴斯更加坚信对文学创作富有激情的艺术表达。

巴斯的小说《烟草经纪人》中人物的言语反讽也给虚实相生的文本世界增添了狂欢色彩。反讽是从反语的形式发展而来的，反语在最开始的希腊喜剧作品中表现为字面意义与实际意义不符，由于语境的变化其内涵不断得到扩充，逐渐从一种修辞方式演变为文学创作的原则。现如今，言语反讽已然成为广泛流传的手法之一，它通过言语的各种错位、误置，形成语境氛围和语境压力，造成实际意义与字面意义背离的效果。布鲁克斯认为："反讽是语境对一个陈述语的明显歪曲。"①言语反讽是通过扭曲语义、情感色彩等方式，达到反讽效果。克尔恺郭尔曾说过："一个人的成长环境越是聚讼纷纭，他越能从自然界里发现反讽。"②1670 年，当库克从贝德福德来到剑桥时，目睹了知识世界与学术世界的精彩，他决心在剑桥留下来。"哪怕是在街头挨饿，也不离开这个'高尚'的地方。"③但是来到剑桥之后的经历并未让库克愉快，一位导师诬陷库克嘲弄教会的两大玄义，另一位导师命令他唱歌并且通过歌词判断其中是否有猥亵言辞。而后伯林盖姆告知库克，这位导师是一个极端的柏拉图主义者，极为专注于精神以及形而上学等方面事务。伯林盖姆还披露他是干了一件丢人的事才进入这个"高尚"的剑桥的。"由于利令智昏，急于进入剑桥，不但没有及时停止侍奉莫尔，反而抓住一切机会怂恿他那可耻的溺爱。我像个无耻少年，或趴在他的肩头看书，或弹吉他给他唱歌，有许许多多个夜里——我真羞于说出这一点！我让他袭击自己，仿佛出于偶然一般。"④莫尔完全迷上了热情洋溢的伯林盖姆，只要伯林盖姆略微让他猥亵一番，他便倾其积蓄将伯林盖姆打扮得像个伯爵公子，最终将伯林盖姆录取，于是伯林盖姆便进入三圣一学院学习。然而，当伯林盖姆进入三圣一学院之后，牛顿像莫尔一样迷恋上了他。他们二人行事无耻并威胁伯林盖姆，要是不放弃对方，就毁掉他的前程。"发生的情况是，并没有流血。对于他们两人，故事结尾很'圆满'。"⑤最后伯林盖姆被三圣一学院开除，此时他距获得学士学位只有不到一年的时间。就这样，伯林盖姆

---

① 赵毅衡．"新批评"文集［M］．北京：中国社会科学出版社，1988：335.

② 米克．论反讽[M]．周发祥，译．北京：昆仑出版社，1992：69.

③ 巴思．烟草经纪人[M]．徐朝友，李自修，译．南京：译林出版社，2015：28.

④ 巴思．烟草经纪人[M]．徐朝友，李自修，译．南京：译林出版社，2015：31.

⑤ 巴思．烟草经纪人[M]．徐朝友，李自修，译．南京：译林出版社，2015：36.

离开了剑桥赶赴伦敦。此刻，不管是对于库克还是对于伯林盖姆来说，在他们的字典里，剑桥与光辉、高尚等字眼永远脱离了，无论是剑桥的内部环境、师资教育，还是日常生活，都充满了猥亵、教条，令人不堪回首。库克与伯林盖姆双双成为“高尚”的代名词与牺牲品。

作品中不只是伯林盖姆遭遇了猥亵，库克的情人琼同样遭遇了叔父的强暴。当琼在餐桌前流血，急忙叫医师医治时，心怀不轨的叔父哈罗德一边亲吻着她的嘴唇，一边抚摸着她的头发，并低语道，她需要的不是平常的“医蛭”[①]，而是他房间里养着的那条大大的“公医蛭”。就这样，叔父哈罗德一语双关地将“医治”替换为“医蛭”，强暴了年幼无知的琼。库克气愤地骂道，那根本不是什么水蛭，而是“睡侄”[②]。通过双关语的错位、误置，使实际意义与字面意义相互背离，且这种言语特征所形成的审美效果构成了一种张力。这种张力一方面赋予了作品更多的阅读吸引；另一方面语境压力使得作品呈现了特殊的审美特质。文学评论家臧策评论道：“文学的最高境界，不是驾御(驭)语言，而是解放语言。”[③]唯有解决语言的固有制约性，才能激发其自身的多义性与丰富性，实现语言的狂欢。

二、读者与作者的界限

博尔赫斯说过：当代文学中不可能有独创，一切都是在对原型的工作进行诠释，做出注解。如果以时间为序，读者可以在《路的尽头》中发现弗洛伊德、维特根斯坦、荣格和萨特等人的思想，在《烟草经纪人》中可以找到伏尔泰的《老实人》、笛福的《鲁滨孙漂流记》等，巴斯奏响了引发诸多作家共鸣的交响曲。其中，巴斯对《一千零一夜》的改写证明了这一点。巴斯重述没有明确作者的古老神话，将文本之间结成一张网，很大程度上再现了原型与传统。在原型与传统面前，作者就显得不那么重要了，因为其身后是一群作家，即多重作者。《羊孩贾尔斯》由于其独特的结构使作者身份不确定的问题再次突显，巴斯就作者问题再次设计了迷宫。该作品分为五个部分，第一部分撰写者是一个总编辑。第二部分是一位叫作 J. B. 的先生致编辑和出版者的信件，其内容大多谈

① 注解：医师英文为 leech，古英语译为医生，也有水蛭之意，暗指以水蛭叮咬为人治病。

② 注解：此处原文为 leechery 和 lechery 的双关语，前者是作者由 leech 一词杜撰而来，后者是好色的意思，译为睡侄，即强暴侄女。

③ 臧策. 前世流传的因果[J]. 创作评谭，2009(6)：36.

及《羊孩贾尔斯》的创作过程。第三部分是正文，作者是贾尔斯·斯托克。第四部分是J.B.写的后序。第五部分是总序的后序。巴斯作品中多重作者的叙事方式源于爱伦·坡的启发，甚至巴斯将爱伦·坡称为自己的伯祖。因为《羊孩贾尔斯》和爱伦·坡的《戈登·皮姆历险记》一脉相通。1998 年 5 月，美国学者举办了研讨会纪念《戈登·皮姆历险记》发表 150 周年，会上巴斯就该作品的多重作者问题与大家进行了交流。实际上，巴斯在 20 世纪 60 年代创作《羊孩贾尔斯》时，已经读过《戈登·皮姆历险记》了。

多重作者的叙事方式是巴斯神话重述的创新实践。除了受诗人爱伦·坡的影响外，博尔赫斯的"代数与火"也是巴斯经常引用的比喻。代数代表技巧，一部文学作品的技术和形式方面。火代表作家的激情，他或她想雄辩表达的东西。……杰出的文学作品中，代数与火一样都不能少。简言之，就是有充沛热情的精湛技巧。巴斯作品中一个作者裂变成多个作者的叙事方式引导读者进入复杂的身份迷宫，也将传统的叙事带入一个新的视野，带来了新的审美体验。在巴斯的《客迈拉》中，作者闯入文本，一个长得像巴斯的精灵跨越时空与《一千零一夜》的主人公山鲁佐德相会，巴斯借此机会把自己的形象投射到精灵身上，出现戏剧性的一幕幕，使作品中的作者与现实中的作者难分彼此。在《安息日传奇》和《海上故事》中，还出现了情侣、夫妻共同写作、讲故事，这也是巴斯作品中多重作者的体现。

三、神话世界的复归

第二次世界大战给全人类带来前所未有的灾难与创伤。战后西方文明不仅压制了人的社会存在，同时也压制了人的生物存在。随着文学的探索性与试验性不断增强，后现代小说在现代主义小说的基础上不断发展，逐渐形成了具有反传统、颠覆性、破坏性的新时代文学，从本质上摧毁了现存的文化秩序，使大众从碎片化的虚构世界中探寻人存在的本质，书写人性并重建自信。巴斯在神话重述创作中，屡次提及荣格、拉格兰、坎贝尔等学者对他思想的影响。当然，讲述神话的方式会也会随时代的变化而改变，在他看来，神话所蕴含的独特的民族文化精髓以及千百年来印刻在各民族心理上的文化积淀终将成为被重新书写的当代品性与价值。巴斯作为后现代文学创作的领军人物，正是通过对具有庞大象征体系的古老神话的重述，实现对民族历史与社会影像的创造性书写，实现文本世界中对国家、民族身份与文化记忆的重构。

巴斯出生在切西比克湖畔，对湖水和水上剧场的表演有着特殊的情感。他凭借对美好童年的回忆，以滑稽模仿的形式创作了《漂浮的歌剧》这部小说。其主人公托德是一个如同《路的尽头》中的雅各布一般的虚无主义者，他在现代社会中找不到自己所处的位置，生活无望，深感疲乏。无论是活着还是死去，他都找不到任何办法证明自己的存在。《路的尽头》中的雅各布是虚无主义者的典型，他的生活经历实际上是巴斯对人类历经两次世界大战后普遍生存状况的探寻，即对人自我身份的探寻。在诙谐、幽默、惶恐、黑暗的氛围中，雅各布作为现代人的典型对自己的存在感到怀疑，最后求助于他的医生。医生用专治功能瘫痪症的神话疗法来治愈雅各布的瘫痪症，其方法是由医生为雅各布选择一个角色进行持续扮演。医生为他选择了教师的职业，于是他遵照医嘱来到韦考米科州立教师学院申请任教。其间，雅各布与同事乔的妻子莱妮发生了性关系，致使莱妮怀孕，莱妮在进行人流手术过程中由于咀嚼熏肠被噎死。雅各布曾这样揭示三人的关系：他是非理性，不存在；乔是理性，存在；他与乔争夺莱妮就犹如撒旦与上帝争夺人的灵魂。雅各布将他的虚无存在概括为“不存在自我，不存在我”。[①] 同样是虚无主义者，雅各布不同于托德，雅各布找不到自我存在的身份，他的存在与历史脱节，作品中几乎没有他的背景资料，作为独立的个体乃至一个人，他没有过去也毫无未来。作为一个叙事者，开篇就提到我是雅各布，试图通过语言来证实身份与存在。小说结尾，巴斯用了一个词“尽头”揭示其文本世界的人文主义观照，在此借“尽头”引发读者对雅各布身份的继续追寻，能否以及如何从路的尽头找寻具有个性的自我？

诚然，神话叙事不可能永恒不变，神话重述被赋予无限的可能，不同时代的作家对神话进行不断加工和改编，解构了神话的同一性，致使同一神话出现了众多版本。巴斯也同样解构了神话的稳定框架，通过运用后现代的表现手法把神话重述为被广泛接纳的版本。在文学即将走向枯竭的时代，巴斯神话重述体现了他的后现代创作观，即对人的存在的现代性反思、对人的自我身份的探寻以及个性的关怀。正如中国作家苏童在《碧奴》中重述孟姜女的故事时所感慨道的，重温经典实则是体会人间阴晴冷暖，关注世间百态，探索一种民间哲学的过程。

---

① BARTH J. The End of the Road[M]. New York: Doubleday and Company, 1958: 38.

本章小结

列维-施特劳斯认为神话研究不应拘泥于任何一个国家或任何一个民族的神话，而是对于全人类所有神话的研究，是关于人类全部神话中所贯穿的神话“语言”的研究，是对人类全部神话所共同遵循的最具普遍意义的规则的研究，探讨的是所有这些神话的共同原理。巴斯秉承了后结构主义与解构主义思潮，对文本形式与内容进行了颠覆式解构。为走出“文学枯竭”的困境，他把古老的神话故事放置在当下语境中进行改编，使之成为当下人都要面对的话题。巴斯重述神话的艺术技巧和神话思维实现了对历史与现实的双向超越，体现了其深刻的后现代意识。此外，巴斯注重对文学传统的利用与修正，并且一直致力于处理文学创作与文学传统的关系。他认为，后现代主义小说的叙事危机不仅根源于作家对小说的叙事形式和语言自身局限性的认识，其背后还蕴含着深刻的文化根源。回归文学创作传统不是因为作家才思枯竭，也非创作题材匮乏，而是要在后现代语境下对文本进行解构、分析、重述与建构之后，回归小说的原初体验。利奥塔把后现代文化界定为“文化生产方式的危机”，特别强调在后现代语境下要重建并评估传统知识体系，并使之固化为某种形式或体系。巴斯的文学创作充分捕捉到了后现代的文化策略并与当代社会知识状况相契合，对文学与文化生产方式提出质疑与批判，对人类发展模式给予观照和深度思考。可以说，巴斯的创作是文学传统在当下文化语境下的延续，传统与经典永远会被书写，同时回归传统文学体验也代表了巴斯文学创作的深刻历史意识与历史厚重感。其作品中涉猎历史陈述与文学虚构，国家、民族记忆与个体身份，从模仿现实到模仿创作等诸多要素，无不渗透着巴斯的历史观与文学观。尤其是巴斯对神话的改写与实验揭示了神话嬗变过程中涉及的历史、文化与政治因素，这些因素充分揭示了巴斯的美学思想与神话史观。

第五章　约翰·巴斯神话重述的文化阐释

从1956年第一部作品《漂浮的歌剧》问世到2011年《思考再三：五个季度的小说》出版，巴斯用尽一生从事写作。作为实验性写作的倡导者与实践者，巴斯一直以来都奋战在文坛的最前沿，笔耕不辍，以敏锐的观察力把握当代文艺理论思潮与世界文学发展的新动态。巴斯创作了多部基于他出生地切西比克湖的作品，而且他也把自己的一生写进了作品，包括他的家庭、婚姻、成长以及困惑，甚至他还在创作的人物身上镌刻下自己以及身边人的影迹。其作品既是自传体回忆录，同时又充满了虚构成分。正如纳博科夫所说："每当我在我小说的人物身上加入了我过去生活的内容之后，它就会逐渐褪色，失去个性生活的色彩和特征。尽管在我的脑海里那些记忆和感觉仍然挥之不去，但那种属于你自己的热乎乎的感觉和回首往事的激动已经不复存在。很快地，它就成为小说虚构的一部分，远离了从前的自我，远离了那个没有艺术家介入的安全地带。"写作俨然已成为巴斯和诸多后现代主义文学评论家洞察社会与人生问题的一个媒介。他们通过写作探讨人的选择的有限性与行动的无限性之间的矛盾关系、评价历史人物以及现代价值体系、探索人类境况与个体身份的建构等问题。

正是以上问题引发了作者对于为何要写作这一新的问题的讨论。J. P. 唐利维认为，小说创作是将自己最糟糕的经历转化为钱的艺术。亨利·詹姆斯认为，作家的第一要务是使作品有趣。威廉·加斯认为，作家就是产科医生，其写作第一要务是配合文学艺术作品并使其以言语的方式诞生。而当巴斯回答这一问题的时候，他认为写作一方面能传达情绪，对生活进行评论；另一方面也能充分体现作家的魅力与事业发展轨迹，是作者生命的延续。尤其是巴斯的神话重述创作，深刻揭示了其后现代创作的观念，即通过神话重述实现现代人灵魂之重塑与现代价值体系之重构。然而，重述、重塑与重构的内在机制又促成了对当下人生存、创作、阅读体验的参照。建构一个新神话，亦是建构了一个新世界。重述神话之旅，亦是建构一种文学的存在之旅。纵观巴斯的神话重述作品、访谈以及文学评论，不难发现这些作品以文化批评视角系统地阐释了巴斯后现代主义文学创作的文化观念，即通过解构历史、观照当下，实现对文学、文化、历史与现实语境的多维建构，其作品也成为解读后现代主义文学与文化的重要参考。

第一节　现代人灵魂之重塑

20世纪西方现代社会遭受了深刻的社会危机，尤其是战后西方文明被蒙上了荒诞的色彩，从而引发众多思想家对启蒙现代性进行反思与批判。自尼采宣称“上帝死了”到胡塞尔宣告“人的生存被遗忘”，人类与自然、人类与社会、人与他人，甚至人与自我的关系遭到了极大程度的扭曲与异化。特别是历史意识的消失使现代人的记忆产生裂痕，逐渐远离传统、历史，并在孤立的时间维度中感受断裂。随之，现代人主体不断走向零散化，人的统一的、完整的整体被割裂，丧失身份之后的个体由于无法与外界建立切实的联系，成为非中心化了的主体与没有任何身份的自我。此时的人们面对各种自由选择，但却无法预知自由选择的后果将是如何。陷入非理性状态之中的人，既满怀希望，又深揣恐惧。从弗洛伊德“泛性欲主义”心理学视角来看，当人的原始本能受到压抑与阻碍时，人的主体与客体之间便产生不适应感，进而转化为焦虑。罗洛·梅对荒诞的表述更为具体，他认为荒诞是现代社会价值观崩塌的结果，人在无人性、无情感、冰冷的社会机器面前会束手无策。加缪在《西西弗的神话》中比较全面系统地概括了西方现代人灵魂所遭受的重创，在书中他提及：“一个哪怕可以用极不像样的理由解释的世界也是人们感到熟悉的世界。然而，一旦世界失去幻想与光明，人就会觉得自己是陌路人。他就成为无所依托的流放者，因为他被剥夺了对失去家乡的记忆，而且丧失了对未来世界的希望。这种人与他的生活之间的分离，就像演员与舞台之间的分离。”①

综合以上学者的论断，我们似乎更为接近西方现代人灵魂之荒诞本质，现代科技与经济的飞速发展并没有给人类带来真正的精神慰藉，反而是技术理性

① 加缪. 西西弗的神话: 加缪荒谬与反抗论集[M]. 杜小真, 译. 西安: 陕西师范大学出版社, 2003: 7.

使现代人的异化更加严重。始终威胁人类的注定的"最终归宿"与人类社会生存有限性之间的"断层"，造成了人类与世界的分离。因此，荒诞就成了人与世界唯一的联系，即荒诞贯穿于人的全部。为拯救人性的"残缺"与"萎缩"，学者们纷纷向人类早期文化发出了呼唤，希望通过神话和诗来治愈现代人的心灵顽疾。荣格在其著作《心理学与文学》中评论道："伟大的诗篇从人类生活汲取力量，假如我们认为它来源于个人因素，我们就完全不懂它的意义。每当集体无意识变成一种活生生的经验，并且影响到一个时代的自觉意识观念，这一事件就是一种创造性行为，它对每个生活在那一时代的人，都具有重大意义。"①正如《浮士德》作为德国人的神话，它触及了每个德国人的灵魂深处，并深深扎根于德国人的心灵之中。因此，用荣格的话来说："不是歌德创造了《浮士德》，而是《浮士德》创造了歌德。"②从这个意义上看，神话重塑成为解决人类困境的现代启示录。

一、重塑人性与个体身份——对真实与虚构身份的论争

虽然人的理性与信念被一次次摧毁，但为了摆脱西方现代社会精神危机，众多学人依然在不懈地努力改造内在世界，并对人类实践能力抱有坚定的信念，致力寻找人类栖居的精神家园。在理性的障篱之外，还有非理性的存在，它的存在可以让现代人找到把握世界的窗口。正如乔伊斯的《尤利西斯》、瓦雷里的《海滨墓园》，描绘了在没有上帝、没有价值尺度的荒诞社会中，人类为战胜荒诞状态的艰难探索。作品中的主人公们依然期盼美好日子再次降临，过去的回忆带给他们无限的希望，回到过去，意味着他们能够找到自己的精神之父，因为他们相信人生是有价值、有意义的存在。荒诞的背后必定还有另一番世界，透过荒诞才能找到本真与自我。正如布鲁姆与莫莉，一个平庸无为，一个充满欲望，尽管他们都生活在没有意义的荒诞世界之中，却仍对斯蒂芬抱有无限幻想。他们寄全部期望于斯蒂芬，或许斯蒂芬真的能代替布鲁姆死去的儿子给予布鲁姆以安慰，或成为莫莉最佳的性对象给予莫莉以官能的满足。可以说，上述作品已经超越了传统的理性认识框架，深入非理性之中探究生活与人的存在的本质。

---

① 荣格.心理学与文学[M].冯川，苏克，译.北京：生活·读书·新知三联书店，1987：138.

② 荣格.心理学与文学[M].冯川，苏克，译.北京：生活·读书·新知三联书店，1987：142.

真实与虚构身份之间的悖论同样反映了人在荒诞之中对自我的认识与探寻，诸如《烟草经纪人》中的库克、伯林盖姆、史密斯，都在真实与虚构身份边缘游走。一直以来，库克都是一副玩世不恭的模样，虽子承父业继承了种植园，但库克却不善经营。在赴美洲之前，库克与马里兰州的巴尔的摩勋爵相遇，至此库克终于找到了自己的使命，那就是成为一位伟大的诗人，撰写《马里兰颂歌》，以赞美这片土地上的优秀儿女和统治者的丰功伟绩。戴着"马里兰州第一任桂冠诗人"的光环，库克奔赴前程。然而，在酒馆喝酒时，忽闻大街上有人正在追捕桂冠诗人，且有人冒名顶替自己桂冠诗人的头衔，库克不知所措，第一次昏倒在地。在赴美洲的行程中充满危险与挑战，库克与家仆伯特兰互换了彼此的身份，然而仆人的身份却使他备感侮辱，甚至差点儿就失去童子之身。又因伯特兰赌博，不仅让库克损失了所有现款，而且也赌上了种植园的所有权，被骗的库克昏迷了三天三夜。到达美洲大陆之后，库克设想能像维吉尔一样撰写一首史诗。但事与愿违，库克所见到的一切几乎让他陷于崩溃的边缘。这片土地上到处生长着鸦片，土著人吸食鸦片，白人热衷于娼妓，法庭上充满了不公与歧视，这里哪是想象中的一方创作净土。库克再一次陷入昏迷状态，而当他得知他所崇拜的巴尔的摩勋爵也是假冒的身份之后，濒于崩溃的库克在又一次昏迷后思考着自己的身份。他真实的身份究竟是谁？是埃比尼泽·库克本人？还是为马里兰州歌功颂德的桂冠诗人？而后他奋笔疾书，以虚构的桂冠诗人的身份创作了一首真真正正的马里兰州史诗《烟草经纪人》，以讽刺和揭露殖民地时期的政治黑暗与阴谋。也许，此时库克才明白一个道理，在这个荒诞的世界上根本就没有所谓被巴尔的摩勋爵冠名的桂冠诗人，世人也不关心讴歌这个时代的桂冠诗人，恐怕只有库克自己在意这个身份，在内心当中认定自己为马里兰州真正的桂冠诗人吧。同样，伯林盖姆也在印第安酋长失踪多年的儿子与伯林盖姆三世身份之间徘徊，一封封书信、一本本日记的出现，让伯林盖姆的身份成了谜题。史密斯船长的身份更令人难以捉摸，史料记载他是一个传奇人物，个性勇敢、坚毅。16 岁时他离家从军，在欧洲地区作战，殖民地时期由于热衷探险在理事会谋得一个职位，而后又得到"新英格兰大元帅"的头衔。定居英国后，他先是从事创作，成为一名杰出作家，最后成长锻造为一名英雄船长。而在《烟草经纪人》中，库克和伯林盖姆对史密斯的描述却与史料记载恰恰相反，认为史密斯是一个荒淫好色之徒，诡计多端、刚愎自用。

由此可见，真实与虚构的身份引发的悖论是现代人一种普遍的生活境遇与状态，不论库克是否被任命为桂冠诗人、伯林盖姆是否为印第安酋长的儿子，抑或史密斯是否为史料记载的英雄人物，等等，上述问题已不再重要，因为他们的身份会不断被否定、重塑、再否定、再重塑。犹如他们的身份危机一般，当今的人们依然要面对现代性的各种危机，诸如知识合法性危机，但跳出传统的认识论，我们将以一种新的视角重新审视人类与世界、人与人，乃至人与自我的关系，这也是后现代理论给予我们的重要启示。无论小说中的主人公具有怎样的身份与个性，无论他们的经历有多么滑稽与荒诞，此乃人与世界共在的方式。荣格指出："人类精神史的历程，便是要唤醒流淌在人类血液中的记忆而达到向完整的人的复归。"①当代人在真实与虚构引发的悖论中迷失自我，以致被遗忘，对完整人性的呼唤却总会在所有畸变的时代产生回响。这就是伟大艺术的奥秘，也正是它对于我们的影响的奥秘。艺术的社会意义正在于此：它不停地致力于陶冶时代的灵魂，凭借魔力召唤出这个时代最缺乏的形式。艺术家得不到满足的渴望，一直追溯到无意识深处的原始意象，这些原始意象最好地补偿了我们今天的片面和匮乏。巴斯通过重述这段马里兰州的英雄史诗，召唤了人类集体心灵深处的回声，有益于现代人追寻自身的完整与平衡，改变人们对这个时代的谬论与偏见，并为现代人人性与个体身份的重塑指明了方向。

二、愈合历史与记忆裂痕——对个体存在与自由的探寻

从《漂浮的歌剧》到《迷宫》，巴斯在小说创作中一直试图对人类的存在和本体论问题展开深入的研究与思考。透视这些作品我们可发现它们的共性之处，小说从人物的构塑到环境的设置，无不体现虚无主义的色彩。在这种充满矛盾和虚无主义色彩的社会制度下，现实环境束缚每个个体的自由。因此，当代美国人性格中的矛盾性在巴斯的作品中普遍存在。当每个个体在追寻自由与存在时，深感自由与虚无共存共生的状态，所以自由的悖论也是当代美国社会的悖论。

小说《漂浮的歌剧》的创作源自巴斯对童年的回忆。小时候巴斯看过水上剧场的表演，由此开始了他的构思，立意以滑稽表演的方式反映人的存在这一主题。小说主人公托德是一个典型的虚无主义者，和《路的尽头》中的雅各布一样在现代社会中漂泊。他反复质问自己、否定自己，甚至找不到活着与死去的理

① 荣格.心理学与文学[M].冯川，苏克，译.北京：生活·读书·新知三联书店，1987：176.

由，他思想极其活跃却又厌世嫉俗，想尽各种办法证实自己的存在。他曾参加第一次世界大战，引诱过好友的妻子，调查过父亲自杀的原因，还试图自杀。他经过荒唐的逻辑推理后得到如下结论：从根本上讲，人不存在生或死的理由，因而当人赋予事物价值时，荒诞也就由此而生，因为一切事物都没有内在的价值。受存在主义思想的影响，巴斯同样赋予小说主人公“自由选择”的权利。存在主义代言人萨特在其作品《恶心》中同样塑造了一个虚无主义者安东纳·洛根丁。《恶心》是一部日记体的“哲学日记”，故事中安东纳·洛根丁在海边打水漂的时候，产生了一种强烈的憎恶感，那是一种带甜味的厌腻的感觉。于是洛根丁感慨道，人活着，存在于这个世界上，这就是全部真相。在这个虚无的世界中，人人如行尸走肉般，没有活着的理由与希望。一旦你认识到这一点，你就会反胃，这就是恶心。相比来看，《漂浮的歌剧》中的托德也同样处于对传统的哈姆雷特式的内心独白的模仿，但实则是对它的颠覆，活着或是死去，都将故事及人物本身推向了虚无，诱发人对存在的现代性反思，即主体的自我悖反性。

主体的自我悖反性突出表现为自我的一种分裂，从一开始主体便丧失了它的内在统一性。虽然叙事中主人公的言语行为较为清晰连贯，但与传统文学相比，多半呈现为自我悖反的特征，作为《漂浮的歌剧》的叙述者，安德鲁斯便是自我悖反式人物的典型代表。他运用叙事策略来展现现实的虚假性，凭借否认事实真实性的态度来掩饰他无法逃脱生存与死亡的现实。现实生活中安德鲁斯是一个正常人，但他的字里行间都透露着精神错乱的特质。安德鲁斯缺乏安全感的状态像极了精神分裂症患者，这是一种普遍的焦虑和所谓的加缪式的“荒诞感觉”。从某种程度上说，安德鲁斯对过往历史与记忆的追思，尤其是探究父亲自杀的悲剧，构成了他生存中的唯一意义和目的，更为确切地说，构成了他的“精神苦旅”。他曾醉酒萌生自杀的想法，决心结束这种无止境的痛苦，而当酒醒后他发现自己还活着，周围一堆未邮寄的信件，还有未完成的使命，迫使他不得不虚构父亲死亡的种种原因、想象各种细节、拼凑证据以证明自己的判断。然而，越来越多的虚构情节和片段越发让安德鲁斯失去想象的自由与空间，于是他又开始怀疑这些所谓的历史线索与记忆是否真实，他的父亲是否真正存在过，他自己存在的意义究竟为何。安德鲁斯对自己的否定恰恰是自我分裂的结果，分裂出去另一个自我，自我与另一个自我在相互矛盾斗争。安德鲁斯把自杀视为自我的终结，那么既然自我已经死亡，那就无法再被毁灭。之后在《书信集》里，69 岁的安德鲁斯阐释了那不可解脱的矛盾的本质，并且在这个世界上处处皆为秩序、皆为形式，可它们的意义何在？经历了几十年的追忆以及对个体自由的探寻，得到的结局仍然是无休止的秩序，一切都不曾改变，不论活着还是自杀，都没有最终理由。这个结论既是对生活的普遍怀疑，也是一种虚无主义的处世哲学。

海登·怀特为巴斯笔下的人物命运做出了最好的阐释，他认为过去已成为历史被永久封存，它具有不可复制性与不可变更性。然而，生活在当下的人们并非能够正确地认识自己并体会到自己存在的每一个片段，因为这片段极易消逝、极易隐退。因此，安德鲁斯的危机可归结为现代人类的认识论危机，究其本源，也就是本体论危机。他只有将存在与死亡和解，厘清历史与现实，才能面对崭新的生活与崭新的世界。否则，他将继续活在那个无休止的秩序之中，循环往复。巴斯有意将安德鲁斯的故事放置于神话层面，通过追思与回忆重现历史事件，把感情放置在纯粹的理性思维框架之下展开人物的对话与叙事。且整个故事拒绝在事件里构建一个可预见的认知模式和某种固定的模式，而是将创造性的思考与偶然性在事件中加以合理化，成为一种新的模式。也正是在虚构与现实之间，我们领略到了巴斯作品中的回忆叙述模式。后人绞尽脑汁地重述历史，最终仍是被困在闭路的历史之中。这样看来，安德鲁斯始终生活在永恒的现在，未来只不过是现在的一部分罢了。安德鲁斯对历史的追问，也变成了全人类面对迷茫的世界时的真实写照。巴斯多次明确，当我们人类书写历史时，会通过重新整合历史经验来弥合记忆的裂痕，虽然结果往往不会是我们所要的真实的记忆，但这也算是我们对历史的了悟吧！如果历史是一场梦，那么愈合记忆裂痕最好的选择便是重温旧梦。

三、构建个体统一性——对自我价值的探索与定位

上述我们提到《路的尽头》讲述了主人公雅各布的故事。雅各布的故事实际上是巴斯对人的个体的统一性与自我价值的分裂和缺失现状进行分析。雅各布作为现代人的典型，找不到自我身份与自我价值，历史中几乎没有关于他的背景资料的记载。作为独立的个体乃至一个人，他的存在与历史脱节。可以说，他既没有过去也谈不上未来。作为整部小说的一个叙事者，在开篇中他就高声疾呼“我是雅各布”，试图通过语言来证实其身份与存在。

整部小说自始至终都是雅各布的自白，其目的只有一个：证明他是一个

人，一个拥有自我的独立而又统一的个体。由于给莱妮带来了无法弥补的伤害，雅各布试图寻找各种托词逃避道德的谴责。他为自己的行为找到一个辩解词，即“多重的自我”，原因在于他无法在长时间内扮演同一个角色。就是这种托词铸造了整部小说的美学基础，他经常自言自语并告诉他人他的思想和行为并非发自内心，因为他似乎天生就是言不由衷、词不达意、精神麻痹、缺乏行动力的人。这一点也说明，雅各布内心中还有一个真诚的自我，然而他的真诚却遭到黑人理疗师的痛斥。理疗师郑重地告知雅各布，如果一个人觉得自己所佩戴的面具不够真实，那只是因为他本身与该面具是相悖的。实质上，雅各布的观念与行为恰恰演绎了萨特有关意识结构与诚实观念之间的关系，当意识结构与诚实观念之间产生了冲突，人统一的个体便会被切断、分裂，即非自我的原初结构迫使任何一种朝着存在或自我的运动都不可能实现。因此，萨特将个体分裂的根源归结为人类的伦理焦虑感，在虚无之上的人类自我本体永远无法拥有一个立足点，虽然主体已经确立了自己的身份，但他们的自我价值却遭受质疑。因此，我与自我之间那无法逾越的鸿沟便是导致统一主体产生断裂的根源，这在另一个层面也印证了为何小说开头雅各布有一段自白并对自我身份进行了一个假定的陈述。

继《路的尽头》之后，巴斯又将这一话题在《书信集》中继续加以讨论，试图运用神话疗法从生理到心理上给患有精神综合征的病人进行医治。神话疗法通过不断地去固化存在主义的伦理观念，使人摆脱当前的精神混沌状态，在变幻莫测的环境中确立秩序并找到自我的定位。巴斯塑造的雅各布的角色，代表了人类对自身价值的不懈追求，《书信集》中他继续寻找遗失在历史陈迹中的人类精神与统一的自我。从这个意义上说，巴斯似乎再一次跨越了存在主义哲学关于自我本质狭窄的定义。

第二节　现代价值体系之重构

第二次世界大战给西方文学观念与文化观念带来巨大变革，战争带来的恐惧与新科技用于杀人的手段不仅让人毛骨悚然，也给了人类数千年来建立的一整套价值规范和传统道德体系致命的一击，直至近代理论精神土崩瓦解。战后，西方资本主义国家与社会主义国家形成两大对立阵营，开展了为期 30 多年的冷战。一堵墙，不仅隔离了东西民族之间的经济、文化往来，也阻断了东西政治与外交关系。直至20世纪80年代新技术革命的到来，打破了原有的社会禁锢的束缚，带动了社会经济的发展，也极大地提高了社会生产力，形成了一个新的发展格局，人们的生活方式、思想观念和思维方式备受洗涤。一轮新的矛盾与人文危机席卷而来，原有社会价值体系随着生产力的快速发展被击得粉碎。可以说，战后西方经历了一场前所未有的“精神危机”，尤其在尼采宣称“上帝死了”之后，人们在迷惘与失落中艰难地探索人生的价值与存在的意义。现代主义者们试图将原始宗教、神话乃至基督教作为现代荒原的参考，以拷问西方现代生活方式与生存现状。然而，人们看到了旧有价值体系已不能适应现代社会的发展，决心重新评估一切传统价值，并寻求一种普遍的价值标准和有效的原则以恢复社会秩序，赋予人生存的价值与意义。然而，经过半个世纪的努力与求索，人们不仅没有消除这种精神危机，反而深陷第二次世界大战所带来的更大的危机之中，迫使学界不得不以一种新的视角认识和把握世界。以贝克特、尤奈斯库等作家为代表的荒诞派戏剧大师展示了百无聊赖的现代人苟且于一个死寂的荒诞世界里，最终耗尽自己生命的全部。以罗伯·格里耶为代表的法国新小说派描绘了一个静态的物的世界，在这个客观冷峻的世界里人不仅无法摆脱命运的束缚，同时人也为物所羁绊，成为物的奴隶。以冯内古特、约瑟夫·海勒为代表的黑色幽默小说家勾勒了一个无序、偶然的荒诞世界，第二十二条军规成为这个世界未必人人清楚，但必须遵守的游戏规则。面对战后物质、精神的全面崩坍，人们眼里及内心充斥着焦虑、孤独、彷徨，西方知识分子势必要通过抗争荒诞世界以获取自由选择，摒弃传统文学及文化的基本理念，以全新的方式重建价值体系。

一、当下与历史记忆的参照

布莱恩·麦克黑尔在《现代主义文学向后现代主义文学的主旨嬗变》一文中指出，后现代主义是以本体论为基础，并关注如下几个问题：世界是什么？当不同的世界相遇时会发生什么或者说会带来什么？被设计的世界是如何建构的？文本又是以怎样的方式存在的？基于此，我们可知现代主义文学与后现代主义文学的根本变化在于对世界的认识。现代主义由于遭受西方战后深刻的精神危机，对世界的认知尚停留在认识论层面，而后现代主义文学则采取了一种语言游戏的方式来对待一切价值体系与传统观念。这就意味着在后现代语境下，文学变成了一种纯粹的语言游戏。鉴于此，人们的世界观就此发生了根本性改变。以卡夫卡为代表的荒诞派小说家用荒诞形式对抗荒诞世界，以卡尔维诺为代表的小说家用幻想话语与散漫性解构传统寓言，以博尔赫斯、托马斯·品钦为代表的小说家则运用一种无序的、缺席的、无法把握的东西构建了一座座迷宫世界。巴斯则通过神话重述把当下与历史记忆拼接在一个共时性的空间中，以空间取代了时间的延伸，并使当下与历史互为参照，在神话世界与现实世界的双向超越中观照现代西方社会。

相较巴斯以往的神话重述作品，其作品《英仙座流星》不再关注英雄业绩与英雄形象，而是另辟蹊径，以一个潦倒的老态龙钟的男子梦想重回年轻时代的心理作为作品的关注重点。他寄希望于回顾自己的英雄业绩以摆脱日渐衰老的现状，从而焕发新的生机。那么，他又如何重温过去的光辉业绩呢？现实中他只是一个普通人，而不再是神话英雄珀尔修斯，这一点他比谁都清楚。他只有以神话英雄珀尔修斯的名义重述这段神话，才能激发新的生命形态。首先，这部作品由珀尔修斯以第一人称的叙事方式展开，以形成对原作的戏仿。作品开头便是珀尔修斯给卡莱希亚讲故事，讲述自己以往的经历与事迹。珀尔修斯起初是在沙丘上写字，因为他说过写作让他感到安宁，写作可以让他抹掉一切，甚至抹掉自己。读罢作品我们发现，写作似乎已经与他的生命状态紧密联系在一起了，对于他而言，写作便是生活，如同故事一般。其次，他不断地给卡莱希亚讲述过往，实际上也是一种写作方式。表面看珀尔修斯在不断地书写自己过去的辉煌，但实际上是他走近现在、逐步走向未来的一种方式。当然，重写这段历史，并不意味着对历史的随意捏造或涂改，而是立足当下对历史的深刻反思。当历史事实变成了文本化的历史，变成了一种可以擦掉重写的文本，那么这段历史便被赋予了当代品性。如果抽去珀尔修斯的英雄情节，那么这段神话也就变成了一个空壳。因此，我们不得不反思这样一个问题：在理性时代，人们用科学精神摧毁神话，从而具有主宰一切的权力，而为何现代人对这个荒诞、枯燥、异化的世界却表现得束手无策，只能凭借想象去建构一个世界的存在呢？

几千年来，人们对古代神话以及神话思维模式不曾产生过任何质疑，然而当下人们为什么只能通过想象重述那段历史呢？回溯美杜莎以往的女妖形象，再看如今温文尔雅的卡莱希亚，这难道不是对理性世界的致命一击吗？美杜莎形象的转变没有任何理性依据，尤其是她被砍下头颅后居然疯狂地爱上了斩杀她的珀尔修斯，这是令常人不能接受的事实。于是，我们不得不怀疑我们口中所谓的真实世界。在理性思维之外是否存在着一个想象的世界？由此可见，巴斯的作品立足当下人类的生存处境，立足当下社会现实，重述古代神话，既为现代人找到了脱困之路，也熔铸了现代人对生存本体论的深入思考。因此，重述的神话不仅具有了道德的、审美的意义，而且形成了当下与历史记忆的参照。

二、现实与神话想象的参照

上文我们提及神话重述的本质在于，现实生活中的人借用古代神话故事框架与当下人们的生存状态做参考。阿姆斯特朗曾明确阐述，科学与理性虽毁灭了神话思维，但启蒙理性并没有全面战胜神话。今天的我们虽然物质丰富，但却精神贫瘠。我们战胜了死亡与恐惧，但却丧失了对这个世界的想象。我们需要神话，去体验一种超越理性的存在价值，去创造一种新的精神纬度。无论是重述古代神话故事，还是在某种观念之下建构一个新的神话，都是当代人为了解决现实问题寻求的一条出路。当人类不断聚焦于一个充满功利观念的世界时，就会丧失对另一个世界的观照。《英仙座流星》的故事框架，为我们回溯和重写过去提供了文学借鉴。古代与现代、现实与想象被置于同一个共时性的空间结构之中，使得原有的神话庄严性被掩盖在现实的狂欢之下，神话英雄走进现实生活，变成普通人。这是将神话历史融入当下历史迈出的第一步。老态龙钟的珀尔修斯逐渐恢复青春与活力，与卡莱希亚重燃旧情，试图再次找到石化的美杜莎，是他重获生命的体现。若珀尔修斯作为人类的象征，就意味着现实也照亮了神话世界，也在另一个侧面说明现实与神话的融合又向前迈出了一大步。浮雕的出现又将珀尔修斯的故事推向了一个新高潮，不同排列组合的浮雕象征着过去、现在与未来，也构塑了整部作品独特的时间模式。浮雕也是巴斯一种独特的书写方式，它不仅仅是历史的纪事，更是一种对现实与神话想象之间关系的建构。因为，浮雕不只指向过去，引领人们重温神话时代，更重要的是，浮雕的细节让人们在回忆中走向现实，让人们坚信，神话即是现实。昔日的英雄珀尔修斯就是一个普通人，他深深地爱恋着卡莱希亚，这就是一个真实的灵与肉结合的故事，这就是人类不断重复的故事。

巴斯的作品读起来总是让人既亲切，又陌生。他似乎在叙述一个与我们毫不相关的他者的故事，但每每这个他者又好像是另一个自我。每一个故事都显得与众不同，改变的只是讲故事的方式和原有的故事形态，不变的还是当代人在生命史观上书写独特的生命历程。在《柏勒罗丰》中，巴斯用潮汐变化概括主人公一生命运与人生际遇，讲述者柏勒罗丰以一种全知全能的叙事视角对被讲述者，即作品中的人物柏勒罗丰进行评述。因此，作品中的两个柏勒罗丰之间就形成了相互指涉。讲述者柏勒罗丰和故事中的柏勒罗丰互为彼此的他者，无论我们设想哪一位是真实的，自我都会面对一个他者。这部作品的矛盾产生于我与自我、自我与他者之间，即真实与虚幻的自我之间。如此，一个完整而统一的自我变成了碎片。于是，这种真实的自我与虚幻的自我之间的矛盾，就变成了现实和神话之间的矛盾。现实中的普通人想要借助神话英雄光辉业绩摆脱精神危机，神话英雄想要通过现实中的普通人将其故事永久流传，就这样，神话英雄与普通人之间的界限被打破，为现实走进神话、神话熔铸现实提供了无限空间。柏勒罗丰的故事既超越了传统文学观念，也填补了文学与现实之间界限的鸿沟，即从阅读走向书写，从回忆走向现实。巴斯曾说过，创作过程本身就是一个理解和重新阐释的过程，因而也体现了时间的流动，时间成为后现代时空变幻中的偶然流动。读者与作者在时空体中体验现实与神话想象的超越力量。

三、建构一个世界的存在

柏勒罗丰的故事告诉我们，在古代神话与现实生活的对比中，柏勒罗丰只是后现代语境下语言的建构物，即一个符号罢了。柏勒罗丰既可以是一个人、一群人，也可以是任何人。是人在书写自己独特的生命历程中，塑造了另一个自我。柏勒罗丰从普通人变成神话英雄的过程中离不开对人生模式的把握，这种人生模式既让人信服，又让人怀疑。原因在于，模式自古以来都是相对固定的，要想回到古代神话世界，重温光辉历程，就必须遵循这个固定模式。那么问题是，一旦这个模式成为一种束缚，人就会变成模式的附庸品，就像安忒亚迫不及待想实现自己的梦想，想要与神结合，生一个半人半神的孩子，或者具有四分之一神的血统的孩子，最终模式让她几近疯狂。于是，这些所谓的碎片、面具便逐渐取代了真实的自我，让人辨认不出。由此，我们相信在后现代文学图景中，那个置于人之外的有序世界不存在了。因为人与世界的边界已越发模糊不清，不论我们用什么方式去认识和理解一个现存的世界，都已经没有任何意义。可以说，文学便是这样一种构建，不是要去阐释一个已经存在着的世界，而是要去建构一个新世界。因此，作品的存在方式也不是既定的，也是一个建构的过程。那么作品的创作过程，即是作品与世界的建构和生成的过程。

阿瑟·A.伯格的小说《一个后现代主义者的谋杀》堪称文学建构的典范之作。作品讲述的内容是格罗奇在一场宴会上被人谋杀了，侦探仅凭格罗奇留下的一张纸条便判定为这是一场后现代的谋杀，于是侦探就把他全部注意力从刑事案件的调查转变成对后现代主义理论的研究与探讨。侦探查询了格罗奇生前的档案，并且找案发当事人谈话、观看格罗奇的讲演记录，等等，这一切调查的目的就是要弄明白后现代主义理论到底是什么。在小说结尾之处，侦探似乎能够完全接受后现代理论了，因而对格罗奇的被杀做出了一个独特的、后现代主义式的结论：虽然格罗奇被谋杀，但他真正的死因在于心脏病发作，因此在场的人与格罗奇之死毫无关系，都是无罪的。小说的结局告诉我们一个事实，在后现代文化背景中，人人皆可凭自己的意志和理念去建构一个世界，至于这个世界是否存在也就没有实际探究的必要了。

后现代理论给予人们的最大启示就是让我们对人类和世界、人类和现实、人和人乃至人和自我之间的关系重新进行界定，这种思想本质上就是后现代思想的核心。任何关于世界的建构实则都是一种语言游戏。与传统文学构塑的有序的荒诞世界相比，后现代所描绘的则是虚拟世界，是神话般的，一旦脱离了有序的规则，荒诞是否合理这个问题也就不存在了。后现代主义的荒诞哲学颠覆及消解的就是近代的理性，并对启蒙现代性进行了审视和反思。依照后现代荒诞哲学的理念，任何思想观念与表达都只是语言的建构、话语的游戏，且无关世界的真相。启蒙和现代理性建构起一个井然有序的、机械的、可知的客体世界，把人置于和这个客体世界相对立的主体地位上，在主客二元的框架中把握二者之间的主客体关系。这种启蒙与现代性设计构成了现代社会的理念基础，启蒙思想家们设想现代社会只要按照这种合理性的制度发展，就能够实现其宏伟蓝图。但是，20世纪的现实却将启蒙思想家的华美预言击得粉碎，西方现代社会的发展给人带来的不是希望，而是深重的精神危机。

第三节 重塑、重构之文化批评

纷繁复杂的后现代文化现象表现出了极为特别的品质，也体现了较之以往任何时期都与众不同的思维方式。伊哈布·哈桑将后现代文化归纳为 33 个特性，包含零散化、无深度、不确定性、非原则化、狂欢、反讽等。当文化走进人类生活并日益成为人类的重要生活方式时，在当下的历史语境下，后现代主义文学既表现出极强的解构性，也表现出极强的建构性。盛宁认为，后现代主义是对西方人文传统的一次重新书写与整合。利奥塔分析了后现代的知识情况后做出结论，认为传统的合法性已过时，只有去解构合法性，才能建立后现代话语游戏的合法性。对于后现代主义者而言，一切都是文本与话语，一切都是语言的游戏与话语的狂欢，他们蔑视一切权威，怀疑一切规则，以现实为参照对逻各斯中心主义进行彻底的颠覆与解构。《等待戈多》中的戈戈和狄狄在死寂中百无聊赖地生存，并开始漫长而痛苦地等待。至于戈多是谁？从哪里来？将要到哪里去？这完全不在他们思考范畴之中。以贝克特小说中的主人公为代表的芸芸众生既无法获得身份认同，又被物化而走向主体反面，甚至失去了主体本身，呈现非实体化特征。诚然，一部分后现代主义理论家和学者仍然坚持这一概念，诸如福柯、德勒兹、利奥塔等人将主体视为话语的某种建构。在后现代语境中，主体成为语言建构中的一个符号，用拉康的话来解释，是语言产生了我，也是语言创造了主体。因此，我们再也无法在后现代的文本中看到以往常出现的那些鲜明形象、典型人物，也不能将某一文本归结为某一种文学类型。因为在当下语境中，文本所塑造的人物没有任何实际能指及所指意义，他们只不过是一种符号的象征物。正如卡夫卡《城堡》中的 K，具体叫什么名字，是什么身份与性别，都不确定，K 就如同一个语言符号，它只是一个漂浮的能指，没有什么特殊的意义。基于此，文学作为被书写的文本，便成为作家主体精神世界的外化，那么后现代语境下作为主体的作家便成为一名写手。当文学的界限模糊了，作者与读者的界限消失了，文学创作就完全成为一场狂欢式的游戏活动。

一、文学、文化、历史与现实语境的共同建构

文化凭借其内驱力来实现统一，它把思想与意义融合于一体，以此渗透到社会的方方面面。其内聚力的获取需要凭借始终如一的自我道德意识、美学观念、生活方式等。当人类进入现代社会转型期，文化也随即发生了巨大变化。现代主义文化对主流文化进行颠覆与反叛，也对正统秩序给予强力攻击。工业革命给我们带来了空前的自我认知的危机，因此，艺术类型变为了旧概念，且它们各自不同的类型在不稳定的经验中被忽视或批判。欧文·豪曾评论道，由于人处于碎片化的存在，部分代替了整体，因此，过去与现在之间有着重重裂痕，连贯的历史被折断，仅剩断壁残垣。这些变化在人的精神世界引发了更为深刻的危机，即灵魂不朽信念的丧失。自此，人们重视现在与未来，并且切断与过去的连接，这种有如末世的焦虑贯穿现代人生活的始终。正如浮士德所言，人们获取到了那神圣的知识，来证明在人类身上存有上帝的形象，否则就干脆承认自己是虫豸的亲戚。

反文化运动带来的自由主义意识形态席卷了文化领域，集中体现在社会解构和文化断裂，以及认识表现与感情表现之间的断层上。整个社会是一个日益非人格化、日益自由的社会。相对于传统的“你是谁?”这个典型问题，今天的人宁愿相信，我是自己的产物，我创造了我自己，我认识了我自己，这便是人类现代性最明显的标志。由此，艺术理论家们不得不以新方法重新聚合这些碎片，每时每刻反复不断地塑造或者重新塑造自己。苏珊·桑塔格在《反对释义》这篇文章中表达了对文学的态度：很多现代诗歌，从法国诗歌的伟大试验开始，把无言插入诗行，或恢复文字的魔力，就逃避了释义的粗暴的控制。她反对释义的前提就是对传统意义观念的超越，其观点与罗兰·巴特的“作者之死”和伊哈布·哈桑的不确定性惊人地相似。表面上看，这种意识完全将科学、理性、真理等观念抛弃，在质疑同一性、中心化、主体性的过程中更加注重多元化、断裂性、差异性。因此，后现代文学经典化的过程，是一个解构之后再建构的过程。

巴斯深受后现代文化氛围的影响，他在《文学的枯竭》一文中感慨道，伟大的文学时代已经一去不返了，现在的文学已经进入了枯竭时期。文学创作如何能够在纷繁复杂的后现代文化语境中突出重围，重塑经典，焕发生机，是当下作家普遍焦虑的问题。巴斯受拉格兰和荣格等学者的神话理论的影响，在作品

中着重探讨了文学创作与文学传统的关系。巴斯在回忆自己几十年的创作生涯后感慨道，包括他自己在内的当代小说家们总是面临创作困境，这是一个普遍问题，小说家们苛求标新立异、独树一帜，然而现实的枯竭总是将他们置于死角。因此，《文学的更新》一文，给巴斯及同时代的作家们带来了新的创作生机，重述这种叙事策略也因此被称为“新的人文壮举”。由此可知，后现代主义文学作为一种复杂、包容、综合性的文学，不仅将自然、超自然乃至整个宇宙纳入小说的内容，而且将事实与虚构并列、古代与现代联结，实现对现实主义和现代主义的超越。传统为他的文学创作提供了历史语境与鲜活的影像，原典神话为其创作提供了丰富的叙事资源与多维文化语境。然而，神话的价值还在于其当代品性。现代神话蕴含着当下语境之下人类自身价值及社会常理的表述，因此，神话重述的方式也必然随着时代的更迭而发生变化，它所展现的当代品性成为被重新书写的价值所在。约翰·巴斯以后设性视角借重述神话打破“文学枯竭说”，以带有实验性质的叙事手法解构文学传统，缓解创作焦虑，形成了具有张力的诗性神话。其作品在实现历史陈述与文学虚构双向超越的同时，从文化记忆深处重新审视历史与文学传统的关系。并对人类历史发展模式展开深入思考，探索神话、语言与文化的多维互动关系，以实现文学的终极关怀，体现了对当下人类存在本质的现代性反思与人文主义观照。巴斯的神话重述作品涉及古代、现代、历史、记忆、传统、现实等多维视角，故事本身的时间、文本的叙事时间、古代与现代的时间以及历史与现实的时间，编织了一个时空交叠的网。在这张网上，文学、文化、历史与现实语境共同熔铸了巴斯的神话重述。

二、对多元思维方式与叙事表征危机的再审视

在后现代历史文化语境中，不仅主体内部出现了分裂，体现了自我悖反性。后现代文学的叙事模式也出现了自反性，逐渐脱离作为客体的叙事作品的内在形式与结构，读者参与阅读的创造行为成为作品的内在特征。这种根本性的转变，体现了文学主体性的消解。另外，文学从其他精神文化产品中分离出来后具有了自身合法性。当文学作品的主体性被分化了以后，逐渐呈现以下四个特征：政治化叙事、理论化叙事、碎片化叙事、平面化叙事。文学叙事政治化是一种泛化的政治意识形态。马尔克斯的《百年孤独》是一部文学叙事政治化的典型力作。《百年孤独》虽具有魔幻特征，但也深刻揭示了西方殖民文化的痕

迹，拉丁美洲文学的爆炸不仅仅是一场文学运动，更是一场寻找拉丁美洲民族特性的政治运动。文学叙事理论化旨在打破文本叙事框架，在叙事过程中夹杂理论阐释。如巴斯在《曾经沧海：一出漂浮的歌剧》中将自己视为小说的主人公，直接和人物对话，表现为“自传性”真实。同时，小说中的人物时不时走出文本世界，对巴斯的创作进行评论，甚至建议作者如何设计并安排情节，充分体现了元小说的创作特征。文学叙事碎片化与平面化，突出体现了后现代文学叙事的独特模式，叙事线索不再呈现为一条规则的历时性线性结构，而是表现出断裂、错位的解构式特征。不但作品的完整性被打破，叙事的连贯性也被消解，大量的戏仿、拼贴片段和陈词滥调涌现出来，彻底颠覆了传统观念上的读者期待。自此，读者似乎意识到文学与生活之间界限已然被抹平，文学活动从头到尾都是一种语言的游戏，既无深度，又无寓意。

文学活动表现为语言的游戏，究其实质是读者对文本意义产生于何处的看法产生了转变，究竟是世界在说语言，还是语言在说世界？意义之所在究竟是语言还是世界？古希腊时期存在的两种相对的语言观，就语言是本源上的逻各斯或语言是词语的衍生物争论不休，这两种语言观在相互的博弈中让我们越发清晰地了解语言的实质。此后柏拉图在《理想国》中进一步指出，当文艺对世界进行摹仿时，语言即是对世界的“再现”，即明确了语言作为世界的表征。一直以来，这一观点都处于主导地位。然而，随着语言学转向给予语言更多的关注，语言作为世界表征的合法意义再次受到质疑。文学既可作为世界的再现，同时也可能是它们的歪曲，文学这面镜子并不能忠实地反射事物。既然凭借语言媒介所再现的世界并不可靠也并非合理，那么，我们通过语言来把握的世界岂不是一个幻象？我们又如何向自己来再现自己？后现代语境下，语言的表述很有可能是一种语言游戏或者是语言建构，我们所面对的是一个语言、象征的世界。德里达反复强调文本之外一无所有，但我们又不能将语言看成独立于世界存在的符号。语言学家格雷马斯认为，文本意义无非就是从一个语言层面向另一个语言层面的平移，两种代码转变可能产生其意义。包括索绪尔在内的语言学家们同意语言是一种自足的体系，具有定义世界和建构现实的功能。诸如法国新小说派作家罗伯·格里耶的作品，完全打破了真实与虚构之间的边界。他认为作为自足的语言体系具有创造全新世界的力量。因此，后现代的作家们尝试以各种形式对文本世界进行探索、实验、改写。那么，后现代语境下的改写也意味着对文本以及语言的再认识、再思考，也体现了学术话语的再建构。

巴斯多次提及在文学史上文学的形式与技巧已穷尽，但即便如此也会有新的路径可探寻。他一贯坚持对人类语言本质进行思考，旨在提醒读者语言是主体的建构物，具有很强的主观性。巴斯不止一次劝诫人们，文学创作要始终回归传统，将当代的文学创作扎根于整个文学传统中，以获得历史的深度和广度。《羊孩贾尔斯》是巴斯将一部传统意义的成长小说寓言化的先锋之作。这部小说着重表现的就是以计算机为代表的科技成为新的神话，在满足人类欲望的同时彻底地将人类“格式化”，使人成为机器的附庸，人的爱欲备受压抑。羊孩也常常在意识与语言的迷宫里走失，对于他而言，在十二年零四个月以前的夜晚，有道理和无道理，已然没有意义了。脱离历史语境的古代神话故事，俨然已经不具备道德与审美功能。在当下语境中，古代神话成为被重新书写的文本，时而被篡改、被扭曲，时而被嘲讽、被戏谑，不仅故事形态发生了改变，其意义也有别于一般的文本。被重述的神话代表着人类对生命史观的再创造与再认识，也代表着人类对自身前途命运的再思考与再审视。某种意义上，重述与重写也代表了巴斯为文学形式更新开辟的新路径，从而成为摆脱写作困境的新举措。这其中，重述绝对不是简单的否定与背离，而是建设性的建构与超越，即在消解和解构“前文本”的历史文化语境的前提下，重建合理意义的虚构。按照福柯的说法，传统形式的历史将往日的丰碑变成文献以呈现历史踪迹，现如今历史将文献变成丰碑对文本再描述、再定义、再阐释，形成一种新的话语建构。而后现代叙事所产生的表征危机，一方面，体现了人们开始怀疑借助语言这个媒介对世界的把握；另一方面，语言媒介再现世界的可靠性与真实性遭到质疑。正如《羊孩贾尔斯》这部作品所示，由计算机掀起了新的革命浪潮，计算机语言呈现在人们面前的影像世界逐渐代替了以语言文字为媒介的现实世界。众所周知，影像世界要体现为一种虚拟的实在，它本质上不同于客观世界。语言文字在表征层面上重现了一种逼真的幻象，对人的思维器官产生作用，由此带来人们对多媒体文本阐释在意义上的延宕，不只是因为幻象、影像、能指、所指的差异，而是在人与世界交流过程中，我们发现世界本身具有不可参透性。

三、对当下阅读体验与审美需求的历史性反思

随着工业化的不断向前推进，网络与媒介技术空前繁荣，精英文化与大众文化的矛盾与鸿沟逐渐加大并呈现愈演愈烈的趋势。尤其是在后现代历史文化

语境下，大众文化得到前所未有的发展机遇并一跃成为当下社会的主流文化。凭借网络技术的优势，大众文化以直观的视频、图像等方式与微媒体技术相结合，很大程度上改变了文学的创作方式以及大众的传统阅读方式，同时也占据着文学阅读的主要空间，淡化了大众对传统纸质书籍的依赖。虽然当前网络文学创作与大众文化风靡一时，后现代的作家们都极力掩饰自己的精英意识并向大众意识靠拢，以满足大众对通俗文学的阅读情趣，但大众文学仍不能取代经典。纵观后现代的文学经典之作，无不体现宽厚的艺术视野和文化底蕴，还具有极高的审美价值，且诸多作品都堪称时代的先锋之作。诸如“反文化运动”的倡导者、著名的作家艾伦·金斯伯格的《嚎叫》，是继艾略特《荒原》之后的又一部震撼西方世界的力作，虽然其中不乏对吸毒、狂饮、偏执，乃至百无聊赖的世界的描写，内含强烈的反智色彩，但充分展现了一代人对时代的思考与不满，带来了文学趣味和审美习惯的一次革命。《橡皮》是法国新小说派代表人物罗伯·格里耶的一部代表性著作，在这部作品中，格里耶把人当作物的世界中的一部分，把人物作为一种存在来加以描绘，从而彻底消解了人的主体意识。表面上看，《橡皮》酷似一部侦探小说，实际上格里耶试图凭借侦探小说的叙事结构与模式来瓦解传统的现实主义及其创造的“真实幻觉”。格里耶展现给读者的是现实世界的不可控性，世界就像是一部拥有自动装置的机器，人与物、人与人之间都要受到机器的制约，人无法把控现实，因为每个个体都被一种现实力量裹挟着。这种客观而冷峻的描写未掺杂作者的任何情感干预，在一定程度上恢复了大众的审美判断和阅读自由。唐纳德·巴塞尔姆将《白雪公主》的故事置于现代都市背景之中，运用戏仿的手法重塑了白雪公主与七个小矮人的形象，以陈词滥调拼凑故事情节，并在文字排版上下了一番功夫，既削弱了传统文学的价值观念，又颠覆了作为惯例的小说虚构形式。改编后的童话故事超越了读者的期待视野，引发读者对文本本体的深入思考。

20世纪后期，伴随着罗兰·巴特的《作者之死》、福柯的《什么是作者》以及萨特的《文学是什么》等著作的问世，就当下文学实践中的作者的概念争论不休。当传统文学的本体观念被颠覆后，文本自身的本体意义随即消失，其意义生发于读者与文本的双向互动中。相较于传统意义上的作者而言，现代作者的概念是通过建构主体以体现其理性、人类中心主义、精神主体完整统一性、自我完善与自我超越等原则。作为独立的精神主体，作者的创作必然表现出自觉地去追求艺术的创新和作品的社会功能与价值担当，使作品更好地发挥其公共性功能。随着语境的变化，作为主体的作者在当下文学实践中逐渐消退，尤其是当福柯将作者放在话语、权力各个层面加以考察时，主体在各种话语中无限膨胀直至变成了零散的碎片。从这一层面来看，作为精神主体的作者死亡了，那么这部作品的精神内核便被瓦解了，其公共性功能也被抛弃了，变成了纯粹的个人体验。因此，任何人都可以任凭其爱好自由地创作。在这种程度上，文学写作完全变成了一场个人的话语游戏。因此，文学创作便从公共性写作领域缩减到纯个人的游戏领域，加之文学观念的转型，文学创作与欣赏活动伴随着作者与读者之间边界的模糊而消殒。尤其是在互联网时代，作者与读者在创作与欣赏中形成了一种互动循环，文学创作成为一种全民可以普遍参与的狂欢式话语游戏。

不同于大众的狂欢式话语游戏，巴斯开拓的新路径便是让故事作为小说人物讲故事，故事本身在自言自语，让文学与文字之间形成自我观照，体现出别样的阅读体验与审美情趣。《迷宫》是巴斯早期创作的一部作品，其副标题是“用于印刷、录音和朗读的虚构作品”。该作品由 14 个短篇组成，每一个短篇都迷宫重重，呈环形结构，将其连接起来，便构成一个轮回，形成一个默比乌斯带。之所以称其为艺术家的成长小说，是因为作品中主人公明白自己在世界中的身份以及所扮演的角色，并且了解自己的艺术命运及其所掌握的艺术技巧。巴斯的另一部作品《安息日传奇》呈现了光怪陆离的作者身份。虽然福柯在《什么是作者》一书中一再强调并劝诫读者不要一味反复纠结一个问题——谁是真正的作者？但《安息日传奇》的读者们还是自觉不自觉地质疑这部著作的真正作者是巴斯还是出版社的编辑，或者是巴斯背后的某个作家。上述我们提及，阅读巴斯作品犹如在迷宫之中穿行，例如我们在《路的尽头》中可以读到维特根斯坦和萨特的思想；在《烟草经纪人》中可以找到巴勒斯的《人猿泰山》、斯特恩的《项迪传》以及笛福的《鲁滨孙漂流记》的影子。博尔赫斯认为，当代文学中不可能有独创，一切都是在对原型的工作进行诠释，做出注解。根据博尔赫斯的观点，某种程度上可以说，作者在文学创作过程中的作用微乎其微，他只是在传统与当代之间架起了一座桥梁罢了，这便是作品背后的作者。当然，《羊孩贾尔斯》中多重作者共同参与写作，让读者更加眼花缭乱。作品第一部分是总编辑撰写的一份声明，第二部分作者是巴斯化身的 J. B. 先生，第三部分作者是贾尔斯·斯托克，第四部分是 J. B. 写的后序，第五部分是总序的后序。贾尔斯·斯托克把自己的文稿留给了 J. B.，J. B. 把他们两个人的手稿放在了一起，结果一个看门人不小心将两部手稿弄混并交给了编辑。编辑部多次邀请作者来探讨，都没有得到回应，于是编辑部严谨地按照合同中赋予的权力，修改或者删除了其中带有毁谤、淫秽、矛盾或失实的段落。文本的其他部分保持了提交编辑部时的原貌。一个作者裂变为多重作者的创新尝试给读者带来了迷宫般的困惑，但同时引入了全新的阅读视野，也带来了全新的审美体验。罗兰·巴特甚至认为某种程度而言，作者是有害的。将作者分派到一个文本上，就抑制了文本的前进，就给它一个最后的所指，文本就此闭锁。文本的意义在于读者，有作者之死才会有读者诞生。

卡西尔在《符号文化学》一书中强调，艺术是从神话中分离出来的独立的符号形式，同时又是生命形式的符号化表达，读者通过阅读参与艺术创作，通过对作品所表达的生命形式的把握来更新自己的生命。因此，阅读过程也是一种独特的艺术表达与审美体验，同其他的符号形式一样，是人把握世界的方式，是人对自然和生活所做出的新的探讨和解释。现在看来，巴斯在叙事中将文字玩弄于股掌，文本中又设置了多重作者身份，迷宫重重，既阐释了文学古老的娱乐功能，又阐释了文学解释真理的功能，给文本阅读增添快感的同时又突显出一种理性的品格。巴斯作品的审美价值究其实质而言是要激发情感、洞见生命，从而达到一种自由的境界，最终实现生命的解放。至于巴斯作品中真实的与虚构的作者身份，已不再是读者的困惑，因为用巴斯自己的话说，真与假的交织使得书中的巴斯不再是巴斯，作者也不成其为作者，这大概就是巴斯创作带给读者的阅读与审美体验的反思吧！

本章小结

20 世纪以来，西方文学的发展始终镌刻着严酷的精神危机，这场精神危机不仅来得如此强烈，还如此迅猛。要挣脱这场危机的束缚，现代人首要的任务就是要对启蒙与现代性进行批判性反思。在社会转型时期，人们如果想要掌控自己的命运，把握好现实，走向未来，就要重新审视人类这个庞大的世界和社会系统之间的关系，厘清传统所包含的概念体系。诚然，后现代荒诞哲学折射出的强烈的批判性反思，建立在没有任何逻辑上的对世界的把控与认识，如同费耶阿本德所说的“什么都行”，那么，后现代理论便从此丧失了自己的批判精神。在后现代话语体系中，批判性反思一方面表现出对传统的质疑与批判，另一方面彻底打破了传统的认识论。虽然，在后现代社会中我们依然要面对现代性的危机，但后现代语境下荒诞的本质体现了对逻各斯中心主义的解构与颠覆。巴斯重述神话，重塑现代人的灵魂，亦是重塑了现代人的精神纬度。人类的文学艺术是在书写历史，同时也是在创造历史，创造自己独特的生命旅程。人类从事文学创作的目的并非回归过去，而是开创未来，这也是巴斯重述神话的目的所在，同时也是20世纪神话重述的本质。

第六章　神话重述在中国

神话凝聚着世界性的思维、全人类的感受、普遍的人性观念，寄托了人们对当代价值的召唤，同时又饱含多元并存的价值追求，业已成为人类理解世界、把握世界的一种参照标准。它酷似一个跨民族、跨地域的全球经典的集合，在动态变化中为我们打开了更为广阔的视野，使我们能够打破本民族文学狭小空间的限制，打破故步自封、因循守旧、自我欣赏的民族心理，在积极参与文学世界性视野的建构中充分吸收和借鉴优秀成果，在多元并存的世界文学格局中不断地丰盈自身。全球化的发展给世界文学发展带来了许多机遇与挑战，以约翰·巴斯为代表的后现代作家也以世界性的视野积极投身重构世界文学观念的行动之中，尤其是巴斯的神话重述创作不仅在美洲地区产生较大影响，其作品已走出国门并走向了世界，推动了全球神话重述项目的重启。20世纪，重述神话项目的启动，引发了全球广泛关注与参与，同时为我们反观中国文学创作和理论研究提供了更为广阔的学术视野，为探索中国当代文学创作走出中国、走向世界注入了不竭的动力。“神话不仅是人类文化中的一个过渡性因素，而且还是永恒性因素。”①早期人类社会实践中形成的神话思维、神话原型为后世文艺创作提供了深厚的土壤，并成为当代神话重述的起点。同时，神话原型中的诸多意象在漫长的历史演进中逐渐成为民族艺术再创造的生发点，这些在无意识中产生的神话思维与想象赋予人类真切的生命体验，在关注当代文化重建和形象重塑的同时，探究了人性的深度，并对现实广度进行反思，在神话与现实、真实与虚构的争驳中为反观中国当代文学创作提供了镜鉴参考。

---

① 荣格. 天空中的现代神话[M]. 张跃宏，译. 北京：东方出版社，1989：76.

第一节 神话重述与中国当代文学创作

一、立足民族文化之根，以史为鉴观照现实

从原始社会到现代社会，社会生产方式发生了巨大的变化，也引发了神话创作语境的变迁，但神话的内在结构和特质不会因时空的转移而发生本质性改变，这就使得神话成为历史的一面镜子并记录着人类生活以及自然与社会的变迁。特里·伊格尔顿认为，原型理论下的神话都是存在于社会都市化之前的各种自然循环形象，而这些都是在追忆工业化之前的历史。即使是在工业化的今天，神话依然凭借其各种各样的形态来支配文学和文化的深度模式。“神话被用来讲述一段故事根源，或者尝试为一种文化、一个民族寻根觅祖……正是在各种说法接踵而至的同时，神话使自己的意义不断浓缩，尽管细节千变万化，恒久的特征却日益根深蒂固。”①

巴斯神话重述创作对中国当代作家产生了较大影响，受巴斯创作理念影响，当代作家们以史为鉴，还原历史真实面貌，呈现出自然与个体生命的脉动。借助对神话的重述，一方面，发掘与深化原型；另一方面，消解前文本的历史文化语境，重新构建具有合理意义的故事。苏童的《碧奴》以孟姜女哭长城的故事作为重述的对象，讲述了妻子碧奴不远千里为修筑长城的丈夫岂梁送过冬寒衣，结果获悉丈夫的死讯而哭倒长城的故事。这部重述的神话保留了原故事中的反封建残暴统治主题，也歌颂了忠贞不渝的爱情。虽然在《碧奴》中我们并不能通过具体的文字描述来体察社会的真实，然而在架空的历史背景里，苏童挖掘出了隐藏在故事背后的艰难时世和复杂社会形态。跟随碧奴的足迹，我们看到了桃村留守妇女在封建社会统治下的麻木与冷漠，了解到兰草涧的人们为了苟活于世被当牲口贩卖的可怕事实，感受到五谷城看客们的愚昧、无知与狂躁，无掌车夫为逃避徭役而自断双手的举动更具讽刺性。风过处，空气中飘来的都是牛粪的气味。在艰难时世中，碧奴早已习惯了乡亲们的嘲笑、孤立、恶意的态度和冰冷的目光。得不到身份认同的碧奴，惘然地站在繁华的蓝草涧

① 萨莫瓦约. 互文性研究[M]. 邵炜，译. 天津：天津人民出版社，2002：105.

路的中央，承受着一个人的荒凉。白昼变短，黑夜一天长于一天。可以说，碧奴的眼泪流淌到哪里，哪里就遍地是荒诞的人与荒诞的事。历史是现实的一面镜子，它的镜鉴价值就在于通过反观现实发现并书写艰难时世中人性的真、善、美。在碧奴的行走中我们不仅看到了她对丈夫坚贞爱情的守护与笃定，同时也看到了以碧奴为代表的中国女性对中华民族几千年优秀文化传统的继承与发展。爱情与成长是读者从碧奴身上获得的真切的人生体验，碧奴千里寻夫哭倒长城的故事从而在认知层面上唤起了社会大众的普遍情感认同以及对古老历史的追溯。《碧奴》对传统神话故事的改编与重述，无论是主题、情节还是框架都离不开原创故事独特的精髓，承载着五千年悠久的中华文化的原创精神。故事中的主人公碧奴用独特的方式书写着人生，她的头发会哭、手会哭、脚会哭，甚至身体也会哭，有关哭的描述与想象在丰富人物形象的同时，也在孟姜女哭长城的故事基础上增添了更为悲壮、传奇的色彩，同时辅以艺术化的处理，使得重述的神话更具表现力和生命力。苏童在回顾《碧奴》创作时谈及，创作这部书犹如在人间炼狱体验生活，体悟民间哲学。与其说孟姜女、碧奴哭倒长城是一个十分令人悲痛的故事，不如说是一个相对乐观的故事。因为孟姜女与碧奴的千里寻夫过程揭示了世人一生要面对的问题与困境，即在艰难时世中对生存、爱情、成长的认知。对于传统女性而言，眼泪是其丰富内心世界最朴素的表达，它代表着女性以柔克刚的传统思想观念。同时，碧奴作为民间最底层女子中的一员，用眼泪祈求美好，用眼泪使万里长城土崩瓦解，赋予了民间传说神话色彩与魔幻风格。当爱的力量像一颗萌发的种子茁壮生长，当眼泪作为武器战胜暴政与权力，那么这个植根于民族现实生活土壤中的神话再次谱写出来自民间的最崇高的悲壮之美，眼泪也成为作者以隐喻方式重述神话的符号，用以表达愤怒、燃烧激情、抵御侵犯。从这个意义上讲，碧奴的眼泪在魔幻的基础上又具有了现实主义的风格，眼泪作为文化符号折射出一个传统的、立体的女性形象，以碧奴为代表的底层女性只能用眼泪书写深情，用眼泪叩问现实，超越自身的局限。

同时，作品中的葫芦作为意象也被赋予了多重含义。碧奴之于岂梁，一个是葫芦，一个是桑树，看见桑树便看见了岂梁。藤不舍树，树不舍人，埋葬葫芦就是埋葬碧奴自己。葫芦与桑树、碧奴与岂梁，演绎着自然寻根的传统与图腾文化。葫芦是旺盛的母体生命的象征，代表着母性图腾文化，葫芦与桑树的结合意味着自然生命的延续。同时，桑树也成为葫芦自然与精神的双重之根，只有埋葬了前世，才能获得今生，只有埋葬了今生，才能拥有来世。生与死、前世与今生、现世与轮回，在一根藤蔓上演绎着底层人民的朴素生存状态和价值体验。文学的本质是人学，碧奴与岂梁的故事，葫芦与桑树的故事，诠释了中华民族几千年的文化传统，也演绎了当代文学创作回归传统、与时俱进、书写时代的艺术特征，也从艺术鉴赏的角度凸显了对民族独特的传统文化和经典艺术的传承与创新，这对于当代中国文学创作以及神话诗学理论构建卓有启示。“她对镜梳妆，理云鬓，贴花黄，系上崭新的白绫裙，将红唇点成了一朵鲜艳欲滴的海棠花，红白相映，芳香袭人，真是风情万种，妖冶无比。”①在《人间》中李锐对白蛇的描述体现了其重述神话的意图，即立足民族之根，将《白蛇传》这一民间传说与《木兰诗》进行有机改编并注入诗意想象，在后现代语境下改编经典并发掘传统神话的现代意义，以本土化视角阐述中国文化的深刻内涵。以苏童的《碧奴》和李锐、蒋韵的《人间》为代表的神话重述作品在当下的历史语境中，体现了复古推新的强烈历史使命感，为中华民族文化的复兴和世界文化交流做出了新的贡献。

二、突破传统叙事技巧，彰显时空交叠的叙事美学

神话重述作为一种文学表达形态，与传统文学创作形成了互文性特征。互文性理论已经成为当代文学批评和文化研究的一个重要理论，由克里斯蒂娃在《符号学》一书中提出。克里斯蒂娃指出：“任何文本都是引语的镶嵌品构成的，任何文本都是对另一个文本的吸收和改编。”②经改编的文本既指涉历时层面的前文本和人物，又指涉共时层面的历史和现实。互文性不仅体现在主旨层面，还体现在对古今现实问题的叩问上，同时也体现了文学自身不断发展和更新的特征，即对传统文学的追忆，以及突破传统文学叙事的手法，以摆脱文学枯竭的不断尝试。然而新世纪的神话重述不再是对前文本简单的主题复制或者是对传统文学的追忆，而是在后现代语境下发现潜藏于传统之中的神话资源，挖掘出隐没于神话深层结构中与时俱进的精神价值，通过追忆、重新书写来展示被遗忘、被忽视的传统文化与美德。

阅读后现代作家的作品我们不难发现，这些作品与前辈的文学作品之间有

① 李锐. 人间：重述白蛇传[M]. 重庆：重庆出版社，2007：80.

② 王瑾. 互文性[M]. 桂林：广西师范大学出版社，2005：28.

着千丝万缕的关系，恰似父与子之间的关系，虽然父子是两个独立的个体，但其关系却难以割裂。巴斯多部作品之间都形成了文本互文的关系，诸如《烟草经纪人》分别与《巨人传》《堂吉诃德》《汤姆·琼斯》《熊》之间形成了互文。通过文本互文，优秀传统文化在多部作品的传承中得以保存并沿袭至今。在巴斯的创作理念影响下，苏童的《碧奴》延续了“孟姜女哭长城”的主题，塑造了一个如孟姜女一般的传统女性形象，碧奴对爱情坚贞不渝，踏上千里寻夫之旅，历经千难万险，无怨无悔。这种互文性创作手法使读者在阅读中产生情感共鸣的同时也带来了对比联想，两个神话都谱写了传统妇女哭倒长城的一幕，可谓惊天地、泣鬼魂，那么究竟哪一段爱情更为悲壮呢？碧奴作为传统女性的代表，她果敢、坚强、善良、勤劳，但作者在塑造碧奴这一形象时戏仿了孟姜女，并赋予了碧奴这一角色更为传奇的色彩，不仅手脚会哭、身体会哭，甚至她那一头乌黑茂密的头发也会哭。“她的头发整天湿漉漉的，走过别人面前时，人们觉得是一朵雨云从身前过去了，一些水珠子会随风飘到别人的脸上。谁都知道那是碧奴的泪。碧奴哪来的那么多的泪？泪从头发里出来，头发天天又酸又臭的，怎么也梳不好的。”①孟姜女和碧奴相似之处很多，其中之一就是善哭，眼泪是她们对命运抗争、对信仰坚守的有力武器。不同的是，在《碧奴》这部作品中，我们未能读到故事发生的具体年代，也不曾酣畅淋漓地体味作者对残暴统治的抨击。苏童模糊了小说的创作年代以及具体时间，甚至故事的背景也都是虚拟的，于是读者便产生该故事是在现实中发生却又永恒存在的阅读体验。虚拟的环境和跨时空的镜头再次还原了真实历史背景，读者也透过镜头再次陷入对现实与历史关系的反思之中。《碧奴》作为被重述的神话，具有高度的隐喻性和象征性，通过主题重述和人物形象重塑使历史变得更加具象化、情境化。荣格曾说过：“人与象征共存，尽管人没有意识到，但象征的意义却使人生机盎然。”②长城，作为实体之墙，既掩埋不了被谋杀的那段黑色历史，也隔不断碧奴对世道与人心的体察。碧奴的眼泪，作为情感表达的符号，不仅摧毁了具有权力象征的实体之墙、也揭露了人心与世道的苍凉，使一个传统的弱小女性摆脱了失语境地，以此获得了与强大世界对话的能力。隐喻与意象的多义性为丰富、建构和阐释神话世界的多样性提供了多种可能。这段跨越时空的神话传

① 苏童. 碧奴[M]. 重庆：重庆出版社，2006：9.

② 荣格. 人类及其象征[M]. 张举文，荣文库，译. 沈阳：辽宁教育出版社，1988：62.

说，在重述的过程中实现了意义的增值与升华，同时也在新时代语境下书写了一段精神不死的寓言。

神话重述作品吸收和借鉴了传统神话思维，延续了传统神话的故事框架，通过戏仿、拼贴手法将碎片化的文本放置于共时的空间中，彰显了时空交叠的叙事美学。《格萨尔王》和《人间》这两部作品模糊了现实和神话的界限，实现了对历史和现实的双向超越，这一点与巴斯的《柏勒罗丰》的主题创作不谋而合。重述神话《格萨尔王》延续了藏族传统神话英雄格萨尔王的故事，格萨尔王是伟大的战神，所向披靡，天纵神武，他是慈爱的化身，一生弘扬佛法，传播藏族文化，其精神品质为世代传唱。作者阿来对传统神话进行了重述改编，扩展了叙事时空，增设了现代说唱人晋美的故事。晋美是牧羊人的后代，也是格萨尔王英雄故事的传唱者。事实上，真正的《格萨尔王传》中并没有晋美这一人物角色，从某种程度上说，晋美在改编神话《格萨尔王》中的出现，既打破了神话与历史的疆界，同时也对历史的真实与文学的虚构提出质疑。该作品在空间上搭建了一个神话与现实对话的平台，在时间上连接了古代与现代，打破了虚实之间的界限，打乱了故事时间和叙事时间，通过格萨尔王与晋美在梦中的相会，将碎片化的情节进行了拼贴、重构。于是，晋美与格萨尔王的故事就在倒叙、插叙、回忆与想象的叙事手法中，在古今双向叙事线条上演绎着时空交叠的叙事美学，富有激情、饱含张力，这种张力使古老的神话故事从叙事形式、人物塑造到神话内核都获得了新生，充满活力。

李锐、蒋韵的神话重述作品《人间》则在人物对话领域实现了新的突破，白蛇与许宣、青蛇与范巨卿、粉孩儿和香柳娘，这三个并置的故事，三段交叉的蒙太奇叙事，犹如三个并置的空间，通过秋白的讲述，演绎了人间生死轮回的命运轨迹。艾略特认为："构造当代与古代之间的一种连续性并行结构，是一种控制的方式，一种构造秩序的方式，一种赋予庞大、无效、混乱现象，即当代历史，以形状和意义的方式。"①《法海手札》作为历史的见证物，成为连接现实与神话的纽带，也成为重述白蛇与许宣故事的起点。作品中出现了多声部对话，白蛇与法海的对话、作为故事叙述者的我与前生的对话、作为作者的我与神话的对话，多声部的对话使神话贴近大地、贴近生活，形成了共鸣式对话，

---

① 吴晓东. 从卡夫卡到昆德拉：20世纪的小说和小说家[M]. 北京：生活·读书·新知三联书店，2003：84.

同时这种共鸣式对话也营造出了多维互动的空间。李锐在创作《人间》时说过，世界上任何神话的对应物都是人自己，都是人对宇宙秩序、人间社会、自我创造的激情想象。小说中所有的异类、妖怪统统都是关于人的故事、关于人性的探讨与书写。重述的神话人物体现的是人性理想化的状态，是人性善与美的终极境界。《人间》重述的是一个古老的神话，传达出对传统文化的追忆，更激发了人类摆脱现实困境的意识，展开对当下生存的反思，如作品中粉孩儿遭遇的身份认同困境。同时，《人间》在创作过程中，其人物形塑充分吸收和借鉴了“美丑对照”原则，如白蛇的善与村民的恶之间的对照，白蛇对待爱情坚贞不渝与许宣对待爱情游移不定之间的对照，白蛇对真、善、美信念的坚持与法海对斩妖除魔信念的坚持的对照，人物之间的美丑对照，不仅增强了人物角色的表现力和感染力，同时也在人物之间展开了多声部对话，诸如，法海一方面坚守正义，势必斩杀妖魔，完成使命；一方面被白蛇的善举感动，思想上发生动摇，觉得斩杀白蛇就是与善为敌。法海身上体现的人物自身的矛盾对话，同时也演绎了千年来人类需要面对的永恒的困惑，杀与不杀白蛇，这是一个问题。法海内心的徘徊与游移充分展现了人物自身的美丑对照，同时法海矛盾的内心世界的营造也反映了作者及读者对人性问题的拷问，面对现实世界，当理性与信仰、理性与感性之间产生冲突和碰撞，现代人会做出怎样的抉择？这种灵魂的拷问警醒世人，在古老神话与现代神话的对照中，我们现代人回溯古老的神话，展开跨越时空的对话，不是为了停留在过去，而是为了立足当下，明辨善恶、美丑，更好地书写属于人类的未来。

三、重拾传统文化符号，召唤民族与集体文化记忆

悠悠五千载文明汇聚了中华民族多样文化的璀璨星河，在这五千年的历史巨变中，始终蕴含变与不变这两个变量。变化的是不同时代的人们将神话与现实语境相结合，为神话注入现代性的内核，并以不断变化的姿态传唱着中国好声音，在流动着的历史语境中重拾传统，讲述划时代的中国好故事；不变的是每个民族都赋予了神话个体想象和独特的思考，通过代表各民族文化的符号召唤集体的文化记忆，在时代更迭的文化语境中重述神话故事原型，通过审美观照抒写民族精神内涵中最为深邃的部分，去展示一种超越时代、超越民族的人类情怀，在更广阔的人类命运共同体精神的烛照下与世界文学进行交流、互鉴、呼应。

中国文学历经了五千年的漫长演变，正以蓬勃发展的姿态走进多元共存的新时代，而耳濡目染中华传统文化和中华美德的历代学人也在这五千载的裂变中建立了独特的世界观、宇宙观和生命观。他们将自己对这个世界的认知赋予了诗意的表达，作品内涵充分展现对人性真谛的追求和对生命本体的关怀。在这些经典作品中，神话就是构成中国文学不断丰富、发展的最悠久、最宝贵的文化资源，是天地、自然、万物生命的写照，富含多元的艺术表达形式及审美价值。于今天的商业帝国、机械复制时代而言，神话展示了人类奇幻的想象与自强不息的意志力，唤起了人类共同的精神回忆，成为世界文学的再创本源。所以，神话重述在全球范围内的重启为世界文化交流和文明互鉴提供了空前的历史契机，为弘扬和彰显神话的哲学、艺术、审美价值开辟了新的路径。从此，各民族神话可以凭借这个广阔的舞台更好地走向世界，繁荣世界文坛。

重述神话是集体性、有意识的创作，是人类记忆的产物，是经验世界与理式世界的有机结合。我们回溯神话，意味着重拾传统、重拾记忆，既是对传统的继承和沿袭，更是对文本世界的合理构建与创造性超越。叶兆言的《后羿》是一部运用后现代的手法颠覆传统叙事，对传统神话进行创造性改编的成功力作。整部作品由后羿与嫦娥之间三段情感故事并置而成，第一段故事叙述了后羿与嫦娥之间的母子之情；第二段故事则讲述了后羿与嫦娥之间的姐弟之情；第三段最为跌宕起伏，演绎了后羿与嫦娥之间的男女之爱、后羿由神到人的转变以及嫦娥飞天的故事。该作品通过戏仿神话原型人物后羿和嫦娥，消解了真实与虚构之间的界限，颠覆了人们对后羿这一人物形象的认知，阴谋与爱情、忠诚与背叛，在后羿身上体现了神性与人性此消彼长的较量。后羿由神到人的转变刻画了他一生的命运轨迹，人性在场，神性缺席；神性缺席，人性再现。《后羿》凝聚着对人类精神的深邃思考，通过戏仿、解构、颠覆等一系列手法表达对现代观念的重构，通过隐喻的方式真实反映了当代社会现状，并成为透视文化重建和形象重塑的动力，在消解神话与现实中开掘人性的深度与反思现实的广度，体现了中国当代文学创作的先锋意识。

格萨尔王、孟姜女、后羿、嫦娥、白蛇作为神话中的典型人物与典型形象，在典型环境中被寄予了浓厚的民族情结，他们身上展现了强烈的个体精神与崇高的民族美德。白蛇对人间的善与大爱，后羿射日解救人民于火热，嫦娥奔月成仙，格萨尔王为民族荣誉出征，孟姜女控诉封建暴虐统治哭倒长城，这些充满真、善、美的故事催人泪下。读罢故事，重温经典，此时的热泪犹如利刃一般，滴滴击垮人们脆弱的心理堤岸。就传承经典、重拾传统而言，与其说这些神话是在记载历史，不如说它们是在刻画人生，这些重述的神话告诫世世代代的人们，不要丧失对民族传统的坚守，因为任何一个民族的神话都可以通过拯救建立一片精神绿洲，然而具有普适性的神话恰似一方沃土，最适宜人类诗意地栖居。

第二节　神话重述与中国形象重塑

回溯 20 世纪以来的文学流变，以巴斯为代表的后现代作家在世界文坛引起一股持久的神话复兴浪潮，它区别于文艺复兴以来的种种神话现象，并成为 21 世纪新神话主义创作在文化产业界蓬勃发展的重要动力，诱发了全球范围的重述神话运动。诸如《百年孤独》《指环王》《哈利·波特》《特洛伊》《尤利西斯》等一系列影视和文学作品，无不体现对原型的现代性改写和创新性再造。作为新世纪文化产业的符号，神话重述的文化观念体现了对文学传统的恪守，另外，神话观念的巨大变革也打破了传统文学式神话研究范式和历史式神话研究范式，开辟了神话研究的新纪元，即重新审视源远流长的神话作为传统文化在民族文化现代化建设中的重要意义和价值，并且在不断审视和反思中丰盈民族的自豪感与使命感。中华民族的历代先辈在充满活力的大地上创造了一个又一个奇迹，以及绵延了五千年的中华璀璨文明，而在这璀璨文化中极具魅力的便是令世人惊叹的神话。神话，作为民族传统文化的载体，体现着人们从经验世界到理念世界的孜孜追求，体现着人们在生产生活中不断改造自身，从而丰富神话形象、积淀民族精神、再现神话人文情怀的有益探索。纵观中国神话研究，从古代神话的生成与演变到现代神话的改写与重塑，我们发现这一过程充满无数变量，中华民族精神与文化价值就在变与不变的演绎中得以诠释，实现了从中国神话到神话中国的转变，实现了从文化现象研究到文化范式研究的转变。

从历时研究视角来看，中国古代神话研究大致经历了三个阶段。在这三个阶段中，中国古代神话研究不仅确立了神话研究的学术范式，而且各个阶段研究成果突出，为后代学者在该领域的研究奠定了坚实基础。第一阶段的神话研究与历史紧密相连，从历史考古学意义上对神话进行界定。从丁山的《商周史料考证》、徐旭生的《中国古史的传说时代》等多部著作来看，研究者们从历史研究的视角挖掘了古代文献中的神话人物、神话传说，并将这些传说及人物作为历史文献资料保存下来。自此，神话研究被赋予了历史研究价值。《山海经》中揭示了神话的部族性、地域性特征，为深入研究神话地域发展史提供了宝贵的参考。在诸多的研究成果中，《古史研究》的作者卫聚贤以古代文献的考释为基础，将中国图腾文化纳入古史来研究，赋予了大禹治水、三皇五帝、盘古开天辟地等传说以历史研究价值，对古代神话研究具有重大意义。第二阶段的神话研究源于对古典文献的考释。袁珂的研究论文《山海经里的诸神》涉及神话研究的诸多维度，包括对历史的考古、对古典文献的搜集与考释。他将前辈研究成果以及自己潜心神话研究多年的学术成果汇编成集，收录在《中国神话传说词典》一书中。该著作不仅是中国古代神话研究的集大成之作，也代表了中国学者在古代神话研究方面的极高造诣。第三阶段的研究呈现了较为宽广的学术视野，弥补了前两个阶段研究的不足与缺陷。在这个阶段，中国神话研究学者不仅把神话研究放在对地域文化史的整体研究之中，同时将其置于世界神话体系之中，通过对各民族之间神话的横向与纵向比较，挖掘中国古代神话所蕴含的独特民族精神与哲学底蕴，一方面记录追踪古今神话嬗变的历史轨迹，另一方面在思辨过程中探索新世纪神话研究的多重维度与文化范式。如果简单地将神话作为历史事件和历史材料来把握，运用历史研究方法处理神话原型、宗教祭祀等现象，不但难以从宏观视角把握神话的发展脉络与文化价值，也难于在多元文化系统中探求神话嬗变的本质规律，实现文化观照。神话是人与客观世界联结的纽带，是人类认识世界、改造自然的记录与见证。纵观新世纪的神话研究成果，叶舒宪的神话研究著述丰富，以《比较神话学在中国》为代表的力作充分分析了神话早期形态特点，以地域与民族文化视角比较了不同民族和群体，并开辟了神话研究的新视角，即文学人类学研究。

在上述背景下，我们对中国文化做追本溯源的整体性研究，并不是要揭示某一部或某几部作品的神话原型、神话意象，而是在全球文化寻根思想的驱动下，理解元初神话思维、神话观念，并重新认识和解读中国神话，借助于其强大的叙事功能突破原有文学本位研究范式，发挥知识考古学的优势，逐渐向解读神话中国学术范式转变。“神话，是超自然存在的故事，以象征的创造力把人的存在秩序化，并成为一个意义的世界。对生活于规范作用中的人们来说，具有终极的价值。”①因此，宗教学家斯特伦特别指出了神话的意识形态作用，在群体创造的具有终极价值的现实秩序基础上对共同体中成员的行为与观念发挥支配作用。正如马克斯·韦伯所说：“社会科学的最终目的不是追逐新观点和新概念的建构，而是致力于认识具体历史联系的文化意义。”②而人们要探寻的文化意义恰恰是神话作为民族文化的积淀与文化认同基因折射出的核心价值观。“中国古代神话所表现出来的文化内涵与文化精神，制约着民族的思维习惯、行为方式，影响着民族的精神性格、生存方式、文化走向及社会发展。”③从这个层面上讲，当我们把研究角度放在民族文化传统的历史大背景下来反观中国神话乃至中国形象，不难发现，神话重述与中国形象塑造一脉相承。神话记录以及反映了一个民族文化发展的道路及其文化价值取向，同时神话在这个推演的过程中也铸造了民族精神，锻造了美好品格，特别是中国古代神话中蕴含的丰富的文化底蕴与文化基因，诸如“自强不息”“坚韧不拔”“励精图治”等精神面貌不仅塑造了古代中国形象，其内含的神话思维、神话意象与神话原型也深刻影响着中国现当代文学创作中的中国形象。苏童的《碧奴》以孟姜女哭长城为故事蓝本，围绕碧奴千里送寒衣和哭倒长城这两条主线，深刻地展现了千百年来女性恪守的中华传统美德。整部小说对碧奴这一形象的塑造，既保留了对传统女性千里寻夫之旅的人文关怀，也创造性地重述了故事情节，创新性地阐释了中华民族的文化精神。这种创新性阐释也包含了对自身文化的审视与反思，在批判中重建，在反省中提升，这便是神话重述与中国形象重塑有机融合的新方式，在自我观照中实现重述与重塑。

纵观中国文学走过的历程，不难发现，中国形象塑造这一命题赋予了文学更多的表现空间。从早期的西方殖民扩张到新中国建立，从中国改革开放到全球化时代，直至今天进入全面发展的新时代，中国形象历经重塑、改写等阶段，其发展态势由弱到强，由被动到主动。中国形象的塑造并不是意识形态的宣传，而是将民族文化传统与精神进行创造性转化，彰显了特定时代的精神面貌与理性价值，全面客观地展现了中国形象的特质，而神话重述便是实现传统文化成果创造性转化的有效手法。通过重述神话，我们可以重新获得文化重建的资源，获得无限的精神能量，激发文学创造力和文化自信。《格萨尔王》的作

① 斯特伦. 人与神：宗教生活的理解[M]. 金泽，何其敏，译. 上海：上海人民出版社，1991：66.

② 韦伯. 社会科学方法论[M]. 韩水法，译. 北京：中央编译出版社，1998：60.

③ 闫德亮. 中国古代神话的文化观照[M]. 北京：人民出版社，2008：1.

者阿来将《格萨尔王传》作为重述对象，围绕格萨尔王的传奇故事歌颂藏族精神与民族认同，充分展现了对民族神话的创造性转化，也充分展现了人类的人性反思。通过对神话的现代性改写，无论是神的人化、妖的神化还是人的动物化，都是有关人生的深度思考。因此，神话中蕴含的中国形象具有厚重的现实感。从文化重建的意义上看，正是通过有意识地对民族神话进行建设性诠释和创新性改写，发掘重述神话的源头，重塑中国形象的原动力，中国形象才会在广阔而坚实的文化积淀中变得更加饱满、立体、真实。这也体现了中国人对自身文化的再认识、对人性复杂性的探索，以及对现实社会状态的理性求索。正如碧奴的眼泪，哭倒了长城、哭断了衷肠，作为最普遍的人的本能，却表现出了巨大的毁灭力量。但是从人的发展意义上说，眼泪也代表了对人性力量的认同与肯定。以往中国形象几经变化，在文明冲突与文化重建中恪守传统，通过对神话的现代性重述，寄托更为深厚的民族情感与精神内涵，由此产生民族文化认同与国家意识。在包容与开放的文化语境下，当代文学中的中国形象也凝聚着对现实人生的思考，对人类共同命运的关切与捍卫。

今天，从中国神话到神话中国的转变，不仅是一种价值的思考和意义探索，更是对中华优秀传统文化科学性地、创新性地诠释。在全球化的进程中，各民族思想文化交流与交锋比较频繁，维护国家信息安全、切实全面提升中国文化在世界范围内的影响力，是当下实施文化强国战略的重要内容与紧迫任务。2016 年 5 月 17 日，习近平总书记在哲学社会科学工作座谈会上强调指出，“中华民族有深厚文化传统，形成了富有特色的思想体系，体现了中国人几千年来积累的知识智慧和理性思辨。……要推动中华文明创造性转化、创新性发展，激活其生命力，让中华文明同各国人民创造的多彩文明一道，为人类提供正确精神指引”。现在，中国文学与文化正以蓬勃的发展态势走向世界舞台，通过重述神话、故事新编、影视改编、经典译介等方式创新性地阐释中国几千年的文化积淀与精神内涵，在传承中创新，在创新中发展，在发展中突围，实现中华文明的创造性转化。中华文化源远流长，独特的文化传统奠定了我们独特的发展道路，讲好中国故事，传播好中国声音，增强对外话语的感召力、公信力和创造力，是新时代深入推动中国文化“走出去”的重要方略。把握时代精神脉搏，让世界接纳中国，让中国走向世界，综合运用大众传媒、新兴传媒加强中国文化的对外传播，也是在世界范围内塑造中国形象的宏伟战略。积极开展异域文明之间的对话，努力营造世界范围内文化交流互鉴的新气氛，共建人类命运共同体，这是中国为人类文明进步做出的独特贡献，也是维护人类文明多样性的必然要求。

第三节　神话重述的中国接受与当代价值

一、神话重述与中国当代网络文学创作

当前中国社会进入全面发展的新时代，网络科学技术革新带来的自媒体、大数据、微媒介等大众传媒新方式逐渐取代传统的交流方式和娱乐形式。自此，文学创作风靡网络，尤其是微媒体时代的到来，精英文化逐渐向大众化转变，并体现出即时化、快餐化、娱乐化的倾向，给传统精英文化带来极大冲击与挑战。同时，人们开始怀疑网络文学创作还能不能称为文学创作？与传统文学创作相比较，网络文学从生产方式、传播媒介以及对文学观念的建构上都不同于传统的文学形式。如今，当我们再次拿出上述问题进行探讨的时候，我们的答案是肯定的。在现实生活中，我们真实地参与并享受这种活动。我们对网络文学所有的疑问无非是从传统文学的价值尺度出发衡量网络文学的社会功用，如果单纯地把网络文学视为工业文化的附属品而忽视其人文精神和价值担当，就有悖于网络文学的初衷与实际。因此我们有必要在此明确网络文学的基本特征与作用。首先，在文学观念上，网络文学不同于传统文学。网络文学摆脱了传统文学对纸质印刷的依赖，一部手机、一台电脑便可以实现从创作到阅读的全过程，充分体现其便捷性与愉悦性。其次，现代技术的支撑使得网络文学创作，尤其是从文本到作品的诞生过程节省了印刷、出版等多个环节，体现出即时性特征。最后，读者与作品、读者与写手的交流互动使网络文学创作成为一种大众广泛参与的狂欢活动。在此过程中，读者可以自由穿行并进入作者创作的真空地带，时而参与创作，时而参与评论。读者则变成了写手，同时作品作为被书写的文本只有在阅读过程中才能实现其价值，被建构成一部作品。因此，网络文学的多维互动模式充分体现其主体不确定性、娱乐性与大众化特征。

第一，中国当代网络文学无论在内容上还是在形式上都发生了一些新变化，它以微媒体、新媒体的文学形态出现在大众视野中，不仅改变着人们的阅

读习惯和思考模式，也在交流方式和审美范式上体现新时代的文学特性。作为一种间性存在，网络文学已成为文学创作中最重要的一支力量，彻底改变着传统文学的研究方法与文学观念，颠覆了我们对传统文学研究范式的认知。它的存在与意义生成于作者、文本、世界与读者的交流互动之中，生成于人与机器的互动关系之中，生成于整个网络各环节的良性运行机制之中。较之传统文学，新媒体、微媒体技术时代的网络文学具有强烈的先锋性、反传统性、去中心化等特点，赋予当代文学创作新的审美趋向。作者建构的不再是一个独立、封闭的一维世界，而是在一个多维互动的平台上研究文本，世界与读者的共在，赋予传统文学新的审美意蕴。尤其是网络玄幻文学，从语言形式到深层结构引用、借用传统经典作品，戏仿经典故事或者续写经典，使得两个文本形成交互，比如《西游降魔篇》戏仿了《西游记》，《新白娘子传奇》戏仿了《白蛇传》等。

第二，新媒体与微媒体时代，音乐、图像、音频、视频等新技术的融合，以及图文结合的广泛应用，给读者带来了一种全新的视听感受。可以说，这种人机的交互能力实现了自由选择并大大超越了传统意义上的媒介功能，从而形成超媒体形式，促成更为广泛的文学狂欢活动。网络文学自诞生之日起，便参与整个文学生态建设。“网络文学的发展，不仅仅是增加了一种文学形式，它在不知不觉间改变了整个文学的形态，也改变着我们关于文学的基本观念。”①因而，当前我们所要追问的问题不再是文学是什么，而是文学性是什么。当我们谈及文学性这一概念以及基本特征时，我们实则从探讨大写文学的本质特征转向了小写文学，即阐释它作为文学文本何以成为文学作品的审美特质，即在当下理性思辨的背景下去建构某种宏大叙事并研究文学活动的内部规律和本质特征。诚然，相较于大写文学与小写文学而言，中国网络文学创作离不开中国文化传统。美国学者罗伯特·雷德菲尔德在《乡民社会与文化：一位人类学家对文明之研究》中明确指出，大传统是国家与权力的象征，并由知识阶层掌握；小传统则由乡民口头传承，是大众文化的一种。虽然雷德菲尔德对传统的划分很快得到学界的接受，但是由于中国文化自身的叠层、融合的复杂性特征，后人将前文字时代的文化传统称为大传统，而由汉字编码的文化传统被视为小传

① 马汉广. 网络文学的间性存在与文学性[J]. 吉林师范大学学报(人文社会科学版)，2013，41(5)：4.

统。自此，原本具有共时性概念的大小传统兼具历时性和发生学意义。大传统和小传统之间构成孕育与被孕育、催生与被催生、遮蔽与被遮蔽以及取代与被取代的关系。前文字时代的神话与传说孕育了神话重述，同样，网络文学隶属于小传统，它遮蔽了大传统并催生了当下的网络文学。在复杂的关系网与多元的语境中，网络文学打破语言书写的局限，并在最广泛的意义上建构时空概念，在突破知识、话语与权力的局限的同时，挖掘其独特的文学性。因此，网络文学表现为一种间性存在。

网络文学创作源于现实，并在现实语境中通过超媒体、微媒体、新媒体技术不断塑造自身，以丰富自身的文学性。同时，网络文学并非纯文学研究，随着语境的更迭与读者的介入，文本在网络环境中被不断改写。其中，网游、网络玄幻文学及影视改编便是在间性文化中催生的新文化产业。自此，网络文学研究逐渐从文学研究走向文化研究层面，其文学意蕴、社会价值和美学价值也随着时代的改变而发生变化。网络玄幻文学作为新媒体与微媒体时代出现的文学样式，需要读者用新的观念与视角来审视。众所周知，网络玄幻文学最突出的特征就是玄与幻，这个玄幻世界可能是未知陆地、世外桃源、冥界、魔界，也可能是虚构的封闭空间或某一个星球。作品中的英雄人物可以自由穿越时空，通过斩妖除魔、征战沙场等一系列壮举，实现城邦统一、国富民丰。同时随着作品情节的推动，古代与现代、历史与现实就在穿越与回忆中实现了完美结合。诚然，某些作品中的情节和人物的设置的确有悖于当下这个时代并颠覆了人们的认知，也存在着不切实际的虚幻成分，但随着我们对网络玄幻文学的研究不断深入，不难发现，这些作品已逐渐改变我们关于世界的认知方式，改变我们对于文学传统乃至文化的思维方式和审美范式。尤其是一部分作品通过对远古神话的重述，重塑了大众熟知的典型人物与形象，并将典型环境、典型情节与典型人物进行现代环境下的神话重构，借用现代新媒体技术、微媒体技术与传播手段，将神话中蕴含的古典元素与文明社会的现代理念相结合，给读者和观众全新的感受。

二、新神话主义下的玄幻文学影视改编重塑

21 世纪以来，从电视剧到电影，古典神话与民间传说已经成为影视作品创作的重要题材。创作者们或是截取其中的某些神话元素作为创作素材，或是直接就某一段神话故事来进行改编，以此进行现代环境下的经典重塑。其中，受

现代社会的审美趋向影响，爱情与成长成为中国当代玄幻电影的主题中心，创作者们大都以此来进行现代环境下的神话重构。时至今日，对中国当代电影的神话“重塑”现象进行总结，在这些经典重构的背后，其所蕴藏着的是文化寻根历程中的中式文化话语构建。

在当下的中国电影界，以中国传统神话故事为素材的玄幻电影已经成为中国电影的重要组成部分。和来自西方的魔幻电影相比，中国玄幻电影更加强调中式传统元素，是一种将中国传统神话与电影创作相结合的特色电影类型。而探究其创作源头，这一电影类型则可以归结为新神话主义下的经典重塑。神话是各民族对自然社会的一种早期想象，其中蕴藏了先民们的思维逻辑与文化体系，是一个民族的共性情感认知。神话主义所指的是由神话而来、借由神话来进行文艺创作的一种手法。随着时代的发展，新神话主义也随之而产生。新神话主义的“新”并不意味着对文艺作品中原有神话元素的抛弃，而是指借用现代媒体技术与传播手段，将神话主义式的古典元素与文明社会的现代理念相结合来进行文艺创作。正是在这一过程中，“原初的神话原型以种种‘面貌’周而复始、循环不已，文学和神话中的英雄人物以独特的方式更迭嬗递”①。就此而言，中国当代的神话电影改编就是其中的一个代表。孙悟空、哪吒、白素贞……这些源自中国古典神话中的人物经由现代改编，从而呈现出了当代中国电影的新神话主义群像。高耸入云的仙山与难以捉摸的秘境，旧有熟悉的神话与具有新意的情节，中国古典神话在现代影像世界中穿行。中国电影创作者们对原有的经典神话进行改编与重塑，在影像重述过程中，故事新编与情节重构是最为常见的两种改编方式。

在中国电影对神话的改编中，故事新编是中国电影人经常采用的一种方式。传统的中国民间神话如《西游记》《白蛇传》等由于故事情节的时间跨度较大，故事背景丰富厚重，很难完整全面地进行演绎展现，因而中国电影人往往会在其中截取一个较为空白的时间段，以此作为新编故事的展现舞台。如《西游记之大圣归来》中孙悟空被封印五指山下的五百年，《白蛇：缘起》中白素贞与许宣的前世情缘等，运用熟悉的神话人物在影像世界中演绎出全新的故事情节。从经典改编的角度而言，这种故事新编的方式提供了可供创作者发挥的改编空间，也丰富了原本的神话故事。这些未被整合进传统神话中的改编情节更

① 梅列金斯基. 神话的诗学[M]. 魏庆征，译. 北京：商务印书馆，1990：2.

有利于打造出艺术创作的异质化影像空间，从而为观众展现出符合观影期待，却又超出既定记忆的戏剧情节。而通过这种改编，这些电影作品在具有新意的故事背景下继续深化了孙悟空的反抗、白素贞的痴情等这些中国观众耳熟能详的人物特质，进一步增进了其人物魅力。同时在新编的故事情节中，电影又将江流儿与唐僧、许宣与许仙之间进行了对比式的人物塑造。这一故事新编的方式在保留了原有神话魅力的同时，又在最大程度上实现了电影改编中的“陌生化”意图，从而呈现出了新神话主义之下的中国神话重塑。

除了故事新编之外，情节重构也是神话改编的一种常见方式。传统的古典神话故事如《西游记》《封神演义》等已经有了较为既定的情节脉络，其中如大闹天宫等经典故事更是中国人的共同记忆。因此在神话改编过程中，大多中国电影人没有对这些经典情节进行全方位的改动，而是在保持基本故事走向的前提下，增加或调整其中的一些矛盾冲突，从而营造出现代审美氛围下的影像故事。例如21世纪以来，郑保瑞以《西游记之大闹天宫》《西游记之孙悟空三打白骨精》《西游记：女儿国》这三部大片营造出了现代影像手段下的西游世界，并对之进行了内容上的情节重构。在郑保瑞的改编中，大闹天宫的幕后黑手变成了牛魔王，白骨精成为一个被害而成妖的怨念白骨，女儿国中更是多了一条忘川河水。整体来看，《西游记之孙悟空三打白骨精》是神话改编得较为成功的一部。原著中的白骨精只是一个善于变化、想要通过吃唐僧肉实现长生的妖怪，这个角色的设置主要用来引出孙悟空与唐僧之间的矛盾。而在电影中，郑保瑞对白骨精的来历进行了改编，赋予了其更多的可思辨内涵。作为一个前世是人却被误认成妖，因此被秃鹫啄食成白骨而生的妖怪，在电影中所展现的是人与妖怪之间的对比，为原有的经典故事赋予了更多的佛理哲思。经过改编，《西游记之孙悟空三打白骨精》的情节中心变为唐僧对平等众生的超脱救赎，“三打白骨精”的简单故事也具有了更为深厚丰富的审美意蕴。作为当下中国玄幻电影的系列片代表，郑保瑞的西游电影展现了中国电影人对经典神话改编的有益尝试，值得深思和总结。

中国玄幻电影来源于有着长期历史积淀的神话故事。这种神话故事的本源是一种原生态式的情感力量，是中国先民对自然社会理解方式的一种表达，体现了中国古代人民的审美偏好。神话故事来源于民间，其本身就代表着一种深入到人民大众中去的文艺创作倾向。因而在现代背景下，中国电影人更加注重展现神话故事中“人”的一面。区别于神话故事的古代受众，现代环境下的观众有着新的审美取向，这就决定了创作者们要以现代主题来对古典神话进行重构。在缥缈玄奇的神话世界之中，现代环境下的神话人物们从电影世界中走来。他们或是人类，或是仙佛，或是妖魔，但却有着共同的人性与喜怒哀乐。悠久历史积淀之下的神话故事给予了这些形象以经典的戏剧冲突。而在现代环境中，中国电影人则以具有现代气息的电影主题对古代神话进行了影像重构。新旧交替后的神话主题在影像空间中建构出了具有时代气息的文化符号，其背后所指涉的正是当代中国观众所最为关注的主题焦点。在这其中，爱情与成长是两个最为关键的主题。爱情与成长本身就是普通观众人生经历和体验的重要部分，电影创作者们以此为主题，从而在认知层面上唤起了社会大众的普遍情感认同。“艺术中任何新事物的产生都是呼应了人类心灵的特种需求，而其功能则是探索我们这一时代中最重要的问题。”[①]这种主题重构既是中国电影人在现代环境下进行神话“重塑”的主要方式，也是中国玄幻电影的成功之处。

作为电影艺术的焦点话题之一，爱情也是中国玄幻电影的主要主题。中国古代社会森严的封建等级秩序的压迫和男女关系的不平等让古代人的爱情自由变成奢侈品，因而也更让人神往，千百年来多少痴男怨女为了爱情像飞蛾扑火一般奋不顾身，但结局一般并不美满。在这样的背景下，神话故事中的爱情往往有着封建时代的残余。到了现代，随着社会的进步与男女之间关系的平等发展，电影创作者们赋予古代神话中的爱情以更多的现代情感内涵。20 世纪 90 年代，周星驰的“大话西游”系列对《西游记》进行了后现代主义式的多元化解构，并将爱情作为其核心的影像主题。进入 21 世纪之后，周星驰在其导演的《西游降魔篇》中继续沿袭了这一爱情化的主题重构方式。在《西游降魔篇》中，周星驰将爱情的主人公变为了唐僧。“大话西游”中孙悟空的爱情所展现的是噩运来临之下人物个体的无奈反抗，相比之下，《西游降魔篇》所表达的则是唐僧在爱情面前的抉择与开悟。从主题塑造而言，《西游降魔篇》沿袭了 1986 年版《西游记》电视剧的情劫营造角度。《西游记》原著中的唐僧是一个不近女色的虔诚圣僧，即使在“女儿国”中，唐僧依然是一个持重守戒的人物形象。但到了影视剧中，创作者们不约而同地对唐僧身上的爱情色彩进行了强化。唐僧变成了一个受到爱情考验的取经人，其对爱情拒而远之的背后却是内心的摇摆。《西游降魔篇》继承了这一爱情主题的构建角度，并将爱情作为唐僧取经之路上

① 塔可夫斯基.雕刻时光[M].陈丽贵，李泳泉，译.北京：人民文学出版社，2002：85.

最大的考验。鱼妖沙悟净、猪妖猪刚鬣、猴妖孙悟空，吞食、欺骗与杀戮……周星驰用极为暗黑的表现手法展现了陈玄奘是如何走上取经之路的。在这其中，作为驱魔人的段小姐既是陈玄奘的引路人，又是他变为唐僧的最后一关。当陈玄奘最终表露爱意，而作为爱情载体的段小姐在陈玄奘怀中死去之时，陈玄奘走入爱情的同时又走出爱情，过了他变为唐僧的最后一关。由陈玄奘到唐僧，由持重守戒到暗藏爱意，中国电影人将爱情作为踏上取经之路的最后一关，这背后所体现的正是观众在现代环境下对男女爱情情节的看重与偏好。

和爱情主题相并立，成长则是中国电影进行神话重塑的另一重要主题。2019 年的《哪吒之魔童降世》获得了从观众到评论界的一致好评，并荣登中国电影票房排行第二位。就主题塑造的角度而言，《哪吒之魔童降世》中的成长主题正是中国电影人对古典神话的典型重构。哪吒闹海是中国观众耳熟能详的神话故事，1979 年版的经典动画也是一代中国人的共同回忆。在这一传统神话中，哪吒往往是以一个反抗者的形象出现，而李靖则是一个威严的父亲，纠结于儿子与龙宫强权之间。进入现代之后，在当下观众的审美眼光中，哪吒的形象已经不再仅仅是一个单一的反抗者，而是一个综合了叛逆、担当等诸多性格特征于一身的自主形象，同时父亲李靖也不再只是一个冷酷的父亲。就这方面而言，《哪吒之魔童降世》的成长主题就承载了这些人物理念的变化。电影所呈现的影像空间因其内涵表达的丰富性而具有多层次的审美体验，而其人物成长的核心主题则成为承载这些丰富内涵的主干。《哪吒之魔童降世》在开篇就将哪吒塑造成被大众排斥的魔童，哪吒的玩世不恭、桀骜不驯实际上是他为自身打造的防御性外壳。同时，李靖的形象转变成一个深爱儿子并情愿为保护儿子而牺牲自己的慈爱可敬的父亲。父母的亲情、师长的教育、敖丙的友情，这些富有感染力的浓郁情感拓宽了这一神话故事的意蕴呈现，并助推了哪吒从幼稚孩童走向英雄少年的人物成长。当哪吒最终打破宿命，选择按照自己的意愿成长之后，这一电影的成长主题也就与现代社会中的自主理念达到了深度融合。

三、文化寻根与现代理念：中式背景下的文化话语表达

电影是现代社会的文化产品之一，其本身的文化属性就决定了电影作品具备着文化导向的功能。当一部电影走向大众，其所展现的不仅仅是影像世界中的戏剧冲突与情感内涵，更是这一文化产品背后的时代背景及话语体系构建。对于神话题材的电影作品，题材来源上的历史积淀铸就了此类电影的民族属

性，而现代背景下的改编重塑则体现了不同电影人的现代文化理念传达。神话电影连接了民族文化与现代意识的两端，对社会大众的文化心理具有重要影响。就具体作品来说，《哈利·波特》系列、《指环王》系列等西方魔幻电影就是其中的代表，它们在世界范围内传播了西方的文化背景，并以此参与了西方文化话语体系的构建。就电影的文化意义而言，其“核心意义是知识的生产与民族社会价值观的传播”①。由此可见，具有浓厚中国特色的当代玄幻电影也同样具备了极其特殊的文化传承意义。这些以中国古典神话为题材的影像故事能够唤起中国观众的文化记忆，而现代环境下的理念表达则会对大众的文化审美趋向形成引导和影响。其中，以传统文化为背景的文化寻根是中国玄幻电影的基础，而以现代理念为导向的当代表达则构成了其内涵。两者在影像世界中相互融合，共同促成了中式背景下的文化话语表达。

寻根的概念指的是各个民族从民族历史和发展脉络上对本民族的文化根源进行探寻。正如薇依所言：“每个人都需要拥有多重的根。每个人都需要，以他作为自然成员的环境为中介，接受其道德、理智、灵性生命的几乎全部内容。”②在20世纪80年代，中国文学曾兴起一阵文化寻根热潮。这一文化寻根所强调的就是在文化领域对中华民族的传统意识和民族心理进行探寻。就中国玄幻电影而言，有着深厚历史积淀的古典神话题材在文化背景上就与寻根概念形成了内在弥合。古色古香的古代城镇、阡陌交通的古典田园、嬉笑怒骂的隐士高人、灵异玄奇的神仙异术，在具有中式古典韵味的文化背景下形成经由岁月积淀的长久生命力，随着神话世界的营造而弥散开来。其中，以《封神演义》《西游记》等为代表的系统化神话体系与以《白蛇传》《聊斋志异》等为代表的片段化民间神话相贯通，一同勾勒出了古代先民对于自然社会的神奇构想与情感表达。古典影像空间的营造在文化传统与民族记忆上不断影响着观众们的集体认知，并以自身的中式符号成为文化寻根历程中的影像坐标。当代玄幻电影以深具民族特色的古典神话故事作为影像题材，并以具有中式风格的文化符号来对先民眼中的神话世界进行视听化重现。

中国社会的现代化进程不仅对中国传统的文化心理造成了冲击，也以现代理念的传达促成了中国当代文化话语的转变。中国电影中的文化寻根就是文化

① 刘利，张路光. 电影传播的文化意义与话语权[J]. 电影评介，2009(8)：18.

② 薇依. 扎根：人类责任宣言绪论[M]. 徐卫翔，译. 北京：生活·读书·新知三联书店，2003：33.

理念传达的一个途径和方式。中国当代的玄幻电影并非只是传统神话故事的简单呈现，而是以现代人的视野来对其进行情节改编与主题重构。就这方面而言，电影作品中的文化寻根既是对中华民族传统文化的发掘，也是一个将传统文化与现代理念进行交相融合的过程。在文化内涵的层面上说，这一融合又可以理解为中式精神理念的现代化构建。孙悟空的反抗精神与顽强意志，唐僧的善良仁慈与以诚待人，哪吒的敢于担当与自主精神……中国电影人对传统神话的精神实质进行挖掘，并将之与现代中国的精神理念相结合。神话作为一种审美对象，其影像作品的表达本身就是创作者精心选择的结果。中国电影人将古典神话作为影像空间的文化基础，进而将古典文化背景与现代精神理念进行了文化内涵上的融合。在这一过程中，中国电影人对民族文化传统的发掘与普通观众身上的现代理念相互连接，从而实现了影像世界中的文化话语传达。由此可以看出，中国玄幻电影不只是对往昔民族文化的寻根追溯，更是以此进行了具有中式特色的文化话语构建。

作为中国传统文化的代表之一，经由长久历史积淀之后的神话传说已经成为中华民族的共同记忆。而在中国电影的发展历程中，从黑白到彩色，从动画到真人，以神话故事为题材的电影也已成为中国电影的重要部分。进入现代社会之后，中国电影人借助现代社会的传媒手段，对古典神话故事进行了新神话主义式的改编重塑。将现代理念与古典神话相融合，在文化寻根的历程中进行中式话语表达，中国电影人以此创作了一批具有自身特色的中国玄幻电影，也为传统神话故事赋予了新的影像活力。在文化实力跃升为国家形象重要组成部分的全球背景之下，电影艺术的文化导向作用愈加明显，神话重塑的意义并不止于宣传影像作品本身，更有助于中华传统文化的现代话语表达。对此，中国电影人已经进行了诸多具有建设意义的创作实践，而这无疑更值得后来者继续进行探索、深思与总结。

本章小结

巴斯的后现代创作观念与创作意识深邃悠远、变幻莫测，正如其作品中的一座座迷宫，令人沉醉，无法逃脱。继神话重述项目在全球的重启，中国当代作家苏童、阿来、李锐与蒋韵等也参与其中，由此在文坛上相继诞生了如《碧奴》《格萨尔王》《人间》等优秀的神话重述作品。这些作品不仅丰富了中国文坛，给当代中国文学创作注入了新鲜血液，也带动了一大批中国文坛匠人积极投身世界文学的建设，传承全球经典，打开了全球文化交流互动的新格局。

中华文化承载着中华民族几千年发展过程中形成的理性认识，是中华民族的血脉与文化基因。构建全方位、深层次、宽领域的文化开放格局，增强中华文化的感染力与感召力，是我们几代人的不懈追求。中华文化与价值观念凝魂聚气、凝聚共识，在中华文化走出国门、走向世界的新时代，坚定文化自信是实现中华民族伟大复兴的中国梦的重要精神支柱。

在全球化进程快速推进的世界语境中，文化交流与互鉴的格局呈现多元、复杂的特征，中国文学要在全球互动的格局中成为真正意义上的世界文学，必须要跨越文化、民族、语言的障碍，在域外接受语境中获得第二次生命。中国文学与文化要始终坚守自己的文化立场、突出优势，以包容开放的姿态推动不同文明之间的对话，积极正向地塑造中国形象，加快推进中华优秀传统文化的创造性转化与创新性发展，不断增强中华文化的国际影响力与竞争力，体现大国责任担当，共建人类命运共同体。

结　语

约翰·巴斯出生在美国马里兰州的切西比克湖畔，宁静的湖水是巴斯取之不尽的创作灵感源泉。经历了早年的颠沛流离、中年的困顿不安和晚年的恬静安谧，切西比克湖就像老朋友一样陪伴巴斯成长。湖边美丽的沼泽地、灌木丛，河水的支流，树木弯翘的枝丫构成了巴斯小说的优美音符。巴斯喜欢把身边的朋友、亲人写进自己的小说，甚至还在塑造的人物身上增添自己的影子，让人觉得亲切又真实，质朴又生动。家乡的人、家乡的物、家乡的景，这一切都让巴斯的作品充满生命力。

20 世纪 60 年代后，巴斯进入了个人创作最多产、最具独创性的时期。他最为关注的是以神话的生成方式来阐明人的困境的实质，即人人皆有困境，普遍性是人的困境最主要的特征。巴斯运用拉格兰和坎贝尔的古典神话英雄叙事模式来重述神话，一方面巧妙地再现了繁复的历史；另一方面也解构了宏大的历史叙述。巴斯通过对《烟草经纪人》中的库克、《客迈拉》中的柏勒罗丰和珀尔修斯、《羊孩贾尔斯》中的贾尔斯的生平事迹对古典神话英雄模式进行套用，不仅取得了滑稽幽默的效果，更是对古典神话自觉地、讽刺性地演绎。巴斯通过更新文学样式以换取文学新生的实践在当时产生了广泛而深刻的影响，其被称为“文学更新的先导”。而后，巴斯的后现代创作意图与创作实践集中反映在他的两篇文章《文学的枯竭》与《文学的更新》之中，围绕传统文学创作才思枯竭与文学样式穷尽之间的矛盾，巴斯力求探索一种新小说形式。于是，元小说走入巴斯的视线。在《曾经沧海：一出漂浮的歌剧》中，巴斯充分运用了元小说的文体特征，在创作和设计小说的同时，将自己的意图分享给读者。巴斯试图将小说创作与现实生活之间的联系降到最低直至割断，从而引发读者对现实与虚构的深刻思考。由于文本与现实之间紧密联系，一方面，文本模仿现实；另一方面，现实在与文本融合的过程中被文本化。因此，当小说中的人物试图阐释其所在的文本时，便会参与文本的再创作，此时的小说文本已不是原来的文本，而是为读者设置的一座座迷宫，让人辨识不清小说世界与现实世界。随着读者阅读的深入，当作者与读者相互进入彼此的世界，小说人物不时地走出文本世界，而且对巴斯的创作进行评论时，这一系列复杂的情节设置构成了对传统文学创作的“造反”。戴维·洛奇称巴斯的创作在引导读者阅读的同时，也是对现实主义文学观念的进一步发展。《迷宫》的问世，为巴斯提供了一个解决文学枯竭困境的新途径。巴斯用一个会思考的“精子”来代表传统的英雄，并将之放置在传统英雄历险的探索神话模式下，通过重述神话、讽刺人类境况和个人身份构建，恢复小说潜在的和原始的叙事魅力。

纵观巴斯的创作历程，我们可以将其总结为文学再生的创作倾向。再生表现为其作品内容妙趣横生、激情四溢，文本形式自成一格、嵚嵚历落，不仅有热情澎湃、生机勃勃的生活图景，也有气势磅礴、波澜壮阔的历史画卷及匪夷所思的人物内心。通过戏仿、反讽、原型、迷宫、重述等方式呈现了具有狂欢色彩的新文学样态。巴斯的神话重述创作在当今神话复兴时代引起了一股持久的浪潮，并成为21世纪新神话主义创作在文化产业界蓬勃发展的重要动力，诱发了全球范围的重述神话运动。神话凝聚着世界性的思维与全人类的情感，一方面，寄托着人们对全人类共同价值的呼唤，在动态变化中为我们打开了更为广阔的视野；另一方面，集合了全球经典，在多元并存的世界文学格局中不断地丰盈自身。神话是人类记忆的产物，我们回溯神话，意味着重拾传统、重拾记忆，既是对传统的继承和沿袭，更是对文本世界的合理构建与创造性超越。

全球化的发展给世界文学发展带来了许多机遇与挑战，以巴斯为代表的后现代作家也以世界性的视野积极倡导重构世界文学观念，并投身于行动之中，尤其是巴斯的神话重述创作不仅在美洲地区产生较大影响，而且其作品已走出国门并走向了世界，推动了全球神话重述项目的重启。中国文学历经了漫长的演变过程，正以蓬勃发展的姿态走进多元共存的新时代。神话重述创作为我们反观中国文学创作和理论研究提供了更为广阔的学术视野，为探索中国当代文学创作走出中国、走向世界注入了不竭的动力，同时新神话主义下的玄幻文学影视改编重塑也为反观中国当代文学创作提供了镜鉴参考。今天，从中国神话到神话中国的转变，不仅是一种对于价值的思考、对于意义的探索，更是在中国文化“走出去”这个新的历史阶段对中华优秀传统文化的创新性阐释与科学解读。从这个意义上看，巴斯神话重述作品折射出的不仅仅是对民族传统文化的追思与传承，更是为世界各民族文学的蓬勃发展指明了方向。在全球文化交融互动的崭新时期，神话重述一方面为中国人民弘扬民族传统文化、把握民族文化命脉提供了新视角；另一方面也为世界人民全面了解中华文化提供了立足点。

约翰·巴斯作品一览表

长篇小说：

《漂浮的歌剧》（*The Floating Opera*，1956）

《路的尽头》（*The End of the Road*，1958）

《烟草经纪人》，又译《烟草代理商》（*The Sot-Weed Factor*，1960）

《羊孩贾尔斯》（*Giles Goat-Boy*，1966）

《书信集》（*Letters*，1979）

《安息日传奇》，又译《休假》（*Sabbatical: A Romance*，1982）

《海上故事》（*The Tidewater Tales*，1987）

《新辛巴达航海记》，又译《水手大人末航记》（*The Last Voyage of Somebody the Sailor*，1991）

《曾经沧海：一出漂浮的歌剧》（*Once upon a Time: A Floating Opera*，1994）

《即将发行：一个故事》（*Coming Soon!!!: A Narrative*，2001）

《退养新区》，又译《发展》（*The Development*，2008）

中篇小说：

《客迈拉》（*Chimera*，1972）

《三岔路口》（*Where Three Roads Meet*，2005）

《思考再三：五个季度的小说》（*Every Third Thought: A Novel in Five Seasons*，2011）

短篇小说集：

《迷宫》，又译《迷失在游乐场》（*Lost in the Funhouse*，1968）

《故事继续》(*On with the Story*, 1996)
《一十零一夜》(*The Book of Ten Nights and a Night: Eleven Stories*, 2004)

非小说类：

《星期五书》(*The Friday Book*, 1984)
《后来的星期五》(*Further Fridays*, 1995)